GRÜNE GELDANLAGE

GRÜNE GELDANLAGE

Verantwortungsvoll investieren

Anno Fricke

Stiftung Warentest

INHALTSVERZEICHNIS

Ausfahrt

AUFBRUCH INS GRÜNE

Die privaten Geldanleger können viel tun: Sie können ihr Geld so investieren, dass sie damit den Umbau der Wirtschaft weg von der rücksichtslosen Ausbeutung der Ressourcen hin zu einem die natürliche und soziale Umwelt schonenden Wirtschaften unterstützen. Dieses Buch soll einen Beitrag dazu liefern, aus Verbrauchersicht darüber aufzuklären, wie sich das Streben nach einer guten Rendite und gutes Gewissen vereinbaren lassen.

KASINOKAPITALISMUS, KLIMAWANDEL, KRISE: WIE GEHT ES BESSER?

Im Frühjahr 2010 versinkt eine Bohrinsel des Energiekonzerns BP im Golf von Mexiko. Aus dem Bohrloch strömt monatelang Rohöl und bedroht die empfindlichen Ökosysteme an den Küsten Louisianas und der Mississippi-Mündung. Die Verantwortlichen des britischen Ölkonzerns tricksen, um der Öffentlichkeit das wahre Ausmaß der Katastrophe zu verheimlichen. Schließlich ist man um das grüne Image besorgt, mit dem das Unternehmen seit Jahren um die Gunst von Kunden und Aktionären wirbt.

Der Schuss geht nach hinten los. Das Vertrauen der Menschen in die ökologische Kompetenz von BP ist dahin. Schon versucht die Konkurrenz, die Stelle von BP als „grünem" Branchenführer einzunehmen. Shell und Exxon wollen nun als sauber gelten, auch Total und Eni. Und belügen damit die Öffentlichkeit skrupellos. Auch sie haben keine weiße Weste.

Seit Jahrzehnten verseuchen die Konzerne gemeinsam mit der staatlichen Erdölgesellschaft das Nigerdelta. Sie haben die Fischer der Region ihrer Lebensgrundlagen beraubt und sozialen Unfrieden heraufbeschworen.

Eine Vertrauenskrise bei den Menschen haben in den vergangenen Jahren auch die Banken und hoch verschuldete Staaten ausgelöst.

Das Stichwort Lehman-Zertifikate steht für die Rücksichtslosigkeit der Verkäufer in den Banken, die auf Sicherheit bedachten Anlegern hochriskante Papiere aufschwatzten. Als die Lehman-Bank im September 2008 pleiteging, waren die Zertifikate nahezu wertlos. Der Schaden bei den Anlegern war immens.

Das Stichwort Griechenland steht dafür, wie ein Staat sich durch manipulierte Bilanzen in den Kreis der Euro-Länder geschmuggelt hat. Dass die europäischen Aufsichtsgremien das Ganze durch verschämtes Wegsehen gefördert haben, macht die Sache nicht besser.

Die Folgekosten von Umweltkatastrophen und Finanzspekulationen tragen die Menschen auf der ganzen Welt.

In den Haushalten der entwickelten Staaten schwinden die Spielräume für Bildung, Forschung und notwendige Sozialleistungen.

In vielen Entwicklungsländern verhindern Korruption und die Gleichgültigkeit der Eliten armen Menschen gegenüber, dass Bildungs- und Gesundheitssysteme überhaupt aufgebaut werden.

Umdenken hat begonnen

Menschen, die sich über Umweltskandale sowie gewissenlose Unternehmens- und Staatenlenker nicht nur entrüsten, sondern aktiv dagegen vorgehen, übernehmen Verantwortung. Dazu zählen auch Anleger, die genauer hinschauen, was mit ihrem Geld geschieht, nachdem sie es bei der Bank oder einer Fondsgesellschaft abgegeben haben. Ihr Geld soll nicht nur – Gewinn bringen, sondern auch Sinn stiften, sei es der Allgemeinheit oder ihrem eigenen Leben.

Die Nachfrage nach grünen Geldanlagen ist im Aufwind. Es drängen auch immer mehr Anbieter auf den Markt. Bis vor zwei Jahren führten ethisch-ökologische Angebote ein Nischendasein. Sie machten 1 bis 2 Prozent der Geldanlagen weltweit aus. Fachleute gehen davon aus, dass ihr Anteil an allen Geldanlagen auf bis zu 20 Prozent bis zum Jahr 2020 anwachsen wird.

Diese Zukunft hat bereits begonnen. Ethisch-ökologische Banken erleben einen Boom. Immer mehr grüne Investmentfonds buhlen um Kunden. Für Geldanleger wird es zusehends schwerer, sich zu orientieren.

Grün heißt mehr als „öko"

Die Schwierigkeit sich zu orientieren beginnt schon mit dem Wirrwarr der Begriffe. Als „grün" werden die Geldanlagen mit Anspruch gern bezeichnet. Doch „grün" meint weit mehr als nur ökologisch. „Sozial", „ethisch", „nachhaltig" sind weitere Bezeichnungen für Investments für das gute Gewissen. Der Begriff „nachhaltig" kommt ursprünglich aus der Forstwirtschaft. Nachdem im 18. Jahrhundert die Hänge deutscher Mittelgebirge weitgehend kahl geschlagen waren, setzte im 19. Jahrhundert mit der nachhaltigen Forstwirtschaft die Reparatur dieser ökologischen Katastrophe ein. Nachhaltig be-

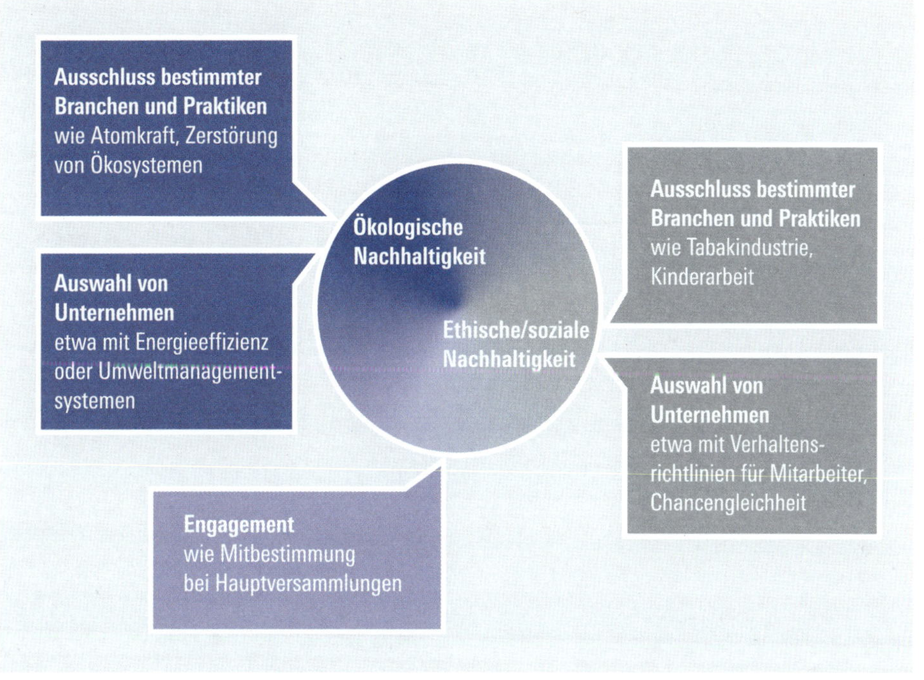

deutet in diesem Zusammenhang, dass nicht mehr Holz geerntet werden darf als nachwächst.

Übertragen auf nachhaltige Fonds zum Beispiel bedeutet das, dass ihre Manager die Aktien und Anleihen dafür außer nach wirtschaftlichen auch nach ökologischen und/oder ethischen Gesichtspunkten auswählen.

Ökologisch nachhaltig ist zum Beispiel die Automobilfirma, bei der die Produktion der Fahrzeuge wenig Energie, Rohstoffe und Wasser verbraucht und die ihr Abwasser und sonstige Abfälle in geschlossenen Kreisläufen entsorgt.

Ethische Nachhaltigkeit kann bedeuten, dass ein Unternehmen hohe soziale Standards für seine Mitarbeiter einhält, und zwar nicht nur am Hauptsitz, sondern möglicherweise sogar überall auf der Welt, in Tochterfirmen und sogar bei seinen Zulieferern.

Geldanlagen unter der Lupe

Damit das Vorgehen der grünen Bank- und Fondsmanager bei der Auswahl nachhaltiger Geldanlagen kein Rätsel bleibt, stellen wir in diesem Buch die Verfahren vor, nach denen nachhaltige Investments ausgesucht werden.

Wir erklären, nach welchen Kriterien die Banken Kredite vergeben oder sich an Unternehmen beteiligen. Wir erläutern, welche Maßstäbe Fondsmanager anlegen, ehe sie Aktien oder Anleihen kaufen, und wie die Ratingagenturen vorgehen, die die Nachhaltigkeit von Unternehmen und Staaten bewerten (siehe Seite 169).

Letztendlich entscheiden die Anleger. Sie haben die Wahl zwischen Banken und Fonds, die die Begriffe Ethik und Ökologie sehr ernst nehmen, und solchen die ihr vorgeblich grünes Konzept nur zum Kundenfang einsetzen. Dieses Buch soll ihnen diese Wahl erleichtern.

SICHERHEIT UND RENDITE: AUCH GRÜNE ANLEGER WOLLEN IHR GELD VERMEHREN

Zur Nachhaltigkeit gehört nicht nur das Einhalten von ethischen und ökologischen Kriterien. Ganz wichtig ist auch der wirtschaftliche Erfolg.

Nicht jede Geldanlage ist für jeden gleichermaßen geeignet, darüber darf das grüne Etikett, der hehre Anspruch, nicht hinwegtäuschen. Eine Geldanlage bleibt in erster Linie Geldanlage. Auch Anleger mit ethisch-ökologischem Anspruch möchten ihr Geld vermehren. Wenn sie nur Gutes damit tun wollten, könnten sie es ja einfach einer wohltätigen Organisation spenden. Auch wenn eine Geldanlage einen hohen ethisch-ökologischen Anspruch hat, ist sie Teil der Weltwirtschaft und dem Spiel der Konjunkturen, Krisen und Markteuphorien ausgesetzt.

Von sicher bis hoch riskant

Das Angebot der grünen Geldanlagen ist genauso breit gefächert wie das herkömmlicher Geldanlagen.

Für sicherheitsorientierte Anleger gibt es Tagesgeld, Festgeld, Sparbücher und Sparbriefe. Wer sich dafür interessiert, wird in unserem Kapitel über die Banken fündig. Anleger, die ihr Geld längerfristig anlegen und zwischen sicheren und riskanteren, aber auch rentableren Anlagen aufteilen möchten, kaufen festverzinsliche Wertpapiere, Aktien oder Investmentfonds (siehe Seite 51).

Viele grüne Anleger wollen sich an ökologischen Projekten beteiligen, beispielsweise an einem Windpark, Solaranlagen oder Waldinvestments. Ob sich das rentiert und welche Gefahren solche Beteiligungen bergen, darüber informiert unser Kapitel zu unternehmerischen Beteiligungen (siehe Seite 121).

Eine der rentabelsten ökologischen Geldanlagen ist die Solaranlage auf dem Dach. Allerdings kann davon nur profitieren, wer ein Haus sein Eigen nennt. Mehr dazu siehe Seite 145.

Ein Vermögen in Grün aufbauen

Für die grüne Geldanlage gelten auch dieselben ökonomischen Gesetze wie für alle Geldanlagen. Es gibt die drei Ziele: Sicherheit, Rendite und Liquidität (Flexibilität). Eine Geldanlage, die gleichzeitig extrem sicher, renditestark und flexibel ist, gibt es nicht. Anleger müssen immer an einem der drei Punkte Abstriche machen.

Wer ein Vermögen aufbaut, sollte darauf achten, dass er einen Teil seines Geldes flüssig hat, damit er im Notfall schnell darauf zugreifen kann und nicht längerfristig angelegte Werte verkaufen muss. Dafür geeignet sind Tagesgeld und Festgeld mit Laufzeiten von bis zu einem Jahr.

Mit länger laufenden Zinsanlagen wie Festzinssparen und Sparbriefen sind Anleger zwar nicht mehr so flexibel, aber sie müssen keine Angst vor Verlusten haben. Reich werden können sie allerdings auch damit nicht.

Am besten für den Vermögensaufbau geeignet sind Aktienfonds, die mit dem Geld der Anleger weltweit oder zumindest europaweit Aktien kaufen und es breit über viele Branchen streuen. Die Kurse von Aktienfonds schwanken jedoch mitunter stark.

Geschlossene Fonds und Direktbeteiligungen, wie etwa die Beteiligung an einem Offshore-Windpark, empfehlen wir, wenn überhaupt, nur risikofreudigen Anlegern, die über ein größeres Vermögen verfügen und Verluste verschmerzen können.

Nicht alle Eier in einen Korb zu legen, mindert das Risiko von Geldanlagen. Eine sinnvolle Mischung kann helfen, die Sicherheit und die Rendite zu steigern.

Als besonderen Service bieten wir im Kapitel „Vermögensaufbau ganz in Grün" ab Seite 103 einige Musterdepots an. Wer seine Geldanlage auf Grün stellen will, kann anhand eines dieser Beispiele vorgehen. Die Vorschläge berücksichtigen die Anlagedauer und das Risiko, das Anleger eingehen möchten.

INFO

Wie sieht es mit der Rendite aus?

Das Vorurteil ist nicht totzukriegen. Ethisch-ökologische Geldanlage, so heißt es, bedeute für die Anleger zwangsläufig den Verzicht auf gute Renditen. Umfragen haben ergeben, dass rund 60 Prozent der Menschen in Deutschland so denken. Das sind zwar viel weniger als noch vor wenigen Jahren, aber immer noch zu viele.

Umgekehrt streuen die Befürworter des grünen Geldes immer wieder in die Diskussion ein, die ethisch-ökologische Geldanlage schneide besser ab als die herkömmliche. Dass grüne Aktien und Fonds im Wert viel weniger schwankten und stabiler durch Krisen steuerten. Beides ist nicht richtig.

In den Fondsdauertests der Stiftung Warentest haben die ethisch-ökologischen Fonds über die letzten fünf Jahre gut abgeschnitten. Es war zwar kein absoluter Überflieger dabei, dafür gehörten sie aber auch nie zu den schlechtesten.

Eine Untersuchung des Deutschen Aktien Instituts und des Zentrums für Europäische Wirtschaftsforschung in Mannheim (ZEW) zu den Renditen nachhaltiger Geldanlagen kommt zu einem ähnlichen Ergebnis: Die „Grünanlagen" erfüllen die gleichen ökonomischen Ansprüche wie die anderen Geldanlagen auch, bieten die der Anlageklasse entsprechende Sicherheit und bieten Anlegern dazu noch das gute Gefühl, Umweltkatastrophen und Finanzkrisen nicht gleichgültig gegenüberzustehen.

BANKEN MIT ANSPRUCH

Die Finanzkrise hat gezeigt, dass bei vielen Banken der Profit wichtiger ist als moralische Bedenken. Bei den Anlegern hinterlässt das ein Unbehagen. Die Alternative bieten die ethisch-ökologischen Banken. Sie haben den Anspruch, mit dem Geld der Kunden Sinnvolles zu tun. Aber welche alternativen Banken gibt es? Worin unterscheiden sie sich? Welchen Service bieten sie? Und werden sie ihren Ansprüchen, es besser zu machen, auch gerecht?

ETHISCH-ÖKOLOGISCHE BANKEN: WER SIND DIE ÜBERHAUPT?

Weltweit zählen sie zu den Gewinnern der Finanzkrise: die Banken mit ethisch-ökologischem und/oder sozialem Anspruch. Der Zulauf ist beachtlich, den allein die deutschen Banken mit diesem Etikett erfuhren. Mehr als 30 000 Menschen haben ihrer bisherigen Bank oder Sparkasse den Rücken gekehrt und sind in den Krisenjahren 2008 und 2009 zur GLS Bank, zur Umweltbank, zur Ethikbank oder zu einer der großen Kirchenbanken gewechselt. Der Trend ist ungebrochen. Im Vergleich zum herkömmlichen Bankensektor sind diese Banken dennoch Winzlinge. Die Bilanzsumme für 2009 der hier vorgestellten 17 Banken beträgt zusammen rund 40 Milliarden Euro. Zum Vergleich: Allein die Bilanzsumme der Deutschen Bank betrug 2009 mehr als 1,5 Billionen Euro.

Die Geldhäuser mit Anspruch sind ganz normale Banken und schon seit den 70er-Jahren Teil des deutschen Bankensystems, je nach Sichtweise sogar schon viel länger. Wie alle anderen Banken und Sparkassen unterliegen sie der Kontrolle durch die Bundesanstalt für Finanzdienstleistungsaufsicht (Bafin). Die Mitarbeiter dieser Banken sind Bankkaufleute, Betriebs- oder Volkswirte wie die in anderen Banken auch. Sie beraten und verkaufen. Kunden müssen sich nicht umstellen. Eine Bank ist eine Bank.

Wie sicher sind die Einlagen?

Die Einlagen der Kunden sind durch Einlagensicherungssysteme in unterschiedlichen Umfängen abgesichert.

Die GLS Bank, die Ethikbank und die meisten katholischen und evangelischen Kirchenbanken sind Genossenschaften und als solche in das Sicherungssystem der Deutschen Volks- und Raiffeisenbanken eingebunden. Gerät eine Volks- oder Raiffeisenbank in Schieflage, stützt die Sicherungseinrichtung des genossenschaftlichen Finanzverbundes die in wirtschaftliche Schwierigkeiten geratene Bank.

Für die Kunden bedeutet das, dass ihr Geld auf dem Girokonto auf Tages- und Festgeldkonten sowie auf Sparkonten und in Sparbriefen nicht verloren gehen kann. Auch Inhaberschuldverschreibungen von genossenschaftlich organisierten und der Sicherungseinrichtung angeschlossenen Instituten sind zu 100 Prozent abgesichert.

Die Umweltbank und die niederländische Triodos Bank sind Aktiengesellschaften. Sie sind den gesetzlichen Einlagensicherungen in Deutschland beziehungsweise den Niederlanden angeschlossen. Geld auf Tages- oder Festgeldkonten beziehungsweise in Sparbriefen ist bei der Umweltbank bis zu 50 000 Euro (ab 2011 bis zu 100 000 Euro), bei der Triodos Bank bis zu 100 000 Euro vor einem Verlustrisiko gefeit.

Bei den nicht genossenschaftlich organisierten Banken sollten Kunden diese Grenzen beachten.

Was bieten die „grünen" Banken?

Im Alltag funktionieren die Gutbanken wie jede andere Bank oder Sparkasse auch. Der Kunde kann bei den meisten dieser Banken ein Girokonto eröffnen, auf das sein Gehalt und andere Einnahmen fließen. Miete, Strom und die weiteren Kosten können von dort abgebucht oder überwiesen werden. Die Ethikbank in Thüringen zeigt schon bei der Basisversorgung ihre soziale Ader. Sie hat ein Girokonto auch für Menschen, die Sozialhilfe beziehen, im Angebot, lässt sich das aber mit einer etwas höheren Gebühr bezahlen. Viele Kirchenbanken stehen nur Menschen aus dem Umfeld der Kirchen offen.

„Ich geh' mal eben zur Bank" können in Deutschland nur die Bewohner der Städte sagen, in denen die ethisch-ökologischen Banken Filialen unterhalten. Mit sieben beziehungsweise fünf Zweigstellen in ganz Deutschland sind auch die größten unter ihnen, die GLS Bank und die KD-Bank, nicht gerade Nachbarschaftsbanken. Das alternative Image, wie es die 2001 untergegangene „Ökobank" in Frankfurt und Freiburg vor sich hertrug, haben die heutigen ethisch-ökologischen Banker abgestreift. Ihre Geldhäuser sind repräsentativ und liegen zentral.

Über Internet, Telefon und per Briefpost sind die alternativen Banken wie ihre konventionelle Konkurrenz je nach gewähltem Medium bis rund um die Uhr geöffnet. Darüber lassen sich außer dem Giroverkehr auch Tages- und Festgeld, Sparpläne sowie Sparbriefe kaufen. Nicht alle haben alles im Regal. Zinsen bekommen die Anleger dafür genauso wie bei normalen Banken oder Sparkassen. Zu den Topangeboten der von Finanztest regelmäßig abgefragten Banken gehören sie selten.

Lediglich die Umweltbank in Nürnberg hat Internetbanking nicht im Angebot, arbeitet nach eigenen Aussagen aber daran.

Ohne Knete gibt's aber auch bei diesen Banken keine Fete. Wer nur unregelmäßig und zu wenig Geld verdient, darf sein Konto nicht überziehen. Das ist nicht anders als bei der herkömmlichen Konkurrenz. Menschen mit mehr Geld haben bei den Gutbanken Kredit, auch Dispo- und Überziehungskredite.

Ansonsten verleihen die meisten Öko-, Ethik- und Kirchenbanken an Privatkunden nur Geld, damit diese ein Haus bauen oder ihren Wohnraum renovieren können. Manche gewähren Zinsnachlässe, wenn die Bauleute sich für Passivhäuser entscheiden oder eine Solaranlage auf dem Dach einplanen. Normalität herrscht auch in anderer Hinsicht. Wer bei einer dieser Banken seine Kreditraten nicht bezahlen kann, wird nicht anders behandelt als bei einer Bank ohne ethisch-ökologischen Anspruch. Sprich, die Bank will ihr Geld zurück. Das von ihr finanzierte Haus oder Projekt ist das Pfand.

Die Nachhaltigkeit der Wertpapierdepots behandeln sie unterschiedlich streng. Die Umweltbank zum Beispiel gibt vor, welche Wertpapiere sie im Depot akzeptiert. Andere üben lediglich sanften Druck aus.

Eine andere Philosophie

Der wesentliche Unterschied zwischen den ethisch-ökologischen Banken und ihren „normalen" Konkurrentinnen sind die Ansprüche, die sie an ihre Arbeit stellen.

Kreditvergabe nach strengen Kriterien

Wenn sie Kredite vergeben oder selbst als Bank Geld am Kapitalmarkt anlegen, schließen sie eine Reihe von Themen aus. Das sind unter anderen Kernenergie, Rüstung, Gentechnik in der Landwirtschaft und Unternehmen, die von Kinderarbeit profitieren. Missachtet eine Regierung die Rechte von Frauen, ist korrupt oder verstößt gegen internationale Abkommen wie das Kyoto-Protokoll zum Schutz des Weltklimas, sind das Gründe, keine Anleihen dieser Länder zu kaufen. Die Informationen darüber, welche Unternehmen und Staaten ihren Kriterien entsprechen, beschaffen sie sich entweder selbst wie die Triodos Bank oder von auf ethisch-ökologisches Investment spezialisierten Ratingagenturen (siehe Seite 169). Die wiederum beziehen ihre Informationen auch von Umweltschutz- und Menschenrechtsorganisationen.

Die ethisch-ökologischen Banken haben den Anspruch, das Geld ihrer Kunden sinnvoll arbeiten zu lassen. Energieeffizientes Bauen, erneuerbare Energien, ökologische Landwirtschaft und soziale Projekte wie betreute Seniorenwohnanlagen stehen ganz oben auf der Liste, wenn sie die Spargroschen ihrer Kunden als Kredite weitergeben.

DIE WICHTIGSTEN BANKEN MIT ETHISCH-ÖKOLOGISCHEM ANSPRUCH

Bank	Kontakt	Filialen	Girokonto
Filialbanken			
GLS Bank (Gemeinschaftsbank für Leihen und Schenken)	www.gls.de Telefon 02 34/5 79 71 00	Berlin, Bochum, Frankfurt, Freiburg, Hamburg, München, Stuttgart	2 Euro pro Monat, Girocard 15 Euro im Jahr
KD-Bank (Bank für Kirche und Diakonie)	www.kd-bank.de Telefon 02 31/58 44 40	Berlin, Dortmund, Duisburg, Erfurt, Magdeburg	4 Euro im Monat, unter bestimmten Bedingungen kostenlos[1], Girocard 15 Euro im Jahr
Direktbanken			
Ethikbank	www.ethikbank.de Telefon 03 66 91/86 23 45	Keine, Kontoführung per Telefon und Internet	5 Euro pro Monat, Girocard inklusive
Triodos Bank	www.triodos.de Telefon 0 69/71 71 91 91	Keine, Kontoführung per Telefon und Internet	Derzeit kein Angebot, geplant ab 2012
Umweltbank	www.umweltbank.de Telefon 09 11/5 30 81 23	Keine, Kontoführung per Telefon und Post	Kein Angebot

1) Der Grundpreis entfällt, wenn mindestens 750 Euro im Monat auf dem Girokonto eingehen, oder bei kontinuierlichen Einlagen von mindestens 2500 Euro oder wenn der Kunde gleichzeitig einen Ratensparvertrag oder einen Raten-/Immobilienkredit bei der Bank hat.

2) Das Bankcard-Servicenetz ist das Automatennetz der Volks- und Raiffeisenbanken.

3) Die Bank gehört der Sicherungseinrichtung des Bundesverbandes der deutschen Volksbanken und Raiffeisenbanken an.

Stand: Juli 2010

Bargeld	**Geldanlage**	**Einlagensicherung**	**Wertpapierdepot**
Gebührenfrei an den 18 600 Automaten des Bankcard-Servicenetzes[2] und den Automaten der Spardabanken	Tagesgeld, Festgeld, Sparplan, mehrjährige Sparanlagen, Sparbriefe	Geld auf Girokonten, Sparanlagen und Inhaberschuldverschreibungen der Bank ist zu 100 Prozent geschützt[3]	Ja
Gebührenfrei an den 18 600 Automaten des Bankcard-Servicenetzes[2]	Festgeld, Sparplan, mehrjährige Sparanlagen, Sparbriefe	Geld auf Girokonten, Sparanlagen und Inhaberschuldverschreibungen der Bank ist zu 100 Prozent geschützt[3]	Ja
Gebührenfrei an den 18 600 Automaten des Bankcard-Servicenetzes[2]	Tagesgeld, Festgeld, Sparplan, mehrjährige Sparanlagen, Sparbriefe	Geld auf Girokonten, Sparanlagen und Inhaberschuldverschreibungen der Bank ist zu 100 Prozent geschützt[3]	Ja
Entfällt	Tagesgeld, Sparplan	Mitglied der gesetzlichen Einlagensicherung der Niederlande; Geld auf Girokonten und Sparanlagen ist pro Person bis 100 000 Euro gesichert.	Geplant ab 2011
Entfällt	Tagesgeld, Festgeld, Sparplan, mehrjährige Sparanlagen, Sparbriefe	Mitglied der gesetzlichen Einlagensicherung Deutschlands; Geld auf Sparanlagen ist pro Person bis 50 000, ab 2011 bis 100 000 Euro gesichert.	Ja

Keine undurchsichtigen Geschäfte

Sicherheit wird bei den ethisch-ökologischen Banken großgeschrieben. Spekulationen mit undurchsichtigen Kreditversicherungen, Wetten auf die Entwicklung der Preise von Grundnahrungsmitteln und Rohstoffen und andere riskante Anlagen sind für diese Banken tabu.

In einem Punkt sind die ethisch-ökologischen Banken schon weit vorne: Sie versuchen transparenter zu arbeiten als ihre herkömmliche Konkurrenz. Die Offenheit ist allerdings nicht bei allen gleich groß. Während die GLS Bank alle Kredite mit Ziel und Höhe veröffentlicht, geben andere nur die Projekte preis, nennen aber keine Kredithöhen. Die GLS Bank und die Ethikbank veröffentlichen sogar, wo sie ihr Geld am Kapitalmarkt investieren.

Eine normale Bank oder Sparkasse hingegen nimmt das Geld der Kunden ein. Dann verschwindet es in einer Black Box. Womit genau die Bank die Zinsen verdient, erfahren die Kunden nur selten.

Sie müssen seit der Finanzkrise damit rechnen, dass die Landesbank, die von ihrer Sparkasse vor Ort mitgetragen wird, in verlustreiche, wenn nicht gar dubiose Geschäfte im Ausland verwickelt ist oder zumindest war. Von der HSH-Nordbank über die West-LB bis zur Bayrischen Landesbank haben sich praktisch alle Landesbanken vor der Finanzkrise am Geld der kleinen Sparer und Steuerzahler vergangen. Landesväter und öffentlich bestallte Banker versuchten unter anderem, auf dem ruinösen amerikanischen Immobilienmarkt am großen Geldrad mitzudrehen. Auch in Sparkassen gab es bis 2008 die berüchtigten Lehman-Zertifikate, die heute so gut wie wertlos sind.

In den genossenschaftlichen Banken arbeiten ebenfalls nicht nur Engel. Ihre Dachbank, die DZ Bank, hat über die Volks- und Raiffeisenbanken haufenweise hochkomplexe Zertifikate und riskante Anleihen unter die Leute gebracht. Nicht in jedem Fall haben die Papiere gehalten, was die Berater vollmundig versprochen hatten.

Die mehrheitlich genossenschaftlich organisierten ethisch-ökologischen Banken haben keine Schrottpapiere an ihre Kunden verkauft.

Weil die DZ Bank das Zentralinstitut für alle rund 1 000 Kreditgenossenschaften in Deutschland ist, bestehen zwangsläufig Geschäftsbeziehungen. Sie stellt Refinanzierungsmittel bereit und organisiert von allen gemeinsam genutzte Dienstleistungen zum Beispiel beim Internet-Banking. Zudem halten die Banken als Mitglieder des Genossenschaftsverbundes Anteile an dieser Bank. Gleiches gilt für die WGZ Bank, die in Nordrhein-Westfalen die Aufgaben der DZ Bank übernimmt. Um von den Vorteilen des Genossenschaftsverbundes profitieren zu können, müssen die ethisch-ökologisch orientierten Genossen an dieser Stelle über ihren Schatten springen und ihre strengen Kriterien beiseitelassen. In den vergangenen beiden Jahren unternimmt zumindest die DZ Bank zaghafte Schritte in Richtung Nachhaltigkeit.

GLS: ANTHROPOSOPHEN UND MEHR

Mit den Gründern der Gemeinschaftsbank für Leihen und Schenken (GLS) betraten 1974 in Bochum erstmals sozial und ökologisch bewegte Banker den deutschen Markt. Sie standen den Lehren Rudolf Steiners (1861 bis 1925) nahe, des umstrittenen Anthroposophen. Auf Steiner gehen auch der biologisch-dynamische Landbau und die Waldorfpädagogik zurück. Demeter-Bauernhöfe und Waldorfschulen gehörten daher lange zu den bevorzugten Anlageobjekten der genossenschaftlichen GLS Bank. Später kamen Bioland-Höfe und Montessori-Schulen dazu.

Der Service der GLS Bank

Als Hausbank funktionierte die GLS Bank bis 2003 nicht. In jenem Jahr übernahm sie die Geschäfte der ebenfalls genossenschaftlich organisierten Ökobank in Frankfurt. Die war 1988 von Teilen der Friedens-, Frauen- und Umweltbewegung gegründet worden. Seither können Kunden bei der GLS Bank ihre Giro- und Sparkonten führen lassen. Das Girokonto kostet 2 Euro im Monat, die Girocard (EC-Karte) 15 Euro im Jahr. Die Kunden haben die Wahl zwischen Tagesgeld, Festgeld, mehrjährigen Sparanlagen und Sparplänen. Davor gab es nur das Kreditgeschäft, das die Bank vor allem mit anthroposophisch angehauchten Unternehmen einging. Als die linksalternativen Kunden der Ökobank zur GLS Bank stießen, musste sich die Bank weltanschaulich öffnen.

Wertpapierdepots

Die Kunden der GLS Bank können alle ihre Wertpapierdepots bei anderen Banken und Sparkassen zur GLS Bank mitbringen. Sie sehen sich dann allerdings sanftem Beratungsdruck ausgesetzt, ihr Depot im Sinne der GLS-Kriterien auszurichten. „Wir werden ihn langfristig in Richtung nachhaltiger Umschichtung beraten", sagt Sprecherin Eva Schneeweiss.

Die Kosten für das Depot werden je nach Inhalt unterschiedlich gerechnet. Sie betragen 0,119 Prozent des Depotwertes am 31. Dezember. Für die Fonds, die die GLS Bank als nachhaltig empfiehlt, werden 0,0595 Prozent fällig. Nach oben sind die Beträge gedeckelt. Mehr als 59,90 Euro pro Position und Jahr werden nicht fällig.

Mikrofinanz

Die GLS Bank vergibt über Mikrofinanzinstitute Kleinkredite von unter 25 000 Euro an Kleinstunternehmer. Das kann der Olivenverkäufer auf dem Wochenmarkt sein oder der Betreiber eines Hausmeisterdienstes oder die Wirtin eines Cafés. Bereits 2004 legten die KfW (siehe Seite 159), die GLS Bank und der Bund einen Mikrofinanzfonds auf, der bei der GLS verwaltet wird. Ein Risiko geht die GLS Bank damit vorläufig nicht ein. Die Bundesregierung und der Europäische Sozialfonds haben die Mikrokreditvergabe der GLS Bank bis Ende 2015 mit 100 Millionen Euro gegen Ausfallrisiken abgesichert.

SPRUNGHAFTES WACHSTUM

Die Suche einer kleinen, aber wachsenden Zahl von Menschen nach orientierenden Bankangeboten führte zwischen 2007 und 2009 mehr als 18 000 Menschen zur GLS Bank. Die Zahl der Kunden stieg von 55 000 auf 73 000. Das Anwachsen der Kundenlisten um knapp 33 Prozent führte dazu, dass die Bank im Jahr 2009 gleich 51 zusätzliche Mitarbeiterinnen und Mitarbeiter eingestellt hat. Außerdem eröffnete sie in Freiburg im Breisgau eine neue Filiale, zusätzlich zu den Geschäftsstellen in Berlin, Bochum, Hamburg, Frankfurt, Stuttgart und München.

Was passiert mit dem Geld der Kunden?

„Wir investieren ausschließlich in wirtschaftliche, ökologische, soziale und sozial sinnvolle Projekte", antwortet die GLS Bank auf die Frage, wie sie das Geld ihrer Kunden anlegt. „Unser Ziel ist es, das bei uns angelegte Kapital sinnstiftend und gewinnbringend zu investieren."

Die GLS Bank ist die einzige Bank in Deutschland, auch unter den hier vorgestellten, die tatsächlich lückenlos offenlegt, wo sie das Geld ihrer Kunden investiert (www.gls-bank.de/projekte.html).

Sie veröffentlicht alle Kredite, die sie vergibt, mit Ziel und Höhe. „Mehr Transparenz geht nicht", sagte der GLS-Vorstandssprecher Thomas Jorberg im Juni 2010 der Hamburger Wochenzeitung „Die Zeit".

Die Kriterien

Für Anlegerinnen wie die GLS Bank ist es nicht leicht, Wertpapiere zu finden, die aus jeder Perspektive betrachtet zu einhundert Prozent moralisch, ethisch und ökologisch sind. Orientierung schafft ein Katalog von Kriterien. Darin ist nicht nur definiert, wem die Bank für welche Projekte Geld leiht. Er ist auch die Richtschnur dafür, wie die Bank ihr Geld am Kapitalmarkt investiert.

Nicht berücksichtigt werden bei der GLS Bank Wertpapiere von Unternehmen, die Atomenergie erzeugen, Schädlingsbekämpfungs- oder Pflanzenschutzmittel herstellen. Auch Rüstungsgüter, Embryonenforschung, der Einsatz der Gentechnik in der Landwirtschaft, Tabak- und Alkoholproduktion (hochprozentig), Tierversuche und Pornografie sind tabu. Nicht im Depot der GLS Bank finden sich Unternehmen, die Arbeits- und Menschenrechte verletzen, Kinderarbeit ausbeuten sowie Korruption und Umweltverschmutzung nachweislich zulassen.

Manche Unternehmen sind über Beteiligungen an anderen Unternehmen unter Umständen in einem der Tabufelder engagiert. Damit sind diese Wertpapiere nicht automatisch ausgeschlossen.

Ist die Beteiligung gering, kann die GLS dennoch in sie investieren. Welchen prozentualen Anteil die Geschäftstätigkeiten in den ausgeschlossenen Feldern haben können, ist von Geschäftsfeld zu Geschäftsfeld unterschiedlich, aber festgelegt und überprüfbar. Der Wermutstrop-

GRO HARLEM BRUNDTLAND verdanken wir wahrscheinlich den Begriff „nachhaltige Entwicklung". Zumindest gab der nach ihr benannte Bericht der Vereinten Nationen „Our Common Future" (Unsere gemeinsame Zukunft) aus dem Jahr 1987 den Startschuss für die weltweite Diskussion darüber, was Nachhaltigkeit denn eigentlich sei. Der Bericht hat alle seither geschlossenen internationalen Umweltabkommen beeinflusst, zum Beispiel durch seine Definition der Nachhaltigkeit als Generationengerechtigkeit.

fen: Beteiligungen unter 25 Prozent finden die Researchagenturen häufig nicht.

In einem zweiten Schritt prüft der siebenköpfige Anlageausschuss der Bank die von den Ratingagenturen oekom research und imug/Eiris vorgeschlagenen Werte. Dieser Ausschuss setzt sich aus internen und externen Fachleuten zusammen. Von der Bank ist zum Beispiel Thomas Goldfuß dabei, der die Kunden- und Vermögensberatung leitet. Sein Motto: „Im Zweifel gegen den Kandidaten".

Von außerhalb berät die Bank im Ausschuss unter anderen Antje Schneeweiß. Sie ist wissenschaftliche Mitarbeiterin beim der evangelischen Kirche nahestehenden Institut Südwind in Siegburg.

Auch zu staatlichen Institutionen hat die Bank einen Draht. Im Anlageausschuss und im Aufsichtsrat der GLS Bank arbeitet Beatrix Tappeser mit. Sie ist Fachgebietsleiterin im Bundesamt für Naturschutz in Bonn. Sie stellt fest: „Unter ethisch-ökologischen Gesichtspunkten genügen nur wenige der weltweit börsennotierten Unternehmen dem Profil und dem Anliegen der GLS Bank."

So legt die GLS Bank Geld an

Bei dem Kundenansturm, den die GLS Bank erlebt, stellt sich die Frage, ob sie die rund 23 000 Euro, die nach ihren eigenen Angaben jeder Kunde im Schnitt bei ihr deponiert, gemäß ihrer Philosophie anlegen kann. Gibt es überhaupt ausreichend Projekte, die den strengen Kriterien standhalten?

Die GLS Bank hat ungefähr die Hälfte des Geldes als Kredite weitergereicht, die andere Hälfte hat sie angelegt. Manchmal müssen die Gutbanker auch Geld zwischenparken. Gerade wenn viel Geld zufließt, sprechen nicht gleichzeitig ausreichend geeignete Kreditnehmer vor.

Bei dem Anteil, den die GLS Bank am Kapitalmarkt anlegt achtet sie darauf, dass sie das Geld ihrer Kunden nur dort investiert, wo es nach ihren Spielregeln arbeitet. Jedenfalls ist das ihr Anspruch.

Damit die Bank flüssig bleibt, liegen etwas mehr als 340 Millionen Euro bei der WGZ Bank und 16,2 Millionen Euro bei der Bundesbank. Das ist die Pflicht, um die die GLS Bank als Mitglied im Genossenschaftsverbund nicht herumkommt.

Die saubere Kür

Bei der Kür wird es interessant. Wer erwartet, dass das Portfolio in sozialer, ethischer und ökologischer Hinsicht absolut sauber ist, täuscht sich. Die GLS Bank kaschiert dies nicht. Sie veröffentlicht auf ihren Internetseiten alle Informationen, ohne freilich auf die Widersprüche ausdrücklich hinzuweisen.

Rund 221 Millionen Euro der GLS Bank stecken in Staatsanleihen. Sie stammen aus Deutschland selbst, Österreich, den Niederlanden und Schweden. Alle vier stellen Rüstungsgüter her und verkaufen sie auch in politisch instabile Regionen wie den Irak oder nach Pakistan.

Größter Einzelposten mit mehr als 108 Millionen Euro sind Schuldverschreibungen, also Anleihen der WGZ Bank. Mit dem Geld ihrer Kunden finanziert die GLS Bank also eine normale Geschäftsbank mit (wenn auch mit – absolut gesehen – kleinem Geld). Was die WGZ Bank ihrerseits mit dem Geld anstellt, erfährt die Öffentlichkeit nicht. Wie die allermeisten Geldinstitute arbeitet sie intransparent.

Ein bisschen erfährt der aufmerksame Leser über die Internetseite dennoch. Die WGZ Bank betreibt für das Auslandskreditgeschäft Tochtergesellschaften in Irland und Luxemburg. Über die Beteiligung der WGZ Bank an der DZ Privatbank Schweiz kann der Kunde, der „das Image der Schweiz als Finanzplatz schätzt", sein Vermögen im Nachbarland verwalten oder seine „Steuerangelegenheiten optimieren" lassen (DZ-Privatbank-Werbung).

Unternehmerische Beteiligungen

Rund 14 Millionen Euro hat die GLS Bank in Beteiligungen an anderen Unternehmen investiert. Mehr als ein Drittel davon steckt in der eigenen Beteiligungs AG, die unter anderem geschlossene Fonds auflegt. Dazu kommen europaweite Investitionen in andere sozial-ökologische Banken in Höhe von rund 660 000 Euro. Etwa die Hälfte der Beteiligungen findet sich im genossenschaftlichen Verbund.

Kleinere Beteiligungen von unter 20 000 Euro hält die GLS an der Bausparkasse Schwäbisch Hall und an den R+V Versicherungen. Der größte Einzelposten liegt wiederum bei der WGZ, nämlich bei deren Beteiligungs GmbH&Co. KG.

1,4 Millionen Euro stecken in Aktien. Zu den Beteiligungen gehören unter anderem Papiere des französischen Autoherstellers Renault sowie des deutschen Konsumgüterherstellers Henkel. Ob solche Unternehmen zur reinen Lehre des ethisch-ökologischen Bankgeschäfts passen, ist umstritten. Die Grenze zwischen einer Geldanlage mit gutem Gewissen und rücksichtslos am höchstmöglichen Profit ausgerichteten Investitionen ist verschwommen.

Immerhin hat der französische Autokonzern seine Produktionsanlagen nach der Umweltmanagementnorm ISO 14001 zertifizieren lassen und der deutsche Konsumgüterhersteller engagiert sich in Gremien wie dem World Business Council for Sustainable Development (Weltwirtschaftsrat für nachhaltige Entwicklung).

INFO Wie war das mit der Ökobank?

„Turnschuhbanker", „Kapitalsammelstelle für Müslis". Die 1988 in Frankfurt gegründete Ökobank genoss den leisen Spott des Establishments. 2003 war die Geschichte der Ökobank zu Ende. Sie wurde von der GLS übernommen.
Grund für die Pleite war etwas, was den heutigen ethisch-ökologischen Banken nicht mehr nachgesagt werden kann: die Unbedarftheit der Ökobanker von der Verwaltungsspitze bis zu den Bankschaltern der Filialen in Frankfurt und Freiburg. Michael Berger, Historiker und Mitbegründer der Ökobank, schreibt in einem Rückblick (www.spechtpassage.de): „Bei der Kreditvergabe wurden wirtschaftliche Bedenken gegenüber moralischen Überlegungen zurückgestellt (   )."
Die Ökobank war die erste Bank, die sich an die alternative Szene wandte, Bankdienstleistungen anbot und Projekte mit Krediten versorgte, die bei den klassischen Banken und Sparkassen abgeblitzt waren. Oder deren Macher aus weltanschaulichen Gründen keine Geschäftsbeziehung mit einer normalen Bank eingegangen wären. Alle, die nicht in Atomkraft, Umweltzerstörung, Rüstung oder in Unternehmen, die das südafrikanische Apartheid-Regime unterstützten – die Rassentrennung gab es damals noch –, sollten mit der Ökobank eine Alternative bekommen. Wertpapiere verwahrte die Ökobank nicht. Die galten als Teufelszeug.
Dennoch hat auch die ethisch-ökologische Geldanlage, wie wir sie heute kennen, ihre Wurzeln in der Ökobank. In Luxemburg gründete sie die Tochtergesellschaft Ökovision, die den ersten ethisch-ökologischen Fonds überhaupt in Deutschland auflegte. Der ist heute unter dem Dach der Vermögensberatungsgesellschaft versiko und wird von dem Pionier der ethisch-ökologischen Geldanlage Alfred Platow gemanagt (siehe Seite 54).
Völlig verschwunden ist das damalige Projekt trotz der Übernahme durch die GLS nicht. Außer dem Fonds Ökovision gibt es auch noch die Genossenschaft Oekogeno, die Nachfolgerin der Genossenschaft, die die Ökobank getragen hatte und die in der Pleite der Bank einen großen Teil ihres Genossenschaftskapitals retten konnte. Sie hat ihren Sitz in Freiburg, legt Solarfonds auf und bietet kleinen bis mittelständischen Unternehmen mit ökologisch innovativen Geschäftsideen Beteiligungskapital.
Unvergessen bleibt die erste Alternativbank auch wegen ihres Namens: Will jemand den grünen Ansatz einer Bank kurz umschreiben, dann sagt er: „Das ist eine Ökobank." Heute meint das niemand mehr spöttisch.

UMWELTBANK

Ein ganz anderes Modell als alle anderen ethisch-ökologischen Banken in Deutschland verfolgt die Umweltbank in Nürnberg. Sie hat den Umweltaspekt vergleichsweise konkret in der Satzung verankert.

„Die Umweltbank setzt sich für den Erhalt unserer natürlichen Lebensgrundlagen, insbesondere für klares Wasser, reine Luft und eine gesunde Umwelt ein. Die Umweltbank verwirklicht Ideen, die allen zugute kommen. Sie unterstützt die ökologische Entwicklung unserer Gesellschaft und fördert integrative und vorbeugende Maßnahmen des Umweltschutzes", heißt es für den Bankkunden zum Geleit. Das ist natürlich viel klarer als zum Beispiel das Credo der Kirchenbanken: die „Bewahrung der Schöpfung".

Für Menschen, die vom Kauderwelsch der klassischen Geschäftsbanker genug haben, ist eine solche Bank die Wunschalternative. „Wir bieten keine riskanten Devisen-, Termin- oder Optionsgeschäfte an und verkaufen keine Kundenkreditforderungen", hat die Umweltbank der Stiftung Warentest mitgeteilt.

Der Service der Umweltbank

Ein Bankkunde kann nicht zur Umweltbank wechseln und gleichzeitig die herkömmliche Bankenwelt vollständig verlassen. Ein Girokonto kann er bei den Nürnbergern nämlich derzeit nicht eröffnen. Kunden der Umweltbank unterhalten also immer noch irgendwo anders eine Bankverbindung. Die Bank bietet aber eine Palette von Zinsanlagen: Tagesgeldkonten, Festgeld, mehrjährige Sparanlagen und Sparpläne hat sie im Angebot.

Eine Filiale mit persönlicher Beratung gibt es nur in Nürnberg. Sonst geht es eher altmodisch zu bei der Umweltbank. Obwohl eine bundesweit tätige Direktbank, lassen sich die Konten nur per Telefon und auf dem Postweg verwalten. Die Einführung von Internet-Banking sei in Planung, teilt die Bank im Juni 2010 mit. Immerhin! Das 21. Jahrhundert scheint nicht mehr aufzuhalten.

Wertpapierdepots

Neukunden der Umweltbank können ihre Wertpapierdepots, die sie bei anderen Banken unterhalten, nicht so ohne Weiteres zur Umweltbank mitbringen. Ganz auf den Thrill der Aktienanlage müssen sie nicht verzichten. Allerdings müssen sie sich von der Bank Fesseln anlegen lassen, wenn sie das kostenlose Wertpapierdepot der Nürnberger nutzen wollen.

Bei einem Wechsel dürfen sie nämlich an Aktien, Fonds und Anleihen nur mitbringen, was die Umweltbank aktuell erlaubt. „Derzeit sind dies 48 in Deutschland gehandelte Umweltaktien und -anleihen, neun Umweltfonds sowie von der Umweltbank bei der Emission begleitete Genussscheine", teilten die Nürnberger im März 2010 mit.

Welche Titel mitgebracht beziehungsweise im Wertpapierdepot der Umweltbank aufbewahrt werden dürfen, ist tagesaktuell unter www.umweltbank.de/aktienkurse/default.html beziehungsweise unter www.umweltbank.de/aktienkurse/genussscheinhandel.html nachzulesen.

Darin finden sich vor allem Aktien von Solar- und Windenergieunternehmen, Recyclingfirmen sowie die von Herstellern von Biogas- und Biodieselanlagen. Die Zusammenstellung ist sehr stark auf Umwelttechnologieaktien ausgerichtet.

Dieses Aktien- und Fondsmenü muss nicht jedem schmecken, auch nicht jedem Ökoanleger. Wie in jedem „grünen" Portfolio finden sich auch hierin kontrovers diskutierte Themen. Geldanlage mit Umweltanspruch ist immer auch ein Kompromiss zwischen einander widerstrebenden Interessen.

So gibt es zum Beispiel bei der Umweltbank Aktien mehrerer Anbieter von Biodieselanlagen beziehungsweise von Anlagen zur Herstellung von Biodiesel.

Ob dieser Treibstoff, der aus Pflanzen, Speiseresten oder tierischen Fetten hergestellt wird, wirklich umweltfreundlicher ist, als fossile Energieträger zu verbrennen, wird viel diskutiert.

EINSEITIGKEIT IST RISKANT

Das Anlageuniversum bei der Umweltbank ist extrem eingeschränkt. Das kann für Sie ein Grund sein, nicht Ihr ganzes Geld dort anzulegen. Anleger sollten ihr Depot inhaltlich breiter aufstellen. In diesem Fall muss man sogar sagen: ihre Depots. Denn für die Sicherheit ist es besser, zusätzlich zum Umweltbank-Depot noch ein zweites Wertpapierdepot zu unterhalten. Darin könnten dann Fonds und Aktien liegen, die zwar keine Gnade vor den Augen der Umweltbank-Anlagegremien gefunden haben, aber mehr Stabilität bringen.

Was passiert mit dem Geld der Kunden?

Die Spareinlagen der mehr als 80 000 Kunden fließen direkt und ausschließlich in Umweltprojekte. Anfang 2010 verteilte sich das Geld zu 47 Prozent auf Solarfinanzierungen, zu 29 Prozent auf ökologische Baufinanzierungen, zu 16 Prozent auf Wind- und Wasserkraft und zu 8 Prozent auf Biogas/Biomasse sowie die ökologische Landwirtschaft. Im Durchschnitt hat jeder Kunde knapp 15 000 Euro bei der Umweltbank angelegt.

Nicht alles Geld, das der Bank zufließt, kann sofort in einem Umweltprojekt weiterarbeiten. Die Bank muss flüssige Mittel vorhalten. 2008 waren das rund 245 Millionen Euro. Dieses Geld legt die Bank auf dem Kapitalmarkt an. Die Bank gibt an, vor allem in Staatsanleihen und Pfandbriefe zu investieren, legt aber nicht offen, in welche. Man berücksichtige bei der Eigenanlage die selbst gewählten Ausschlusskriterien. Das bedeutet keine Investitionen in Großkraftwerke (Braun-/Steinkohle, Atomenergie), Waffen oder

Militärgüter (Produktion und Handel), umweltschädliche Produkte oder Technologien (Produktion und Handel), Nichteinhaltung von Umweltauflagen, Gentechnik in der Landwirtschaft, sozial unverträgliche Projekte, Ausbeutung von Kindern, unfaire Geschäftspraktiken wie Korruption und Menschenrechtsverletzungen.

Allerdings ist den Umweltbankern und ihrem Umweltbeirat bewusst, dass sie die unerwünschten Industrien und Wirtschaftspraktiken nicht vollständig draußen halten können. „Für die Anlage der Liquiditätsreserve der Umweltbank gilt eine Toleranzgrenze von 5 Prozent", teilt die Bank mit. Das heißt, bis zu 5 Prozent der flüssi-

INFO **Die Umwelt schonen und dabei Kreditzinsen sparen**

Als Zinssenker bei der Kreditvergabe der Umweltbank an Bauleute wirken:

- Der Einsatz ökologischer Bau- und Dämmstoffe (zum Beispiel Lehm, Holz).
- Ein Haus von Grund auf ökologisch zu sanieren, um die Bausubstanz zu erhalten.
- Wärmedämmung mit aus nachwachsenden Rohstoffen hergestellten Dämmmaterialien.
- Die Konzeption als Niedrigenergiehaus.
- Solarthermie (Warmwasserbereitung mit einer Solaranlage).
- Fotovoltaik (Stromerzeugung mit Solarmodulen).
- Heizen mit Biomasse (Häcksel, Holzbriketts, Pellets, Biodiesel).
- Einbau einer Wärmepumpe.
- Nutzung des Regenwassers (Zisterne für den Garten, die Toilettenspülung)
- Fassadenbegrünung (Wärmedämmung, Biotop).
- Innenausbau mit ökologischen Materialien (Lehm, Holz).

Fast jede dieser Maßnahmen spart Verbrauchskosten. Selbst eine Fassadenbegrünung schont den Geldbeutel, weil sie die Fassade vor Witterungseinflüssen schützt und wärmedämmend wirkt. Ein Bauherr, der also möglichst viele Ökoelemente einbaut, wohnt billiger, sobald sich die Anschaffungskosten amortisiert haben. Die Ökoextras können bei der Anschaffung in der Summe sehr teuer kommen.

Alle Bedingungen gleichzeitig verwirklichen können ohnehin nicht alle Bauleute. Die Lage des Bauplatzes, kommunale Vorschriften bei Neubauten und Sanierungen sowie die Abhängigkeiten von Partnern zum Beispiel in einer Baugruppe erfordern Kompromisse.

Tipp: Die Kreditphilosophie der Umweltbank ist löblich. Sie bedeutet aber nicht, dass die Nürnberger Bank immer und in jeder Zinskonstellation das günstigste Angebot bereithält. Verbraucher sollten daher immer Vergleichsangebote einholen.

gen Mittel können in Anlagen stecken, die den strengen Umweltkriterien nicht genügen. Überprüfen lässt die Umweltbank ihre Eigenanlagen von drei unabhängigen Ratingagenturen: imug, oekom und Sustainalytics (siehe Seite 169). Was tatsächlich drin ist im Depot, veröffentlicht die Bank nicht.

Diese Projekte finanziert die Umweltbank

Wer sein Geld bei der Umweltbank arbeiten lassen möchte, will wissen, wofür. Die Einlagen der Kunden reicht die Bank als Kredite an ökologisch orientierte Bauherren und Unternehmer weiter. Und zwar ohne Ausnahme, heißt es bei der Bank. Während die anderen der hier vorgestellten Banken selbst Geld in Anleihen, Fonds, Beteiligungen und Aktien stecken, um etwas am Kapitalmarkt zu verdienen, verspricht die Umweltbank ihren Kunden, ausschließlich ökologische Projekte zu finanzieren: „Es ist Teil der Geschäftspolitik, das Verhältnis von Kundeneinlagen und Krediten so zu steuern, dass diese Garantie auch künftig eingehalten wird", heißt es aus Nürnberg. Die Umweltbank finanzierte und förderte so seit ihrer Gründung 1997 mehr als 12 000 Projekte, allein 2009 kamen 1 170 hinzu. Das Volumen der Kreditzusagen stieg zum 31. Dezember 2009 von rund einer Milliarde Euro auf annähernd 1,2 Milliarden Euro. Das sind 17 Prozent mehr als zum Jahresanfang 2009.

Damit die Umweltgarantie nicht nur ein Lippenbekenntnis bleibt, leistet sich die Umweltbank eine Art „ökologischen Aufsichtsrat". Dieser dreiköpfige Umweltrat steckt den inhaltlichen Rahmen ab, innerhalb dessen sich das Kreditgeschäft bewegen darf. Unterstützt wird der Rat von einem zwanzigköpfigen Beirat, in dem Politiker, Wissenschaftler, Unternehmer und Künstler sitzen.

Der Umweltrat sei kein zahnloser Tiger, heißt es bei der Bank. Er dürfe einzelne Vorgänge in der Bank und Projekte der Bank aufgreifen und kontrollieren.

Bauen und Beispiele

Die Umweltbank gibt an, bereits mehr als 3 000 Passiv-, Solar- und Holzhäuser finanziert zu haben.

„Das nachhaltige Kreditportfolio kann mit einem großen Fördertopf verglichen werden", sagt Umweltbanksprecher Alexander Stark.

Zum einen erhalten umweltbewusste Bauherren staatliche Förderungen, die die Umweltbank bei einer Baufinanzierung einrechnet. Zum anderen senkt die Bank die Zinsen um so mehr ab, je ökologischer jemand sein Haus plant (siehe Kasten links).

Die Gesellschaftsform

Anders als bei den meisten Mitbewerbern ist die Gesellschaftsform. Die Umweltbank ist eine Aktiengesellschaft. Die Papiere sind seit 2001 am Open Market (früher: Freiverkehr) der Frankfurter Börse notiert. Etwa 6 900 Aktionäre besitzen 5 538 240 Aktien. Den größten Brocken davon, nämlich 15,2 Prozent, hält die UmweltVermögen

Beteiligungs AG mit Sitz in Nürnberg. Die gehört zur Umweltbank. Die Aktie wird gehandelt, wenn auch mit geringen Umsätzen. Ganz abzukoppeln vom Markt vermochte sich die Aktie der Umweltbank in der Finanzkrise nicht. Immerhin zeigen die vergleichsweise moderaten Kursausschläge im für Bankenaktien ungünstigen Klima der vergangenen Jahre, dass die Aktionärsstruktur der Umweltbank eine gewisse Stabilität verleiht.

DIE ETHIKBANK

Die kleinste nicht kirchliche Ökobank in Deutschland hat sich den größten Namen gegeben: „Ethikbank". Und dabei ist sie eigentlich gar keine richtige Bank. Die Ethikbank in Eisenberg im Saale-Holzland-Kreis in Ostthüringen ist eine Tochter der dortigen Volksbank.

Schon früh stiegen die Eisenberger Genossenschaftsbanker in das Direktbanking ein. Immerhin 2000 Kunden bundesweit wurden seit 1995 so gewonnen. Dann erkannten die Ostthüringer den nächsten Trend: „Wir wollten in die Gesellschaft wirken. Wir wollten unserer ethischen Verantwortung gerecht werden", erzählt der Vorstandsvorsitzende Klaus Euler.

Der Direktableger der Volksbank bot in der Folge dieser Willenskundgebung Förderkonten an. 0,25 Prozentpunkte seiner Rendite konnte der Kunde für eines von drei Förderprojekten spenden: für eine Mädchenschule in Afghanistan, ein Waisenhaus in Bulgarien oder den Schutz der Baikalrobbe.

Das Angebot trug der Volksbank viel Aufmerksamkeit ein. So viel, dass sie einen Ableger gründete, der das Gute im Banking zum Prinzip erhob. Das hat sich für die Genossen gelohnt. Seit dem Jahresende 2002 ist die Ethikbank aktiv. Rund 10000 Kunden stehen in den Büchern, Lehman sei Dank rund 4000 mehr als noch 2007. Im Jahr 2009 wuchs die Bilanzsumme der Abteilung von knapp 71 Millionen Euro auf 90,5 Millionen Euro. Das sind satte 27 Prozent.

Der Service der Ethikbank

Wer bei der Ethikbank ein Tagesgeldkonto eröffnet, hat die Wahl zwischen einer Rendite- und der Fördervariante. Bei Letzterer spendet er 0,25 Prozent seiner Zinsen für die drei genannten Hilfsprojekte.

Festgeld, Sparpläne und Fondssparpläne vervollständigen das Angebot. Für die Fondssparpläne steht eine Auswahl von Nachhaltigkeitsfonds der Schweizer Bank Sarasin (siehe Seite 189) zur Verfügung.

PETER BENENSON war der Lautsprecher der freien Meinungsäußerung. 1961 empörte sich der Rechtsanwalt in einem Zeitungsartikel über das Schicksal zweier portugiesischer Studenten. Die waren vom damals dort herrschenden Militärregime zu sieben Jahren Haft verurteilt worden, weil sie in einem Café auf die Freiheit angestoßen hatten. Der Artikel „Appell für Amnestie" war die Geburtsstunde von Amnesty International.

Girokonten auch für weniger Betuchte

Schon 1995 hat der Zentrale Kreditausschuss der Banken und Sparkassen seine Mitglieder dazu aufgerufen, für Leute mit schlechter Schufabewertung Girokonten auf Guthabenbasis zu eröffnen. Ein Rechtsanspruch darauf besteht nicht.

Als eines der wenigen Geldhäuser in Deutschland geht die Ethikbank von sich aus auf Menschen zu, die es schwer haben, ein Girokonto zu bekommen. Das sind zum Beispiel überschuldete Menschen, Menschen in Privatinsolvenz und Menschen mit geringem und unregelmäßigem Einkommen. Für sie gibt es das Mikrokonto. Sein Preis ist allerdings eher makro. Während „normale" Girokonten bei der Ethikbank von 2 bis 5 Euro im Monat zu haben sind, müssen die Inhaber der Mikrokonten 7,50 Euro berappen.

Radikalen Organisationen und Parteien würde die Ethikbank aber auch die Eröffnung eines Mikrokontos verweigern. Wer alles dazugehört, entnimmt die Ethikbank dem Verfassungsschutzbericht der Bundesregierung. Jede Entscheidung delegieren die Eisenberger aber nicht auf das Papier aus dem Innenministerium. „Uns ist bewusst, dass der Verfassungsschutzbericht in erster Linie politische Interessen verfolgt", heißt es auf der Internetseite der Ethikbank. In Zweifelsfällen befragen sie via Internet ihre Kunden. Ein solcher Fall ist die Partei Die Linke. Die taucht zwar im Verfassungsschutzbericht auf, sitzt aber in elf Länderparlamenten und im Deutschen Bundestag. Eine Umfrage im Internet hat 2003 ergeben, dass Die Linke bei der Ethikbank ein Konto führen dürfte, wenn sie es denn wollte. Über solche Umfragen bindet die Ethikbank ihre Kunden in Einzelfallentscheidungen ein.

Wertpapierdepots

Wer zur Ethikbank wechselt, darf sein bisheriges Depot mitbringen und alle Wertpapiere darin verwalten, auch solche, die die Ethikbank selbst nicht kaufen würde. Eine Ausnahme gibt es: Zertifikate müssen draußen bleiben.

Die Depotführung ist kostenfrei. Es fallen allerdings Transaktionskosten an. Die betragen mindestens 9,99 Euro und höchstens 39,99 Euro pro Order.

HENRY MATHEWS gründete 1986 den Dachverband der Kritischen Aktionäre. Als dessen Vorsitzender nutzte er das Aktienrecht, um ökologische und ethische Verfehlungen von Konzernen anzuprangern. Da ihm viele Aktionäre ihre Stimmrechte anvertrauten, besaß der Verband Rederecht auf den Hauptversammlungen. Außerdem konnte er Anträge einreichen, in denen er die Praktiken der Unternehmen anprangerte. Die mussten die kritischen Äußerungen dann an alle Aktionäre weitergeben. So wollen es die Vorschriften. Mathews starb am 5. September 2006 im Alter von 40 Jahren.

Was passiert mit dem Geld der Kunden?

Trotz der beeindruckenden Zuwächse bleibt die Ethikbank vorerst ein Federgewicht. Firmenkredite bietet sie nicht an. Für Privatpersonen gibt es den Ökokredit bis 40 000 Euro und den Ökobaukredit von 40 000 bis 400 000 Euro.

Beide Kredite zielen auf ökologisches Bauen und Sanieren ab.

Zusätzlich zum Kreditgeschäft ist die Ethikbank am Kapitalmarkt aktiv. Auch dabei nimmt sie für sich in Anspruch, die „Kundengelder sozialökologisch zu verwenden".

Im März 2010 hatte die Bank 137,3 Millionen Euro in öffentlichen Pfandbriefen, Hypothekenpfandbriefen, Schuldverschreibungen sowie in- und ausländischen Staatsanleihen angelegt.

Anlagen in Staatsanleihen

Staaten, deren Anleihen die Ethikbank kaufen kann, ermitteln die Ethikbanker anhand der Untersuchungsergebnisse der amerikanischen Nichtregierungsorganisation Freedom House (siehe Seite 80). Ein zusätzliches Kriterium sind die Maßstäbe der Zürcher Kantonalbank. Sie untersucht und bewertet alle zwei Jahre die sozialökologische Qualität der 30 Staaten der Organisation der wirtschaftlich entwickelten Staaten (OECD).

Anlagen in Unternehmensanleihen

Auch privaten Aktiengesellschaften leiht die Ethikbank Geld. Anleihen in Höhe von insgesamt vier Millionen Euro besitzt sie von der australischen Westpac-Bank und vom deutschen Automobilhersteller BMW.

Bei der Westpac-Bank haben die Manager der Ethikbank es einfach: Sie ist im Naturaktienindex (NAI, siehe Seite 71). Und Firmen, die es in den NAI schaffen, sind aufgrund der strengen Aufnahmekriterien, die für diesen Index gelten, auf jeden Fall im Anlageuniversum der Ethikbank willkommen. Westpac ist aber nicht unumstritten. Anfang 2010 erhöhte sie die Zinsen für ihre Kunden derart, dass der damalige australische Ministerpräsident seinen Landsleuten empfahl, die Bank zu wechseln.

Alle Nicht-NAI-Unternehmen müssen sich an den Tabu-Kriterien und den Positivkriterien der Bank messen lassen. BMW gilt demnach als Fahrzeughersteller mit einer vergleichsweise sauberen Produktion. Die Münchner Autobauer finden sich als Investment in diversen „grünen" Portfolios, zum Beispiel auch in den von ethisch-ökologischen Investmentfonds.

Die Verflechtung der Weltwirtschaft bringt es mit sich, dass vor allem größere Unternehmen und Konzerne in kritischen Geschäftsfeldern aktiv sind und darin Umsätze erwirtschaften. Oder sie sind wiederum an anderen Unternehmen beteiligt, die gegen die Tabu-Kriterien der Ethikbank verstoßen.

Wie viel Umsatz eine Aktiengesellschaft mit von der Ethikbank nicht tolerierten Geschäften erzielt, erfahren die Eisenberger von der Ratingagentur imug in Hannover (siehe Seite 169). „Bei den meisten Tabukriterien wie Atomkraft, Rüstung, grüne Gentechnik und ozonzerstörende Chemikalien liegt die Umsatzgrenze bei 0 Prozent", teilt die Ethikbank mit. Auch in Unternehmen, die eklatant gegen die Kinderarbeitsnormen der Weltarbeitsorganisation der Vereinten Nationen (ILO) verstoßen, investiert die Bank nicht.

Bei Unternehmen der Energiebranche liegt der Fall komplizierter. Es ist nicht so leicht zu erkennen, ob Energieversorger auch geringe Umsätze mit Atomenergie erwirtschaften. Hier akzeptieren die Ethikbanker ein Restrisiko von bis zu 5 Prozent.

Anlagen in Beteiligungen

Noch unschärfer wird das Bild bei den Beteiligungen. Das Research von imug und der Ethikbank zum Beispiel spürt Beteiligungen von Unternehmen an anderen Unternehmen erst ab einem Umfang von 25 Prozent auf. Erst ab dieser Größe können Beteiligungsgesellschaften Einfluss auf die Unternehmenspolitik nehmen. Meist wird erst dann erkennbar, wer woran in welchem Umfang beteiligt ist und ob diese Beteiligungen im Sinne der Ethik-Bank in Ordnung sind.

Sowohl bei den Umsätzen der Energieversorger als auch bei den Beteiligungen wollen die Investoren der Ethikbank sauber bleiben. „Uns sind die Grenzen des Ethik-Research aber bewusst", sagt Sylke Schröder von der Ethikbank.

Um möglichst viel zu erfahren, setzt die Bank auch auf die Erkenntnisse ihrer Kunden. Informationen aus dem Kundenkreis brachten 2007 eine kritische Minderheitsbeteiligung der Allianz am Rüstungskonzern EADS ans Licht. Das waren gerade einmal 0,03 Prozent, aber ausreichend viel für die Ethikbank, um sich von dem Papier zu trennen.

Obwohl die Ethikbank auch Aktien von Dax- und MDax-Werten als Investments im Auge hat, sind die nicht unbedingt immer im Portfolio vertreten. Im März 2010 hielt die Ethikbank keine Aktien.

TRIODOS BANK

Auch ausländische Banken haben bemerkt, dass die Zahl der Menschen, die eine Alternative zum herkömmlichen Bankangebot suchen, wächst. Als erste nichtdeutsche ethisch-ökologische Bank hat 2009 die holländische Triodos Bank in Deutschland ihre Pforten eröffnet. Schon zuvor hatte sie europaweit rund 250 000 Kunden, die im Schnitt 11 300 Euro bei der Triodos Bank angelegt hatten.

Der Service der Triodos Bank

Komplett sind die Dienstleistungen des neuen Mitspielers noch nicht. Erst zum Jahreswechsel 2010/11 gibt es ein Girokonto für Privatkunden. Geschäftskunden haben schon seit April 2010 die Möglichkeit, bei der Triodos Bank ein Girokonto zu eröffnen. Ein Tagesgeldkonto und Sparpläne gibt es bereits jetzt.

Die Bank unterliegt dem niederländischen Einlagensicherungssystem. Die Sicherungssumme beträgt 100 000 Euro. Die Staatsangehörigkeit der Kunden spielt dabei keine Rolle.

Wertpapierdepots

Ab Frühjahr 2011 bietet die Triodos Bank ihre Fonds auch in Deutschland an. Wie die Depots ausgestaltet sein werden, welche Wertpapiere die neuen Depotkunden zur Triodos Bank mitbringen können und was das Depot kosten wird, war zum Zeitpunkt unserer Recherchen noch nicht bekannt.

Die Fonds von Triodos genießen allerdings einen guten Ruf. Der Triodos Groenfonds zählt zu den besonders sauberen. Er ist im Juni 1998 aus der Fusion dreier ökologischer Fonds entstanden. Seither wird er im Naturaktienindex NAI geführt. Der Fonds ist vor allem an Energie- und Ökolandwirtschaftsprojekten beteiligt. Im Februar 2010 war er 575 Millionen Euro schwer.

Was passiert mit dem Geld der Kunden?

Neue Formulierungen haben die Holländer bei ihrem Marktauftritt nicht mit nach Deutschland gebracht. Wie so viele Unternehmen stehen auch sie für „ganzheitliches, nachhaltiges Denken". Ziel sei ein Gleichgewicht von Mensch, Umwelt und Wirtschaft. Das spiegele sich im Namen der Bank wider: „tri hodos" steht für griechisch „drei Wege".

Die Triodos Bank finanziere daher nur Unternehmen, Institutionen und Projekte, die einen Mehrwert für Mensch und Umwelt schüfen. Ziel sei die „Maximierung der Nachhaltigkeit, nicht der Rendite". Das soll aber keinen Gewinnverzicht verschleiern: Anleger bei der Triodos Bank könnten mit marktüblichen Renditen und fairen Konditionen rechnen, hat uns die Bank auf entsprechende Fragen geantwortet.

Die Triodos Bank arbeitet nach einem klassischen Geschäftsmodell. Sie reicht die Spareinlagen der Kunden als Kredite an nachhaltige Unternehmen und Institutionen weiter. Als einzige der von uns befragten Banken stellt sie die Unterstützung des Unternehmertums in den Mittelpunkt ihres Handelns. Hier scheint die Herkunft aus den vom protestantischen Wirtschaftsethos geprägten Niederlanden durch.

Um als Partner für die Triodos Bank interessant zu sein, muss sich der Unternehmergeist allerdings dort austoben, wo Unternehmen, Institutionen und Projekte einen ökologischen, sozialen oder kulturellen Mehrwert schaffen. Solche Kreditnehmer findet die Bank in der Regel in den Sektoren Ernährung, Bildung und Sozialwirtschaft sowie Gesundheitspflege, Kunst und Kreativwirtschaft, Handel und Herstellung sowie in der Umwelttechnik. Die Bank vergibt die Kredite zweckgebunden, beispielsweise für ein Gebäude oder eine Fotovoltaikanlage. Kreditkunden sind schwerpunktmäßig kleine und mittelgroße Unternehmen.

Im März 2010 waren von elf Kreditnehmern in Deutschland fünf anthroposophisch orientiert, darunter Waldorfschulen und Gesundheitseinrichtungen. Kredite ausgegeben hatte die Triodos Bank ferner an von Vereinen geführte Alten- und

INFO **Vom Geldanleger zum Weltbeweger?**

Auf anderen Feldern sucht die Triodos Bank aber noch nach einem Profil. Unter der Überschrift „So werden Sie vom Geldanleger zum Weltbeweger" stellt die Bank die Projekte vor, die sie bislang in Deutschland finanziert. Bei zumindest zwei Projekten fasst die Bank die Begriffe ethisch-ökologisch sehr weit. Da ist zum einen das Landgut O. Borsig bei Berlin, ein Hotel mit einer Gastronomie, die damit wirbt, Feiern jeder Größe ausrichten zu können. Während die Triodos Bank auf ihrer Website den Ausflugsort als „in ökologisch geführter Weise geführten Betrieb" bezeichnet, fällt auf der Homepage des Unternehmens der Begriff „öko" nicht. Die Küche kocht demnach „marktfrisch" und verwendet vorwiegend, nicht ausschließlich, Bioprodukte (Stand Oktober 2010).
Auch bei der Investition in das Quartier Chopin in Landau ist nicht so richtig klar, warum ethisch-ökologische Anleger hier Feuer fangen sollten. Es handelt sich um ein ehemaliges Militärgelände aus der Mitte des 19. Jahrhunderts im pfälzischen Landau. Heute ist es ein schickes Einkaufszentrum mit Tagungsräumen und Gastronomie. Die Bank nennt es einen „städtischen Kommunikationsraum". Immerhin: Beide Projekte sind denkmalgeschützt. Die Triodos Bank trägt mit ihrem Engagement zum Erhalt von Baudenkmälern bei und versteht sich als Kulturförderin.

Behindertenpflegeheime sowie gemeinnützige Gesellschaften mit beschränkter Haftung, zum Beispiel eine Trägergesellschaft der Arbeiterwohlfahrt Thüringen.

Die Bank hat unter anderem den Windpark Briest II der Energie-Kontor-Gruppe und die Fotovoltaikanlage Röllbach der SAG Solarstrom AG finanziert.

Diese Projekte spiegeln die ethisch-ökologischen Ansprüche wider, die die Bank an sich selbst und ihre Investitionen stellt.

Die Musik spielt im Ausland

Im Gegensatz zu ihren Konkurrentinnen, die ausschließlich in Deutschland aktiv sind, bearbeitet die Triodos Bank mehrere Märkte. Außer in den Niederlanden betreibt sie ihr Bankgeschäft in Belgien, Großbritannien, Deutschland und Spanien. Auf der Iberischen Halbinsel spielt die Musik für die Triodos Bank am lautesten. Dort unterhält sie mit Madrid, Barcelona, Sevilla, Valladolid und Valencia gleich fünf Filialen.

Für die Bankkunden, auch die deutschen, heißt das, dass ihr Geld nicht unbedingt in Deutschland bleibt. Sie finanzieren Kredite in den genannten Ländern. „Damit können wir jederzeit sicherstellen, dass die Gelder dahin gehen, wo der größte Bedarf ist und damit das höchste Potenzial, Nachhaltigkeit zu fördern." Das ist kein Nachteil. In Spanien lässt sich mehr Sonnenenergie ernten als in Schottland. Dort wiederum bläst der Wind stärker und lässt die Offshore-Rotoren in der Nordsee sich schneller drehen und mehr Strom produzieren als die Windräder im deutschen Binnenland.

Auffallend ist die Bereitschaft der Bank, soziale Bewegungen, Entwicklungshilfegruppen, kulturelle Initiativen, Künstler und Religionsgemeinschaften mit Krediten zu versorgen. Dabei herrscht Toleranz. In Großbritannien finden sich Projekte von Anhängern aller Weltreligionen unter den Kreditnehmern. Überdurchschnittlich häufig vertreten sind buddhistische Gemeinschaften.

Anlagen auf dem Kapitalmarkt

Auch auf dem Kapitalmarkt tummelt sich die Triodos Bank. Für diese sogenannten Eigenanlagen gelten bei der Triodos Bank dieselben Kriterien wie bei der Kreditvergabe und beim Management der Ökofonds. Ihre Höhe liegt bei etwa 30 Prozent der verwalteten Einlagen. Bei der Auswahl der Eigenanlagen verlässt sich die Triodos Bank auf die eigene Researchabteilung.

Ausgeschlossen sind Werte, die nach Ansicht der Bank die Entwicklung einer nachhaltigen Zivilgesellschaft behindern. Dazu zählen für die Triodos Bank Wertpapiere von Unternehmen, die Kernenergie erzeugen oder verbreiten, Gene manipulieren oder nicht ausreichend ausgezeichnete gentechnisch veränderte Produkte verkaufen, die Waffen jedweder Art herstellen oder verkaufen, die Tiere jagen oder halten lassen, um ihre Pelze zu vermarkten, die Glücksspiele, Tabak oder pornografische Produkte anbieten. Nicht im Depot der Triodos Bank sollten sich nach ihren Angaben auch Papiere von Unternehmen finden, die umweltschädliche Stoffe herstellen oder verkaufen sowie intensive Landwirtschaft betreiben. Auch Unternehmen, die Tierversuche anstellen oder Tierprodukte aus intensiver, landwirtschaftlicher Produktion vertreiben, werden ihre Papiere bei der Triodos Bank nicht los.

Verstöße gegen nationale Umweltstandards und internationale Abkommen, das Arbeitsrecht, die Zusammenarbeit mit Diktaturen oder ausbeuterische Kinderarbeit führen ebenfalls dazu, dass Wertpapiere bei Triodos ausgeschlossen werden. Ganz sauber kann die Triodos Bank ihr Depot nicht halten. Die Toleranzgrenze bei Beteiligungen liegt bei 5 Prozent. Ein Energieversorger, der seinerseits an Stromproduzenten beteiligt ist, die mit der Atomenergie verbandelt sind, ist nicht ausgeschlossen – wenn diese Beziehung nicht mehr als 5 Prozent des Umsatzes des Unternehmens ausmacht, in das die Triodos Bank investieren möchte.

Gesellschaftsform

Die Triodos Bank ist eine Aktiengesellschaft, die von der Stiftung zur Verwaltung der Anteile der Triodos Bank getragen wird. Sie hält die Aktien der Bank und vergibt aktienähnliche Rechte an Privatpersonen und Institutionen. Die Stiftung gibt es seit 1971, die Bank seit 1980.

INFO **noa bank**

Bis Mitte des Jahres 2010 gab es in Deutschland noch eine weitere Bank mit ethisch-ökologischem Anspruch – die noa bank.
Eine andere Bank sollte sie sein, versprach ihr Gründer, der Belgier François Jozic. Zuhören wolle man seinen Kunden, auf sie eingehen, nur in ökologisch und sozial sinnvolle Projekte investieren. Kurz: Jozic entwarf geschickt einen Gegenentwurf zur kalten, die Interessen der Menschen und der Allgemeinheit missachtenden Investmentbank.
Im August 2010 war die Bank überschuldet, die Bankenaufsicht startete das Insolvenzverfahren. Jozic hatte mit dem Geld der Anleger vor allem eine eigene Firma unterstützt, die Forderungen anderer Unternehmen aufkauft und sie dann eintreibt.
Immerhin gehörte die Bank der Entschädigungseinrichtung deutscher Banken an. Alle Kunden, die nicht mehr als die 50 000 Euro investiert hatten, die über die Sicherungseinrichtung gedeckt waren, wurden entschädigt.
Als Fazit bleibt: Es lohnt sich für Anleger, genau hinzuschauen, wenn eine Bank mit den Etiketten „grün", „sozial" und„ethisch" um das Vertrauen der Kunden wirbt.

KIRCHENBANKEN

In Deutschland gibt es eine Reihe von Kirchenbanken unterschiedlicher Konfessionen. Auch sie haben den Anspruch, dass Geldanlage mehr sein soll als die Vermehrung von Geld um jeden Preis. Manche sind sehr klein wie zum Beispiel die Bank für Orden und Mission, ein Ableger der Volksbank Untertaunus, die als Direktbank allerdings bundesweit aktiv ist.

Es gibt aber auch Schwergewichte wie die katholische Pax-Bank und die Liga Bank. Beide Banken wollten sich uns gegenüber zu ihrer Geschäftsform nicht äußern. Sie wendeten sich ausschließlich an Kirchenpersonal und -institutionen, bekamen wir mitgeteilt. Da die Kirchen zu den größten Arbeitgeberinnen in Deutschland gehören, sind die Angebote für mindestens eine siebenstellige Anzahl von Menschen in Deutschland interessant.

Immerhin sind die Investitionen der beiden Banken mit 15 Milliarden Euro so hoch, dass den Aufsichtsgremien im Jahr 2009 ein Posten von 1,6 Millionen Euro nicht auffiel, der nicht nach ethisch-ökologischen Kriterien angelegt war. Weder der Fondsgesellschaft Union Investment, die die Fonds der beiden Banken verwaltet, noch dem Vorstand und dem Aufsichtsrat war aufgefallen, dass die „Peanuts" beim britischen Rüstungskonzern BAE Systems, bei internationalen Tabakherstellern und in Papiere von Antibabypillen-Herstellern angelegt waren. So berichtete jedenfalls die Deutsche Presseagentur im August 2009. Der Aufsichtsratschef, der Kölner Domprobst Norbert Feldhoff, sei angesichts der vergleichbar kleinen Summen nicht mit der Prüfung der Investments befasst gewesen.

Die beiden Banken haben Besserung gelobt. Die umstrittenen Positionen hätten sie verkauft, haben sie mitgeteilt. Und außerdem wolle man nun die Anlagen stärker kontrollieren.

Im Folgenden stellen wir die in Deutschland tätigen Kirchenbanken vor. Nicht alle bezeichnen sich selbst als nach ethischen Grundsätzen wirtschaftende Unternehmen. Die meisten haben die Rechtsform einer Genossenschaft. Damit können ihre Kunden zum Beispiel an den rund 18600 Geldautomaten des Bankcard-Servicenetzes (das Automatennetz der Volks- und Raiffeisenbanken) in Deutschland kostenlos Geld abheben. Das haben wir nicht immer wieder neu erwähnt. Unter dem Stichwort Nachhaltigkeit werben die meisten Banken damit, dass sie in Sachen energetische Gebäudesanierung beraten. Das ist eine Selbstverständlichkeit, die wir ebenfalls nicht hervorgehoben haben. (Zu Fördermitteln für die Gebäudesanierung siehe Seite 159).

Mit Abstand die größte unter den Kirchenbanken, die allen potenziellen Kunden offenstehen, ist die KD-Bank. Die meisten anderen kirchlichen Banken richten sich wie die Pax- und die Liga Bank an einen eingeschränkten Kundenkreis.

KD-BANK, BANK FÜR KIRCHE UND DIAKONIE

Mit einer Bilanzsumme von annähernd 4,2 Milliarden Euro im Jahr 2009 ist die KD-Bank, kurz für Bank für Kirche und Diakonie, eines der Schwergewichte unter den ethisch-ökologischen Banken. Allein 2009 haben die 5500 institutionellen und 23000 Privatkunden der Bank 156 Millionen Euro zur weiteren Vermehrung anvertraut. Damit haben die Privatkunden im Schnitt jeweils 23000 Euro bei der KD-Bank liegen. Auch das ist ein Spitzenwert – unter den hier besprochenen Geldinstituten wohlgemerkt. Im Vergleich zur Konkurrenz ist die KD-Bank etwas schwächer gewachsen. In den Jahren 2008 und 2009 haben sich 1500 Kunden für die Bank entschieden. Die KD-Bank startete von einem höheren Niveau in die Krisenjahre als die GLS-Bank oder die Umweltbank. Die KD-Bank wächst auch durch Übernahmen. Jüngste Erwerbung ist die Landeskirchliche Kreditgenossenschaft Sachsen.

Der Service der KD-Bank

Filialen unterhält die KD-Bank außer in der Hauptstelle in Dortmund noch in Berlin, Duisburg, Erfurt und Magdeburg. Darüber hinaus bietet sie die Annehmlichkeiten einer Direktbank: Sie ist per Telefon, per Post und rund um die Uhr auch über das Internet erreichbar. Das „Girokonto Premium" ist für alle Kunden kostenlos, die monatliche Eingänge von 750 Euro nachweisen, 2500 Euro auf Tagesgeld- oder Sparkonten der Bank liegen haben, einen Ratenkredit oder eine Immobilienfinanzierung bei der KD-Bank laufen haben oder Schüler, Studierende oder Auszubildende unter 27 Jahren sind.

Wertpapierdepots

Wer sich für die KD-Bank entscheidet, kann sein bisheriges Wertpapierdepot komplett mitbringen. Das Depot kostet 17,85 Euro im Jahr. Dazu kommen 5,95 Euro je Einzelposten.

Die Bank bietet an, das Depot mit dem KD-Bank-Nachhaltigkeitsfilter aufzuräumen. Dieser Filter ist ein gutes Instrument, auch wenn seine Ziele mit Frieden, Gerechtigkeit und Bewahrung der Schöpfung eine gewisse Beliebigkeit befürchten lassen. Bei genauerem Hinsehen sind die Maschen des Filters sehr eng geknüpft. Mit dabei bei der Entwicklung des Nachhaltigkeitsfilters war Südwind, das Institut für Ökonomie und Ökumene. Um den Filter passieren zu können, müssen Wertpapiere unter anderem von der Münchner Ratingagentur oekom Research (siehe Seite 175) positiv bewertet worden sein.

Was passiert mit dem Geld der Kunden?

Die KD-Bank blickt auf eine fast 90-jährige Geschichte zurück. Ihre Vorläufer wurden nach dem ersten Weltkrieg als Evangelische Darlehnsgenossenschaften gegründet. Eigentümer sind die Institutionen der evangelischen Kirchen und der Diakonie.

Als Genossenschaft verfolgt die KD-Bank den Auftrag, Mitglieder und Kunden wirtschaftlich zu fördern. „Wir sprechen Menschen an, die unsere christlichen Werte teilen und denen es wichtig ist, dass wir ihre Gelder in soziale Projekte von Kirche und Diakonie sowie in nachhaltigen Wertpapieren anlegen", sagt Banksprecherin Susanne Hammans. Einen großen Teil der Kundeneinlagen vergebe die Bank als Kredite für Krankenhäuser, Altenheime, Einrichtungen für Behinderte oder Kindergärten.

Die Kunden haben keine Wahlmöglichkeit, ihr Geld in ein bestimmtes Projekt zu stecken. Die Bank hält solche sozialen Optionen, die auch herkömmliche Banken künftig anbieten werden, für nicht notwendig. „Nach unserer Auffassung ist es sogar eher als kritisch anzusehen, wenn Banken eine solche Verwendung suggerieren. Ein nachhaltiges Geschäftsmodell wird langfristig nur erfolgreich sein, wenn es ganzheitlich ist", meint Hammans. Was habe der Anleger davon, wenn sein Geld für die Finanzierung von Umwelt- oder Klimaschutzprojekten eingesetzt werde, während parallel vom selben Kreditinstitut Großprojekte finanziert werden, die gegen Umweltstandards verstoßen?, fragt die Banksprecherin.

Die Skepsis ist berechtigt. Je mehr sich die normalen Banken und Sparkassen aus Werbeüberlegungen heraus auf den grünen Trend einlassen, desto stärker dürften die dafür nötigen Kriterien verwässert werden.

Eigenanlagen

Gute Nachhaltigkeitsbewertungen gelten auch bei der KD-Bank nicht ewig. Die Märkte sind in ständiger Bewegung. Ein sauberes Unternehmen kann von einem Konzern gekauft werden, in den die KD-Bank nicht investieren mag. Über solche aktuellen Entwicklungen diskutierten die Bankverantwortlichen intensiv mit den Mitgliedern des Kundenbeirates, teilt Susanne Hammans mit.

Der Anlageprozess selbst sei allerdings bewusst so gestaltet, dass bei der Anlageentscheidung die unabhängig erhobenen Informationen, die oekom Research liefert, zugrunde gelegt werden.

Ausschlusskriterien sind beispielsweise Atomenergie, Embryonenforschung, Pornografie, Kinderarbeit oder kontroverses Umweltverhalten, was immer darunter zu verstehen ist. Außerdem lässt die Bank seit 2008 von der RW-Audit GmbH Wirtschaftsprüfungsgesellschaft einmal jährlich überprüfen, ob ihre Wertpapieranlagen objektiv nach nachhaltigen Kriterien gesteuert werden.

Nicht einmal die KD-Bank selbst schafft es, 100 Prozent ihrer Eigenanlagen gemäß dieser vergleichsweise strengen Kriterien anzulegen. Immerhin sollen es mehr als 90 Prozent sein, gibt die Bank an. In welche Papiere die Bank konkret investiert, verrät sie allerdings nicht.

KLEINE KIRCHENBANKEN, DIE ALLEN OFFENSTEHEN

Es gibt nur zwei weitere Kirchenbanken, die ihren Kundenkreis nicht einschränken: die Bank für Orden und Mission, die sehr klein ist, und die Steyler Bank. Ihre Bilanzsumme ist zwar etwas größer, sie wollte sich aber zu ihrer Geschäftspolitik Finanztest gegenüber nicht äußern.

Bank für Orden und Mission

Die Bank für Orden und Mission ist eine Zweigniederlassung der Volks- und Raiffeisenbank Untertaunus in Idstein. Ihr Gewinn fließt in die weltweite Missions- und Projektarbeit des katholischen Franziskanerordens. Die Kunden haben die Möglichkeit, auf ihre Zinsen ganz oder teilweise zu verzichten. Auch dieses Geld fließt in die Projekte der Franziskaner.

Das sind unter anderen Wasser- und Brunnenbauprojekte in Kenia, Kinderhilfsprojekte in Uganda und Bildungs- und Ausbildungsprojekte in Kolumbien.

Die Bilanzsumme der Bank 2009 betrug 103,1 Millionen Euro.

Der Service der Bank für Orden und Mission

Die Bank für Orden und Mission bietet allen Kunden einen fast vollständigen Direktbank-Service per Internet und Telefon. Es gibt ein Girokonto mit Giro- und Kreditkarte. Die Kontoführungsgebühr beträgt 5 Euro im Monat, die Girocard kostet 10 Euro, die Kreditkarte 20 Euro im Jahr. Die Bank bietet auch ein Sparbuch, Sparpläne und ab einer Mindestsumme von 10 000 Euro ein Festgeldkonto an. Als Marke der Volksbank Untertaunus ist die Bank für Orden und Mission der Sicherungseinrichtung des Bundesverbands der Deutschen Volks- und Raiffeisenbanken angeschlossen. Die Einlagen der Kunden sind in unbegrenzter Höhe abgesichert.

Wertpapiere

Die Bank für Orden und Mission hat mit ihren Kooperationspartnern die Fondsfamilie terrAssisi ins Leben gerufen. Die Partner sind die Missionszentrale der Franziskaner, die Ratingagentur oekom (siehe Seite 175) und die Investmentgesellschaft Ampega Gerling.

Die Aktien des terrAssisi Aktien I AMI würden nach den ethischen Grundsätzen des Franziskanerordens ausgewählt, heißt es auf der Internetseite der Bank. Besondere Berücksichtigung sollen laut Ampega Gerling Firmen finden, die sich dem Klimaschutz widmeten und/oder die Wasserressourcen der Welt verantwortungsvoll nutzten.

Am 31. August 2010 hielt der Fonds mit 9,83 Prozent als größten Posten die englische Lloyds Banking Group, die größte Bank Großbritanniens. An fünfter Stelle mit 5,36 Prozent folgt die französische Groupe Danone, die bei manchen Nachhaltigkeitsforschern nicht unumstritten ist.

Eine „Ethische Rentenofferte" der Bank für Orden und Mission zeigt Anlegern einige Beispiele von Unternehmensanleihen, die nach dem Best-in-Class-Verfahren (siehe Seite 57) ausgewählt sind (Stand Juni 2010). Darunter befinden sich auch Anleihen der Deutschen Post Finance, von Bertelsmann und von Lanxess Finance. Diese drei Werte trugen zu diesem Zeitpunkt vom Research-Partner der Bank für ihre Corporate Responsibility die Note C. Die oekom-Bewertung erfolgt auf einer zwölfstufigen Skala von A+ bis D–.

Beirat

Ein unabhängiger Beirat prüft fortlaufend, ob sich die Tätigkeit und Geschäftspolitik der Bank für Orden und Mission dauerhaft und konsequent an ethischen Maßstäben orientieren.

Steyler Bank

Als Ethik-Bank, die den Armen hilft, bezeichnet sich die Steyler Bank GmbH. Die 1964 von den Steyler Missionaren gegründete Missionsbank unterstützt die entwicklungspolitische und seelsorgerische Arbeit in 70 Ländern. Dafür verwendet sie ihre Gewinne. Kunden können ihre Zinsen ganz oder teilweise für die Mission spenden. Die Steyler Mission wurde 1875 von Deutschen in den Niederlanden gegründet. Im Juni 2010 hatte die für alle geöffnete Steyler Bank etwa 15 000 Kunden aus Deutschland und Österreich.

Die Bilanzsumme der Bank 2009 betrug laut Geschäftsbericht 295,2 Millionen Euro.

Der Service der Steyler Bank

Die Steyler Bank unterhält Filialen in Sankt Augustin im Rhein-Sieg-Kreis und in Mödling in Österreich. Bankgeschäfte bei der Direktbank lassen sich ansonsten online und per Telefon erledigen.

Die Bank bietet ein Girokonto mit Giro- und Kreditkarte an. Die Konditionen werden derzeit überarbeitet. Darüber hinaus gibt es ein Sparbuch, Sparpläne, einen Sparbrief mit Zinsspende und ab 5 000 Euro Mindesteinlage ein Festgeldkonto.

Die Bank ist Mitglied im Einlagensicherungsfonds des Bundesverbands Deutscher Banken. Die Guthaben jedes einzelnen Kunden sind bis zur Höhe von 30 Prozent des Eigenkapitals der Bank voll gesichert. Bei der Steyler Bank waren dies im Juni 2010 3,86 Millionen Euro.

Wertpapiere

Kunden können ihre bisherigen Wertpapieranlagen kostenlos auf ihre ethische Qualität prüfen und ein eigenes Ethikdepot zusammenstellen lassen. Bei der Nachhaltigkeitsanalyse arbeitet die Steyler Bank mit oekom zusammen.

Bei Eigenanlagen setzt die Bank auf den Best-in-Class-Ansatz und Ausschlusskriterien (siehe Seite 57). Aktien, Optionsscheine und andere spekulative Wertpapiere sind tabu. In ihrem Depot liegen vor allem festverzinsliche Wertpapiere und Unternehmensanleihen. Was genau die Bank dort liegen hat, erfährt der Kunde nicht.

Beirat

Die Steyler Bank hat 2010 einen Ethik-Beirat gegründet. Der Sozialethiker Dr. Klaus Gabriel von der Universität in Wien leitet das vierköpfige Gremium. Der Beirat soll den Gremien der Bank helfen, das Verhalten von Unternehmen einzuschätzen. Er gleicht wissenschaftliche Theorien mit der täglichen Praxis von Unternehmen ab. Themen können zum Beispiel Kartellrechtsverstöße oder die Arbeitsbedingungen sein.

KIRCHENBANKEN MIT EINGESCHRÄNKTEM KUNDENKREIS

Die folgenden evangelischen, katholischen und freikirchlichen Banken akzeptieren nur ihre Mitarbeiter als Kunden oder schränken ihren Kundenkreis in anderer Weise ein. Einen Überblick bietet die Tabelle auf Seite 42.

Alle im Folgenden genannten Banken sind als genossenschaftliche Banken der Sicherungseinrichtung der Deutschen Volks- und Raiffeisenbanken angeschlossen. Das heißt, die Einlagen der Kunden sind in unbegrenzter Höhe abgesichert.

Bank im Bistum Essen

Die Bank im Bistum Essen versteht sich seit mehr als 40 Jahren als bundesweite Dienstleisterin für die Kirche und ihre Einrichtungen. Dazu zählen unter anderen Krankenhäuser und kirchliche Wohnungsbauunternehmen. Privatkonten und Sparanlagen bietet die Bank Angehörigen dieser Institutionen.

Sie investiert bevorzugt in umweltschonende Produkte und Technologien, in arme Länder, in den sozialen Wohnungsbau und die Förderung von Frauen sowie die Integration behinderter Menschen. Tabu sind Atomkraft, Gentechnik, Tierversuche und nicht artgerechte Haltung von Tieren, Unterdrückung, Diskriminierung, Glücksspiel, Alkohol, Tabak und Pornografie, unwürdige Arbeitsbedingungen sowie Wertpapiere von Unternehmen, die dem Auftrag der Kirche in grober Weise widersprechen. Bei der Nachhaltigkeitsanalyse arbeitet die Bank mit der Ratingagentur imug/Eiris zusammen.

Die Bilanzsumme 2009 betrug rund 4 Milliarden Euro.

Der Service der Bank im Bistum Essen

Die Bank im Bistum Essen unterhält eine Filiale in Essen. Alle Dienstleistungen lassen sich auch im Internet und per Telefon erledigen.

Das Girokonto ist inklusive Giro- und Kreditkarte kostenlos, wenn es online geführt wird. Sonst kostet die Girocard 5 Euro, die Kreditkarte 20 Euro im Jahr. Es gibt verschiedene Sparangebote, ab 5 000 Euro

KIRCHENBANKEN

Bank	Internet	Offen für
Bank im Bistum Essen	www.bibessen.de	Mitarbeiter von kirchlichen Einrichtungen, Krankenhäusern, Heimen und Wohnungsbauunternehmen
Bank für Kirche und Caritas (BKC)	www.bkc-paderborn.de	Für katholisch-karitative Einrichtungen und deren hauptamtliche Mitarbeiter
Bank für Orden und Mission	www.ordensbank.de	Alle
Darlehnskasse Münster (DKM)	www.dkm.de	Teilzeit- und Vollzeitbeschäftigte von Einrichtungen der katholischen Kirche und Caritas
Evangelische Darlehnsgenossenschaft Kiel (EDG)	www.edg-kiel.de	Kunden, die Kirchen, Diakonie, Caritas, Wohlfahrtspflege und privaten Trägern sozialer Einrichtungen nahestehen
Evangelische Kreditgenossenschaft Kasse (EKK)I	www.ekk.de	Haupt- und nebenberufliche sowie ehrenamtliche Mitarbeiter von Kirchen und Diakonie sowie Einrichtungen der Missionsgesellschaften
KD-Bank (Bank für Kirche und Diakonie)	www.kd-bank.de	Privatkunden, die die Werte der Bank teilen
Liga Bank	www.ligabank.de	Klerus und kirchliche Einrichtungen sowie deren Mitarbeiter
Pax-Bank	www.paxbank.de	Klerus und kirchliche Einrichtungen sowie deren Mitarbeiter
Spar- und Kreditbank Bad Homburg	www.skb-badhomburg.de	Mitglieder und Freunde der Freien evangelischen Kirchengemeinden
Spar- und Kreditbank des Bundes Freier evangelischer Gemeinden	www.skbwitten.de	Mitglieder und Mitarbeiter der Freien evangelischen Gemeinden
Steyler Bank GmbH	www.steylerbank.de	Alle

Mindestanlagesumme auch Festgeld. Zur Einlagensicherung siehe Seite 41.

Wertpapiere

Die Bank bietet aktiv die Nachhaltigkeitsfonds der KCD-Familie (siehe Seite 81) an. Angebote gibt es auch für Mikrofinanzfonds. Schon 2007 hat die Bank im Bistum Essen den ersten Mikrofinanzfonds aufgelegt. Damit war sie eine Vorreiterin dieser Finanzierungen in Deutschland. Tätig ist die Bank mit ihren Mikrokrediten in Lateinamerika und Südostasien sowie in Osteuropa und in den Kaukasusstaaten.

Bank für Kirche und Caritas (BKC)

Die Bank für Kirche und Caritas ist eine Genossenschaftsbank. Sie wurde 1972 gegründet. Sie wendet sich ausschließlich an katholische kirchlich-karitative Einrichtungen und deren hauptamtlich tätige Mitarbeiter. Da die katholische Kirche eine große Arbeitgeberin ist, ist das Potenzial groß. Tatsächlich hat die BKC nur 10 000 private Kunden. In den vergangenen Jahren ist die Bank so stark gewachsen, dass sie zusätzliches Personal eingestellt hat. Die Bilanzsumme stieg 2009 gegenüber dem Vorjahr um rund 20 Prozent auf rund 3,7 Milliarden Euro. Die Einlagen betrugen 2008 etwa 2,8 Milliarden Euro.

Der Service der BKC

Die BKC hat für ihren eingeschränkten Kundenkreis die gängigen Bankserviceleistungen im Angebot. In Paderborn am Stammsitz gibt es eine Filiale für das persönliche Kundengespräch. Darüber hinaus funktioniert auch die BKC wie eine Direktbank: per Telefon, Post und Internet. Für ihre Kunden führt sie die Girokonten kostenlos, die Girocard kostet 5 Euro im Jahr, die Kreditkarte 15 Euro. Zur Einlagensicherung siehe Seite 41.

Wertpapierdepots

Kunden können bei einem Wechsel zur BKC ihre bisherigen Wertpapierbestände mitbringen, einschließlich Zertifikate und Optionsscheine. Die Depotgebühren betragen 20 Euro im Jahr. Pro Abrechnung verlangt die BKC 10 Euro bei Inlandsgeschäften, 20 Euro bei Auslandsgeschäften. Dazu kommen variable Provisionen vom Kurswert.

Was passiert mit dem Geld der Kunden?

Für ihre Eigenanlagen nutzt die BKC eine selbst entwickelte Filtersystematik. Deren Leitmotive sind der „Schutz des menschlichen Lebens" und „Gerechtigkeit, Frieden und die Bewahrung der Schöpfung". Alle festverzinslichen und Aktienanlagen der Bank müssen durch diesen Filter.

Die Bank für Kirche und Caritas gibt an, keine Aktien von Unternehmen zu kaufen, die Verhütungsmittel herstellen oder Abtreibungen vornehmen. Völlig ausgeschlossen sind ebenfalls Investitionen in Unternehmen, die Programme zum Klonen oder zur gentechnischen Veränderung von menschlichem Erbgut entwickeln beziehungsweise menschliche, embryonale Stammzellen verwenden.

CORNELIA FÜLLKRUG-WEITZEL ist Vorstand Ökumenische Diakonie „Brot für die Welt". Gemeinsam mit ihrer Kollegin Antje Schneeweiß vom „Südwind-Institut für Ökonomie und Ökumene" hat sie entwicklungspolitische Kriterien für Staatsanleihen entwickelt und 2010 zusammen mit der KD-Bank und der GLS Bank im FairWorldFonds umgesetzt.

Wertpapiere von Unternehmen, die Biokraftstoffe aus Lebensmitteln wie Weizen, Mais, Soja sowie aus stärke- und zuckerhaltigen Pflanzen gewinnen, finden sich ebenso wenig im BKC-Depot wie die von Unternehmen, die Tierversuche zum Beispiel bei der Erprobung von Kosmetika anstellen. Auch Unternehmen, die Kinderarbeit ausbeuten, sind tabu.

In Aktien von Unternehmen, die weniger als 5 Prozent ihrer Umsätze mit Rüstung, Kernenergie, Glücksspiel, Tabak oder Porno erzielen, kann die BKC gemäß ihrer Vorgaben Geld anlegen.

Zusätzlich untersuchen die Anlagestrategen der BKC-Bank Unternehmen nach dem Best-in-Class-Ansatz (siehe Seite 57). Dabei bewerten sie Kriterien wie das Verhalten von Unternehmen gegenüber den Anteilseignern, Mitarbeitern, Kunden, Zulieferern, Wettbewerbern und der Öffentlichkeit. Von Interesse sind auch die Umweltmanagementsysteme von Unternehmen.

Weiter verfeinert wird der Filter durch die Prüfung der Corporate Governance (siehe Seite 58).

Die Bank teilt mit, zusätzliche inhaltliche Kriterien in den Themenfeldern Biodiversität, Klimawandel, Trinkwasser, Entwaldung, Arbeitsbedingungen und erneuerbare Energien aufgestellt zu haben.

Auch bei Staatsanleihen treffen die katholischen Banker eine Auswahl. Anleihen von Staaten, die Menschenrechtsverletzungen begehen, keine Religionsfreiheit gewähren, stark korrupt sind oder in den vergangenen fünf Jahren die Todesstrafe vollstreckt haben, fallen durchs Raster. Militärdiktaturen oder antidemokratischen Regimes leiht die Bank ebenfalls kein Geld, ebenso wenig Ländern, die neue Atomreaktoren bauen oder planen und mehr als 20 Prozent ihres Energieverbrauchs aus Kernenergie beziehen. Ausgeschlossen sind ferner Papiere von Staaten, die Atom-, Bio- oder Chemiewaffen besitzen, ohne deren Abrüstung zumindest zu planen, sowie Staaten, die Anti-Personen-Minen herstellen lassen.

Die Kriterienkataloge entwickeln Mitarbeiter der Bank selbst. Dabei lassen sie sich von einem Nachhaltigkeitsbeirat unterstützen. Dem gehören Wissenschaftler aus den Disziplinen Theologie, Wirtschafts- und Ingenieurwissenschaften an. Zusätzlich greift die Bank auf die Expertise von Researchagenturen wie imug/Eiris zurück.

Die Bank gibt den Fondsmanagern der Kapitalanlagegesellschaften wie KCD und Union Investment ihren Filter vor. Ob die das Geld der Bankkunden in dem gewünschten Sinne anlegen, prüfen Mitarbeiter der Bank selbst.

Darlehnskasse Münster (DKM)

Die Darlehnskasse Münster gibt es seit 1961. Ihre Kunden sind ausschließlich bundesweit tätige katholische Einrichtungen sowie deren hauptamtliche, teilzeitbeschäftigte und ehemalige Mitarbeiter. Ein Ehrenamt in der katholischen Kirche auszuüben reicht nicht aus. Die Bilanzsumme im Jahr 2009 betrug 3,5 Milliarden Euro. Die DKM beschreibt sich als nachhaltig arbeitende Bank.

Für die Eigenanlagen hat die Darlehnskasse einen Nachhaltigkeitsfilter entwickelt. Mithilfe der Beratungsgesellschaft imug in Hannover und der Agentur Eiris in London wird das Anlageuniversum aus Aktien und Anleihen auf die Einhaltung nachhaltiger und ethischer Kriterien hin untersucht.

Der Service der Darlehnskasse Münster

Die DKM unterhält keine Filialen, nur die Geschäftsstelle in Münster. Sie ist eine Direktbank. Das Girokonto mit Giro- und Kreditkarte ist kostenlos, wenn es online geführt wird. Sonst kostet es 2 Euro im Monat für Kunden, die hauptamtlich im Kirchendienst tätig sind, oder 4 Euro für Kunden, die aus dem Kirchendienst ausgeschieden sind. Im Angebot sind Spar- und Tagesgeldkonten, ab 5000 Euro Mindestanlage auch Festgeld. Zur Einlagensicherung siehe Seite 41.

Die Bank geht auf Wünsche nach nachhaltiger Geldanlage ein. Auf Wunsch finanziert die Bank mit diesem Kundengeld Schulen, Krankenhäuser, Altenhilfeeinrichtungen, Kindergärten und Pfarrzentren.

Wertpapiere

Die DKM bietet Interessierten ein Wertpapierdepot und Beratung zu als nachhaltig geltenden Wertpapieren an, zum Beispiel Nachhaltigkeitsfonds, Umwelttechnologiefonds und Erneuerbare-Energien-Fonds aus der KCD-Fondsfamilie (siehe Seite 81). Das sind Renten- und Aktienfonds, die die genossenschaftlichen Banken für Kirche und Caritas und Diakonie gemeinsam mit der Fondsgesellschaft Union Investment aufgelegt haben.

Zudem bewirbt sie die Investition in Fonds, die auf die Vergabe von Mikrokrediten spezialisiert sind, insbesondere in den Fonds für Orden und Ökumene.

Evangelische Darlehensgenossenschaft (EDG)

Die Evangelische Darlehensgenossenschaft ist seit 1968 eine genossenschaftliche Kirchenbank. Sie versteht sich als Dienstleisterin für die Kirchen, die Diakonie, die Caritas, die freie Wohlfahrtspflege und private Träger sozialer Einrichtungen. Die Bank betreut auch Privatkunden, sofern sie diesen Institutionen nahestehen. Ihr Geschäftsgebiet liegt in Norddeutschland, vor allem in Schleswig-Holstein, Niedersachsen, Mecklenburg-Vorpommern und Berlin-Brandenburg.

In ihrem Leitbild schreibt die Bank fest, dass sie ethische Aspekte in ihrer Geschäftspolitik berücksichtige und soziale Verantwortung übernehme.

Die Bilanzsumme der Bank 2008 betrug 4,1 Milliarden Euro.

Der Service der EDG

Zwei Filialen in Kiel und Berlin sowie Online-Banking stehen dem eingeschränkten Kundenkreis zur Verfügung.

Girokonten sind inklusive Girocard kostenlos, wenn sie ausschließlich im Internet verwaltet werden oder der Kunde Schüler, Auszubildender oder Studierender ist. Sonst kostet das Girokonto 5 Euro im Monat. Zu den Girokonten gibt es auch gegen eine Gebühr von 20 Euro im Jahr Kreditkarten.

Sparangebote sind das Sparbuch, Sparpläne, Festgeld ab einer Summe von 5 000 Euro und ein Fondssparplan. Der lässt sich mit nahezu allen Fonds der Fondsgesellschaft Union Investment umsetzen. Eine ethische Ausrichtung des Fonds ist nicht erforderlich. Zur Einlagensicherung siehe Seite 41.

Wertpapiere

Die EDG bietet ihren Kunden Wertpapierdepots an. Bei der Vermittlung von Aktien-, Renten- und offenen Immobilienfonds arbeitet die Bank mit der Fondsgesellschaft Union Investment zusammen. Eine ethische Ausrichtung bei der Geldanlageberatung ist nicht erkennbar.

Evangelische Kreditgenossenschaft (EKK)

Die EKK ist eine kirchliche Genossenschaftsbank, gegründet 1970 in Frankfurt. Ihr Hauptsitz ist Kassel. Ihr Ziel ist es, innovative und ethisch vertretbare Projekte zu fördern. Ihre Kunden und Mitglieder sind überwiegend Institutionen aus den Kirchen und den diakonischen Einrichtungen. Auch Einzelpersonen können Kunden werden, wenn sie bei einer der genannten Einrichtungen haupt-, neben- oder ehrenamtliche Mitarbeiter sind.

Die Bilanzsumme 2009 der Bank betrug 4,2 Milliarden Euro.

Der Service der EKK

Die EKK unterhält Filialen in Eisenach, Frankfurt/Main, Hannover, Karlsruhe, Kassel, München, Neuendettelsau, Nürnberg, Rummelsberg, Schwerin, Speyer, Stuttgart und Wien. Konten lassen sich im Internet verwalten.

Bei regelmäßigem Geldeingang ist das Girokonto kostenlos, die Girocard kostet 6 Euro jährlich. Das Girokonto für junge Menschen bis 23 Jahre ist kostenlos und bietet derzeit für Guthaben bis 2 500 Euro 2 Prozent Zinsen im Jahr. Zu den Girokonten gibt es auch Kreditkarten.

Es gibt ein Sparbuch (heißt Sparkonto), Sparpläne und Fondssparpläne. Der Partner für das Fondssparen ist die Fondsgesellschaft Union Investment. Zur Einlagensicherung siehe Seite 41.

Die EKK vergibt mit ihrem Tochterunternehmen Kirchlicher Finanzdienst zinsgünstige Kredite zur Finanzierung von Solarthermie- und Fotovoltaikanlagen.

Wertpapiere

Im Angebot sind unter anderem als nachhaltig geltende Produkte. Zum einen gibt es die KCD-Union-Nachhaltig-Produktfamilie mit einem Aktien-, Renten- und einem Mischfonds der Fondsgesellschaft Union Investment.

Zum anderen gibt es den Öko-Aktienfonds (ehemals KD Fonds Öko-Invest). Den hat die EKK bereits 1991 selbst aufgelegt. Inzwischen wird er von der DZ Bank verwaltet. Finanztest zählt ihn zu den Fonds, die ökologisch, aber nicht ethisch anlegen. Er stand nach unserer Untersuchung im Mai 2010 in der Finanztest-Bewertung unter den besten zehn Aktienfonds Welt, die sauber anlegen.

Ansonsten vermittelt die EKK ohne Einschränkungen die üblichen Wertpapiere, auch Optionen und Zertifikate.

Liga Bank

Die genossenschaftlich organisierte Liga Bank wurde 1917 als „Verband der katholischen Ökonomiepfarrer Bayerns" gegründet. Heute versteht sie sich als Bank für den Klerus, Diözesen und Pfarrgemeinden sowie für Caritas, Ordensgemeinschaften und kirchliche Einrichtungen.

Leitbild der Bank ist das christliche Menschenbild, die katholische Soziallehre.

Ihre Bilanzsumme 2009 betrug 4,6 Milliarden Euro.

Die Liga Bank gibt an, eigenes Geld ebenfalls nachhaltig anzulegen. Die Informationen zur Nachhaltigkeitsbewertung liefert oekom Research aus München.

Der Service der Liga Bank

Die Liga Bank unterhält Filialen in Augsburg, Bamberg, Dresden, Eichstätt, Freiburg, München, Nürnberg, Passau, Regensburg, Speyer, Stuttgart, Würzburg und in Linz. Alle Bankgeschäfte lassen sich auch im Internet erledigen.

Die Girokonten sind kostenfrei, wenn Gehälter oder Renten darauf eingehen oder sie online geführt werden. Sonst kosten sie 4 Euro im Monat. Die Girocard kostet 5 Euro, die Kreditkarte 18 Euro im Jahr. Im Angebot sind Sparbuch, Tagesgeld, Sparpläne und Sparbriefe. Zur Einlagensicherung siehe Seite 41.

Die Einlagen setzt die Bank nach eigenen Aussagen zur Finanzierung sozialkaritativer Projekte ein wie Behinderteneinrichtungen, Altenwohnheime, Kindergärten, Schulen oder Krankenhäuser.

KARLHEINZ BÖHM war der Kaiser aus den Sissi-Filmen. Das machte ihn bekannt und half ihm, um Vertrauen zu werben, als er im Jahr 1981 die Hilfsorganisation „Menschen für Menschen" gründete. Seither lebte er über lange Zeit jedes Jahr mehrere Monate in Äthiopien, um dort Menschen zu helfen, ihre Armut hinter sich zu lassen. Er versucht zu vermitteln, dass eine der Hauptursachen für Armut die Benachteiligung von Frauen ist. Mit Mikrokrediten versucht er Frauen auf die eigenen Füße zu helfen. Die Äthiopier machten den heute 82-Jährigen zu ihrem Ehrenstaatsbürger.

Wertpapiere

Zusätzlich zum normalen Wertpapiergeschäft vertreibt die Liga Bank eine Reihe nachhaltig ausgerichteter Renten- und Aktienfonds. Dazu gehört der Liga-Pax-Cattolico-Union. Der Liga-Pax-Cattolico-Union ist ein ethisch ausgerichteter Aktienfonds. Seine ethische Qualität wird von einem Komitee aus Salesianern, Kapuzinern und Jesuiten überwacht. Den Fonds führt Finanztest unter den zehn besten sauberen Aktienfonds Welt (siehe Seite 66). Anlegern empfehlen die Liga-Bank-Berater zudem Fonds der KCD-Familie sowie Fonds der Schweizer Nachhaltigkeitsbank Sarasin, zum Beispiel den Themenfonds Sarasin Sustainable Water Fund (siehe Seite 189).

Pax-Bank

Die 1917 gegründete Pax-Bank wendet sich an Diözesen und Kirchengemeinden, den Klerus sowie an Institutionen wie Orden, Krankenhäuser, Verbände, Hilfswerke, Vereine und Unternehmen in katholischer Trägerschaft. Privatkunden der Bank können deren hauptberuflich Angestellte werden, aber auch zum Beispiel Theologiestudenten.

Die Pax-Bank unterwirft ihre Arbeit einem Ethik-Kodex. Seit 2002 hilft ein unabhängiger Ethik-Beirat der Bank, christliche Wertvorstellungen in den Bankgeschäften anzuwenden. Die Pax-Bank gibt an, dass die Einlagen vorrangig zur Finanzierung des kirchlich-karitativen Kreditbedarfs verwendet werden.

Der Service der Pax-Bank

Die Pax-Bank unterhält Filialen in Aachen, Berlin, Eichsfeld, Erfurt, Essen, Köln, Mainz, Trier und Rom. Zudem gibt es alle Dienstleistungen auch im Internet.

Das Girokonto ist inklusive Girocard kostenlos, wenn darauf Gehalt aus einer hauptberuflichen kirchlichen Tätigkeit eingeht. Sonst kostet die Girocard 6 Euro im Jahr. Das PaxComfort-Girokonto mit Kreditkarte kostet im Monat 9 Euro Gebühren.

Mehrere Sparangebote und ab einer Mindesteinlage von 5000 Euro auch Festgeld ergänzen den Service. Zur Einlagensicherung siehe Seite 41.

Wertpapiere

Die Pax-Bank vertreibt unter anderen eine Reihe hauseigener Fonds, darunter auch den Liga-Pax-Cattolico-Union. Die jüngste Finanztest-Untersuchung führt den Fonds unter den zehn besten Aktienfonds, die sauber anlegen (siehe Seite 48).

Spar- und Kreditbank Bad Homburg

Die genossenschaftlich organisierte Spar- und Kreditbank Evangelisch-Freikirchlicher Gemeinden in Bad Homburg ist aus der 1927 in Berlin gegründeten Sparkasse deutscher Baptisten hervorgegangen. Ihre Kunden sind die Gemeinden des Bundes Evangelisch-Freikirchlicher Gemeinden und andere Freikirchen. Privatkonten können die hauptamtlich bei diesen Gemeinden und ihren Einrichtungen beschäftigten Menschen eröffnen.

Sparer bei der SKB Bad Homburg unterstützen die missionarische Arbeit der Freikirchlichen Gemeinden.

Der Service der SKB Bad Homburg

Die SKB Bad Homburg unterhält eine Geschäftsstelle in Bad Homburg. Es gibt ein Girokonto mit Giro- und Kreditkarte. Die Kontoführung ist gebührenfrei, die Girocard kostet 5, die Kreditkarte 20 Euro im Jahr. Dazu hat die Bank Tages- und Festgeld im Angebot. Zur Einlagensicherung siehe Seite 41.

Wertpapiere

Die SKB Bad Homburg betreibt ihr Wertpapiergeschäft ohne eine spezielle Ausrichtung auf nachhaltige Anlagen.

Spar- und Kreditbank des Bundes Freier evangelischer Gemeinden

Die Spar- und Kreditbank in Witten ist eine 1925 gegründete Genossenschaftsbank, die Einrichtungen, Werke und Gemeinden des Bundes Freier evangelischer Gemeinden finanziert. Mitglieder und Mitarbeiter dieser Gemeinden können ihre privaten Bankgeschäfte über die SKB Witten abwickeln.

Der Service der SKB Witten

Die SKB Witten hat keine Filialen, es gibt sie nur als Direktbank im Internet. Sie bietet Girokonten mit Giro- und Kreditkarte sowie mehrere Sparkonten an. Zu den Konditionen für das Girokonto wollte sich die Bank uns gegenüber nicht äußern, da sie nur einen sehr eingeschränkten Kundenkreis habe. Zur Einlagensicherung siehe Seite 41.

Wertpapiere

Einrichtungen und Privatkunden können bei der SKB Witten Wertpapierdepots eröffnen. Die SKB vermittelt Staats- und Unternehmensanleihen, Aktien sowie Fonds. Kunden können ihr Geld auch in Mikrofinanzfonds anlegen.

DIE SAUBEREN FONDS

Investmentfonds (kurz Fonds) eignen sich gut für den langfristigen Vermögensaufbau. Aktienfonds investieren in Aktien und sind riskanter, haben aber gute Renditechancen. Rentenfonds investieren in Anleihen und sind sicherer. Wir zeigen, nach welchen Kriterien die Manager grüner Fonds saubere Aktien und Anleihen auswählen. So werden die Unterschiede zwischen den einzelnen Fonds deutlich und Sie können entscheiden, welche für Sie infrage kommen.

AKTIENFONDS WELT: WAS ZEICHNET SAUBERE AKTIEN AUS?

Die größte Gruppe der sauberen Fonds bilden die Aktienfonds Welt. Die Manager dieser Fonds legen, wie der Name schon sagt, das Geld der Anleger weltweit an. Sie kaufen Aktien aus verschiedenen Ländern und von Unternehmen aus unterschiedlichen Branchen. Dazu gehören oft auch Autokonzerne genauso wie Energieversorger, Maschinenbauer, Lebensmittelhersteller, Banken und Versicherungen oder Ölkonzerne. Unternehmen aus der Erneuerbare-Energien-Branche sind auch dabei, aber sie sind nur ein kleiner Teil des gesamten Anlageuniversums. Wer einen Blick in die monatlichen Datenblätter der sauberen Weltfonds wirft, findet unter den Top-Holdings, den größten Positionen, einige der Unternehmen, die auch in den herkömmlichen Aktienfonds Welt auftauchen. Doch das heißt nicht, dass die grünen Fonds eigentlich gar nicht grün sind. Die sauberen Fonds kaufen nicht jede Aktie. Vielmehr unterziehen sie die Unternehmen einer genauen Prüfung.

Die Auswahl

Für viele Anleger bleibt die Titelauswahl der Fonds trotzdem ein Rätsel. Damit Nachhaltigkeit keine Sache für Eingeweihte bleibt, zeigen wir an ein paar Beispielen, worauf es den Managern bei der Aktienauswahl ankommt. Außerdem haben wir die grünen Fonds getestet und geben in einer Tabelle einen Überblick über die verschiedenen Auswahlverfahren der Fonds (siehe Seite 66). Auf diese Weise können Anleger genau das Investment herausfinden, das sie suchen.

Negatives wird ausgeschlossen

Viele Ratingagenturen und Fondsmanager arbeiten mit Ausschlusskriterien. Dabei werden Unternehmen aus dem Anlageuniversum des Fonds ausgeschlossen, wenn sie in umweltschädlichen oder unethischen Branchen tätig sind oder schmutzige Geschäftspraktiken entweder selbst betreiben oder zulassen. Aus ökologischen Gründen ausgeschlossen wird häufig die Atomindustrie, auch Ölkonzerne und Bergbauunternehmen kommen für ein Investment oft nicht infrage. Einige Fonds schließen außerdem die Auto- und die Flugzeugindustrie aus. Ethische Ausschlussgründe sind Waffen und Rüstung, Kinderarbeit, Menschen- und Arbeitsrechtsverletzungen, aber auch Alkohol, Tabak oder Glücksspiel.

Im Grunde kann jeder Fonds seine eigenen Ausschlussgründe wählen. Fonds mit ökologischem Schwerpunkt wie zum Beispiel der Fonds Swisscanto Green Invest oder der Espa WWF Stock Umwelt haben aus unserer Sicht mehr ökologische als ethische Ausschlusskriterien. Dagegen wenden Fonds wie der Kepler Ethik Aktienfonds oder die Kirchenfonds wie der Liga-Pax-Cattolico-Union mehr ethische als ökologische Ausschlusskriterien an. Kirchenfonds sind oft davon geprägt, dass die Investments nichts mit Abtreibung oder der Herstellung der Antibabypille zu tun haben dürfen.

Das hört sich zunächst einfach an. Der Energiekonzern Vattenfall betreibt zum Beispiel Atomkraftwerke – für Fonds mit Atomkraft als Ausschlusskriterium tabu. Rio Tinto zählt zu den weltgrößten Bergbauunternehmen und ist dazu noch einer der weltgrößten Uranförderer – erst recht keine Chance. Aber so eindeutig wie in diesen Fällen ist die Sache nicht immer.

Ein großes Problem stellen zum Beispiel Mischkonzerne dar wie etwa der US-Riese General Electric, eines der größten Unternehmen weltweit. Dessen Rüstungssparte ist gemessen am Gesamtumsatz des Konzerns vergleichsweise klein: 2,2 Prozent betrug der Umsatzanteil von Rüstung im Jahr 2008. Eigentlich vernachlässigbar, oder? Ganz im Gegenteil: Dieser Umsatzanteil macht General Electric zu einem der 20 größten Rüstungskonzerne der Erde.

Die Fonds oder die Ratingagenturen, die für die Fonds die Titelvorauswahl treffen, legen die Ausschlusskriterien zunächst an das Unternehmen an, dessen Aktien gekauft werden sollen. In einem zweiten Schritt schauen die Nachhaltigkeitsforscher aber auch auf die Beteiligungen, die das Unternehmen hält. In den meisten Fällen gelten die Ausschlusskriterien auch für Tochterunternehmen, an denen der Mutterkonzern mindestens die Hälfte der Anteile hält. Betragen die Betei-

AMARTYA SEN ist ein indischer Philosoph und Wirtschaftswissenschaftler. Auf seine Arbeiten geht der Human Development Index zurück, der seit 1990 veröffentlicht wird. Der Index berücksichtigt nicht nur das Bruttoinlandsprodukt eines Landes, sondern auch Faktoren wie die Lebenserwartung und die Alphabetisierungsrate in einem Land. Für seine Forschungen zur Armutsbekämpfung erhielt Sen 1998 den Nobelpreis für Wirtschaftswissenschaften.

ligungen nur noch 20 Prozent, werden die Ausschlusskriterien von vielen Fonds bereits vernachlässigt. Und nur noch wenige wenden die Ausschlüsse auch auf die Zulieferer an. Das hat rein praktische Gründe. Über das Unternehmen, in das der Manager investieren will, erhält er umfangreiche Informationen. Je kleiner die Beteiligung, desto schwieriger wird der Einblick. Über Zulieferer in fernen Ländern erfährt man kaum etwas.

Die großen Konzerne sind heutzutage weltweit so verflochten, dass es Außenstehenden wie den Nachhaltigkeitsforschern fast unmöglich ist, sämtliche Geschäftstätigkeiten klar nachzuvollziehen. Weil sie aus diesem Grund nicht dafür garantieren können, dass ein von ihnen gut bewertetes Unternehmen nicht doch in irgendeinem Land Umsätze in eigentlich nicht erlaubten Branchen oder mit nicht erlaubten Praktiken erwirtschaftet, ziehen sie von vornherein eine Toleranzgrenze ein. In den Anlagerichtlinien heißt es dann zum Beispiel: Umsätze in der Atomenergie bis 5 Prozent am Gesamtumsatz des Unternehmens sind erlaubt. Ein anderer Grund für die Toleranzgrenzen ist folgender: Viele Bauteile können für verschiedene Maschinen oder Produkte eingesetzt werden. Ein Wasserrohr beispielsweise kann auch in ein Atomkraftwerk eingebaut werden. Streng genommen verdient das Unternehmen, welches das Wasserrohr liefert, Geld mit der Atomindustrie – die eigentlich ausgeschlossen ist. In der Praxis lässt sich aber kaum nachweisen, wo das Wasserrohr letztendlich landet.

Ein weiteres Beispiel ist die Rüstungsindustrie: Alle zehn in unserer Tabelle (siehe Seite 66) dargestellten Fonds schließen Unternehmen, die Waffen bauen, ganz oder teilweise aus. Einige Fonds tolerieren aber einen kleinen Umsatzanteil – weil es nicht anders möglich sei, wie sie sagen. Vieles, was mit Rüstung zu tun hat, finde im Verborgenen statt. Es sei nicht sicher auszuschließen, dass eine Firma über eine Beteiligung irgendwo auf der Welt doch etwas mit Waffen mache, heißt es.

Positives wird ausgewählt

„Böse" Branchen auszusortieren, ist das eine. Auf der anderen Seite sind aber

INFO

Wie der erste grüne Fonds entstand

Es gab Zeiten, da stand Alfred Platow mit einer roten Rose im Knopfloch vor Polizisten. „Lassen sie die Wasserwerfer weg", bat der überzeugte Pazifist. Das war Ende der 70er-Jahre bei einer Demonstration gegen das geplante Atommüllendlager in Gorleben. Damals zweifelte Alfred Platow bereits, ob die Straße für ihn persönlich der richtige Platz war, um für eine bessere Welt zu kämpfen. Die bewegten Studenten begannen den Marsch durch die Institutionen. Die Grünen standen in den Startlöchern.

Ungefähr um diese Zeit verlagerte Platow sein Engagement in die Finanzwelt. Politisch blieb er gleichwohl. „Aktien sind ein Mittel, um Einfluss zu nehmen", sagt Platow noch heute. Er begann damit, den Besitz an den Produktionsmitteln umzuverteilen.

„Wir haben Hunderte von besetzten Häusern hausratversichert", erinnert sich Alfred Platow an die Anfänge der 1975 gegründeten „kollektiven Versicherungsagentur „Alfred & Klaus". Alfred & Klaus hatten bald mehr im Angebot als Hausratversicherungen. Zum Kerngeschäft avancierte ein ökologisch-alternatives Versorgungswerk. Das verschaffte den Mitarbeiterinnen und Mitarbeitern von alternativen Werkstätten, Kinderbuch- und Fahrradläden per Direktversicherung eine Altersversorgung. 200 Mitgliedsbetriebe zählte das Versorgungswerk.

Den Anspruch, die eingenommenen Prämien nach ethisch-ökologischen Grundsätzen anzulegen, hatten Alfred & Klaus von Anfang an. Das Hindernis: Den Versicherungsvorständen damals war das Ansinnen fremd.

„Dann kam uns ein Glücksfall zu Hilfe", erzählt Platow. Die Continentale Versicherung feierte 1989 ihren 100-sten Gründungstag. Bei der Vorbereitung besannen sich die Dortmunder Versicherer ihrer anthroposophischen Wurzeln. Der Jubiläumsgag sollte daher sein, dass Alfred Platow und Klaus Odenthal, die inzwischen als versiko firmierten, Vorschläge unterbreiten sollten, 1 Million Mark ethisch-ökologisch anzulegen. Die Continentale ließ den Öko-Pionieren dabei freie Hand.

„Das Ganze war ein dilettantischer Denkvorgang", erinnert sich Platow. Es gab schlicht keine Fonds, wo das Geld den Vorgaben gemäß untergebracht werden konnte. Was tun?

Im September 1989 besuchten Platow und Odenthal immer noch reichlich verdattert eine Veranstaltung der amerikanischen Fondsgesellschaft Pioneer in einem Berliner Hotel. Die legte ihren Investments die Werte der Religionsgemeinschaft der Quäker zugrunde: kein Alkohol, kein Tabak, kein Glücksspiel.

ALFRED PLATOW hat mit dem Ökovision den ersten ethisch-ökologischen Aktienfonds aufgelegt. Die Geschichte dazu steht in dem Kasten „Wie der erste grüne Fonds entstand".

An diesem Abend soll Klaus Odenthal die zündende Idee gehabt haben: „Wir machen einen eigenen Fonds auf." Zwei Stunden später, so erzählt es Platow, seien die Anlagekriterien des Ökovision fertig gewesen, in etwa so wie sie auch heute noch gelten.

Den Ökovision gab es damit noch lange nicht. Platow ging Klinken putzen bei den 21 Fondsgesellschaften, die sich damals den deutschen Markt teilten. Power Point gab es noch nicht, aber auch mit solchen Hilfsmitteln hätte Platow einen schweren Stand mit seinem Vorhaben gehabt, einen Ökofonds zu gründen: „Die taten alle vornehm interessiert", erzählt Platow. Angebissen hat aber keiner."

Folgerichtig gründeten Alfred Platow und Klaus Odenthal ihre eigene Kapitalanlagegesellschaft. Die befreundete Jungjuristin Helga Nissen, heute immer noch Justitiarin und Vorständin der versiko AG, bastelte als Autodidaktin im Kapitalanlagerecht binnen neun Monaten einen Antrag zusammen. Der damalige Chef des Bundesamtes für das Kreditwesen (BaKred) bezeichnete ihn als den saubersten Antrag, über den er jemals zu entscheiden gehabt habe, erinnert sich Alfred Platow.

Dennoch bekamen Platow und Odenthal Ende 1993 eine Absage von der Behörde. Der Grund: Ein Fondsnamen mit der Vorsilbe öko sei in Deutschland nicht zulassungsfähig. Würde das BaKred dazu ja sagen, demonstrierte es hochoffiziell, dass alle anderen in Deutschland zugelassenen Fonds nicht öko seien.

Das saß. Entmutigen ließen sich die ehemaligen Anti-Atom-Demonstranten nicht. Sie zogen mit ihrem Antrag nach Luxemburg weiter. Im Großherzogtum stießen sich die Zulassungsbehörden nicht an dem Namen Ökovision für den Fonds. Im Mai 1996 ging der erste ethisch-ökologische Fonds an den Start. So kam das Wörtchen öko in die deutsche Finanzlandschaft.

AL GORE verbreitet unbequeme Wahrheiten. Der frühere Vizepräsident der USA trat seit dem Jahr 2000 mehr als 1 000 Mal mit einer selbst entwickelten Multimedia-Show auf, in der der 62-Jährige vor den Folgen des Klimawandels warnt. Aus dieser Show machte Davis Guggenheim einen Dokumentarfilm, der 2007 den Oscar gewann und den Special-Humanitas-Preis für eine besonders gelungene Botschaft an die Menschheit erhielt.

nicht alle Unternehmen, die nicht böse sind, zwangsläufig gut. Vielmehr kommt es darauf an, ob sie bestimmte Auswahlkriterien erfüllen. Die Nachhaltigkeitsforscher achten zum Beispiel darauf, ob ein Unternehmen ein Umweltmanagementsystem eingerichtet hat. Was die soziale Komponente angeht, bekommt zum Beispiel gute Noten, wer Verhaltensrichtlinien für seine Mitarbeiter aufgestellt hat oder für den Gleichberechtigung nicht nur eine Phrase ist. Insgesamt gibt es Hunderte Kriterien, anhand derer sich Unternehmen als nachhaltig qualifizieren können. Für Anleger ist das kaum durchdringbar. Doch diese Art von Auswahl hat auch ihre gute Seite: Denn während Ausschlusskriterien die Welt in Gut und Böse aufteilen, erlauben die sogenannten Positivmerkmale eine feinere Betrachtung.

Über die Positivmerkmale kommen zum Beispiel die Ölkonzerne ins Spiel. Shell und Total zählen in vielen sauberen Fonds zu den größten Aktienpositionen – und das, obwohl die Konzerne fossile Brennstoffe fördern, was kurzfristig der Umwelt vor Ort und langfristig dem gesamten Klima schadet. Aber die Ölmultis zählen auch zu den großen Produzenten erneuerbarer Energien. Auch BP war jahrelang in zahlreichen Nachhaltigkeitsfonds zu finden. Nach dem Untergang der Bohrinsel Deep Water Horizon haben die meisten Fonds die Aktien der britischen Ölfirma inzwischen verkauft. Einige Fonds hatten die Papiere erst gar nicht ins Portfolio genommen, weil sie schon früher die dürftigen Sicherheitsvorkehrungen und den schlechten Umgang mit Katastrophenfällen bemängelt hatten.

Auch in anderen Branchen vergeben die Nachhaltigkeitsforscher ihre Pluspunkte auf unterschiedliche Art. Beispielsweise zählt der Autokonzern BMW bei der Ethikbank zu den Toppositionen bei den Eigenanlagen der Bank (siehe Seite 31). Bei der Basler Bank Sarasin haben die Bayern unter anderem wegen mittelmäßiger Noten für die Forschung zu emissionsarmen Technologien weniger Chancen. Für die Schweizer zählt Peugeot zu den saubersten Autofirmen.

Ein Unternehmen, das als Vorbild in Sachen Nachhaltigkeit gilt, muss das nicht dauerhaft bleiben. Toyota ist dafür ein Beispiel. Sarasin hat die Japaner herabgestuft. Auch für den Fonds DWS Invest Responsibility kommt Toyota als Investment nicht infrage.

Die Klassenbesten

Eine typische Auswahl nach Positivkriterien ist die sogenannte Best-in-Class-Methode. Hierbei suchen sich die Fondsmanager aus jeder Branche die Unternehmen aus, die nachhaltiger zu Werke gehen als ihre Wettbewerber.

Von den zehn besten sauberen Fonds aus unserem Test wählen acht die Aktien, die sie kaufen, nach der Best-in-Class-Methode aus.

Das Best-in-Class-Prinzip

Beim Best in Class Ansatz wird die Nachhaltigkeit eines Unternehmens nicht absolut bewertet, sondern im Verhältnis zu seiner Branche. Die saubersten Ölfirmen, Automobil- und Konsumgüterhersteller kommen so zu vergleichsweise guten Nachhaltigkeitsbewertungen. Wer Klassenbester ist, ermitteln Ratingagenturen anhand ihrer Kriterien. Entwickelt hat den Best-in-Class-Ansatz die Schweizer Bank Sarasin. Er ist heute weit verbreitet.

Für den Best-in-Class-Ansatz spricht, dass er die Unternehmen in einen Wettbewerb um die bestmögliche Erfüllung von Nachhaltigkeitskriterien zwingt. Wenn ein weltweit handelnder Konzern in einer als schmutzig geltenden Branche im Vergleich zu seinen Konkurrenten höhere Umwelt- und Sozialstandards einhält, ist der Effekt oft größer als wenn ein zwar völlig sauber wirtschaftendes, aber kleines mittelständisches Unternehmen ein vorbildliches Ökoprodukt auf den Markt bringt. Zudem ist er ein gutes Beispiel für seine Mitbewerber, die zu ihm aufschließen wollen – und sei es nur aus Imagegründen. Bei der Ökologie können derzeit meist nur die Unternehmen Punkte sammeln, die entlang ihrer Wertschöpfungskette den geringsten Kohlendioxidausstoß haben. Dieser sogenannte Carbon Footprint ist aber als alleiniges Qualitätsmerkmal umstritten.

Der Best-in-Class-Ansatz hat nicht nur Freunde. Durch ihn fänden auch Wertpapiere von Unternehmen in die Portfolios der Nachhaltigkeitsfonds, deren Branchen generell nicht als nachhaltig einzustufen seien. Dies gilt zum Beispiel für die Ölbranche. Dadurch würden die Steuerungseffekte der nachhaltigen Geldanlage hin zum Aufbau erneuerbarer Energiequellen verwässert.

Viele Fonds kombinieren Ausschlussverfahren und Best-in-Class

Auch Fonds, die nach dem Best-in-Class-Ansatz verfahren, können bestimmte Branchen von einem Investment ausschließen. Diese Kombination aus beiden Auswahlprinzipien – Ausschlusskriterien plus Best-in-Class-Prinzip – kommt in der Praxis am häufigsten vor.

Das Gegenmodell hierzu ist die Auswahlmethode des Best-of-all, bei der nicht

INFO **Corporate Governance**

Die grünen oder ethisch orientierten Investoren legen Wert darauf, dass sich die Unternehmen an den deutschen Corporate Governance Kodex halten. Der Kodex dient dazu, in- und ausländischen Investoren die hierzulande geltenden Regeln für Unternehmensleitung und -überwachung transparent zu machen. Er besteht aus Muss-, Soll- und Kann-Bestimmungen, die eine Regierungskommission ausgesprochen hat. Im Mittelpunkt der Empfehlungen stehen die Transparenz des Führungssystems deutscher Aktiengesellschaften, die Vergütungen von Vorständen und Aufsichtsräten und das Verhältnis zwischen Unternehmen und Aktionären. Der Kodex enthält das geltende Recht, also zum Beispiel die Regelungen des Aktiengesetzes. Den Soll- und Kann-Bestimmungen hingegen muss ein Unternehmen nicht unbedingt folgen. In einer sogenannten Entsprechenserklärung muss es aber einmal im Jahr darlegen, ob seine Unternehmensführung allen im Kodex aufgelisteten Punkten entspricht beziehungsweise warum nicht. Das ist seit 2002 Teil des Aktiengesetzes (§ 161 AktG). Die 30 Dax-Unternehmen haben den Kodex weitgehend akzeptiert. Zu diesem Ergebnis kommt die Geschäftsstelle der Regierungskommission in ihrem Bericht für 2010. Die 82 Empfehlungen würden von den Aktiengesellschaften im Dax zu 96 Prozent angenommen. Allerdings bestehen selbst in der Kommission Zweifel, wie ernst es die Unternehmen mit der Transparenz und der guten Unternehmensführung meinen. „Wir müssen in Zukunft der Frage nachgehen ‚Wie wird es wirklich umgesetzt?'", sagte Klaus-Peter Müller, der Vorsitzende der Regierungskommission bei der Vorstellung des Berichts. Klaus-Peter Müller ist Aufsichtsratsvorsitzender der Commerzbank AG. Um Zug in die Sache zu bekommen, erhält die Bundesregierung 2010 erstmals einen eigenen Corporate-Governance-Bericht. (www.corporate-governance-code.de)

nach Branchen getrennt gefiltert wird, sondern nur die saubersten Unternehmen von allen für ein Investment infrage kommen. Nach diesem Auswahlverfahren gehen zum Beispiel der Naturaktienindex NAI (siehe Seite 71) vor oder der Weltaktienfonds Espa WWF Stock Umwelt.

Das Know-how

Fondsmanager kennen sich gemeinhin mit Zahlen besser aus als mit Nachhaltigkeit. Die meisten kaufen sich deshalb das Research, die Untersuchungen, ob Unternehmen nachhaltig sind, von darauf spezialisierten Ratingagenturen ein. Als da sind zum Beispiel die Münchner Ratingagentur oekom Research, Sustainalytics aus Frankfurt, imug aus Hannover oder die Schweizer Firmen Inrate und SAM Group. Andere, wie die Bank Sarasin oder die Fondsgesellschaften KBC, Dexia und Ökoworld, haben eine hauseigene Researchabteilung, die aber vom Fondsmanagement getrennt ist.

Ein ausführliches Who's who der Nachhaltigkeitsbewerter und ihrer Kriterien finden interessierte Leser im letzten Kapitel ab Seite 169.

Gute Noten, schlechte Noten

Noch ist es so, dass die meisten Fonds und Ratingagenturen der Masse an möglichen nachhaltigen Investments Herr werden, indem sie bestimmte Branchen aus ökologischen und ethischen Gründen von vornherein aussortieren. Immer beliebter wird aber die Methode, nur noch Noten zu vergeben – Pluspunkte für gute Leistungen in Sachen Nachhaltigkeit, und Minuspunkte für die schlechten Eigenschaften einer Firma. Die Gesamtnote entscheidet dann darüber, ob ein Unternehmen in einem Nachhaltigkeitsindex oder einem sauberen Fonds landet.

Auch dabei gibt es unterschiedliche Vorgehensweisen: Für manche Anbieter zählt schlicht, was bei ihren Bewertungen unterm Strich herauskommt. Andere bauen Hürden ein, sodass eine schlechte Leistung in einem Bereich nicht durch eine sehr gute Note in einem anderen Bereich ausgeglichen werden kann.

Ein Beispiel: Der Gebrauchtwagenhändler Carmax aus den USA gehört nach der Nachhaltigkeitsbewertung der belgischen Fondsgesellschaft KBC zu den besten Betrieben in Sachen Corporate Governance, bekommt aber im Umweltschutz sehr schlechte Noten und bleibt daher hinter anderen Unternehmen zurück. Corporate Governance heißt so viel wie gute Unternehmensführung (siehe Kasten links).

Zielkonflikte programmiert

Nachhaltigkeit gilt als ganzheitlicher Ansatz. Ökologie, Soziales und Unternehmensführung sollen im Einklang sein. Das gilt sowohl für die Bewertung von Unternehmen als auch für die von Staaten. Konflikte zwischen diesen drei Feldern sind dabei an der Tagesordnung.

Entwicklungs- und Schwellenländer, die die große wirtschaftliche Aufholjagd begonnen haben, schaffen zwar Arbeitsplätze und Wohlstand für immer mehr Menschen. Sie opfern dafür aber häufig wertvolle Natur oder nehmen Menschen und Tieren ihre angestammten Lebensräume weg.

Beobachten lässt sich das rund um den Globus. Für den Dreischluchtenstaudamm in China mussten schätzungsweise zwei Millionen Menschen umgesiedelt werden. Dörfer und ganze Städte, auch unersetzbare archäologische Stätten werden überflutet. Die Umweltverschmutzung durch das Anwachsen der Industrieproduktion des neuen Exportweltmeisters führt zu weiteren sozialen Problemen. Luft- und

INFO

Greenwashing

Nicht als Umweltschützer zu gelten, kann sich heute kein Unternehmen mehr leisten. Deshalb überbieten sich die Vertreter selbst der schmutzigsten Branchen darin, zu betonen, wie umweltbewusst und sozial aufgeschlossen sie doch sind.

Greenwash (Grünwaschen) heißen diese Imagekampagnen. Sie zielen nicht nur auf die Kundinnen und Kunden, sondern auch auf die Politik, die die Wirtschaft mit immer schärferen Umweltauflagen ärgert. Solche Kampagnen können Milliarden bringen.

Erfolgreich als Klimaschützerin positioniert hat sich zum Beispiel die Atomindustrie. Nur mit Atomkraft ließen sich die ambitionierten Klimaschutzziele Deutschlands erreichen, wiederholen die Vertreter der Atomindustrie nicht erst seit 2010 gebetsmühlenhaft. Schließlich rauchten über den Meilern keine rußigen Schlote. Am Ende stand ein Kompromiss, der es den Stromkonzernen erlaubt, ihre Kraftwerke viele Jahre länger am Netz zu lassen als ursprünglich gesetzlich vorgesehen war. Dass der Bau eines Atomreaktors und die Wiederaufbereitung abgebrannter Brennstäbe in Wahrheit große Mengen schädlicher Klimagase freisetzt, dass die Lagerung des Atommülls ungeklärt ist und dass die Gefahr von Strahlenunfällen nie ganz gebannt ist, haben die Atomlobbyisten geflissentlich unter den Teppich gekehrt. Einen grünen Teppich.

Per Anzeige, Werbespot und sogar durch die Gründung eigener Umweltgruppen oder industrienaher Gewerkschaften versuchen Unternehmen und Branchen ihr Image aufzupolieren. Dies geschieht verstärkt, seit der Klimawandel ins Bewusstsein der Öffentlichkeit gedrungen ist und die Konsumenten die Haltung von Unternehmen zu Klimafragen in ihre Kaufentscheidungen einbeziehen. Die Kampagnen haben immer eine politische Note. Sie sollen der Öffentlichkeit suggerieren: Regeln und Gesetze sind überflüssig. Wir sind doch schon längst auf dem Weg und uns unserer Verantwortung für die Gesellschaft bewusst.

Um auf der richtigen Seite zu stehen, suchen Unternehmen auch gerne die Nähe von Meinungsführern.

So schaffte es Mercedes mit seiner Marke Smart 2007 als Sponsor auf die Website der von Al Gore initiierten Live-Earth-Konzerte der Welt. Dass hinter Smart mit Mercedes ein Unternehmen mit eher schlechter CO_2-Bilanz steht, fiel den Veranstaltern zu spät auf. Auf allen Kontinenten hatten Millionen von Zuschauern das Smart-Logo im Zusammenhang mit Klimaschutz wahrgenommen.

Man kann sich auch einen Titel kaufen. 1999 erwarb BP für 45 Millionen Dollar die Solarex Energy Corporation. Damit war der Ölkonzern von heute auf morgen der größte Solarenergieproduzent der Welt. Das hieß damals noch nicht allzu viel, zu klein war der Solarstrommarkt. Aber der frisch erworbene Titel passte hervorragend in den vom Klimawandel angestoßenen Imagewechsel. BP entwickelte die gelbgrüne Sonne als Logo und interpretierte sein Kürzel künftig als „beyond petroleum" (jenseits des Erdöls). Laut Angaben des gemeinnützigen Vereins LobbyControl-Initiative für Transparenz und Demokratie hat BP für die Imagekampagne mit 200 Millionen Dollar fast fünf Mal mehr ausgegeben als für den Kauf seiner Solarsparte.

Je umweltbewusster und sozialer auch die schmutzigste Industrie in der Öffentlichkeit erscheint, desto unnötiger scheinen gesetzliche Vorgaben. An ihre Stelle sollen, so das Kalkül der grünen Public Relation, von den Unternehmen freiwillig zu erbringende Leistungen gesetzt werden.
Dazu zählt auch die Verpflichtung, Nachhaltigkeitsberichte, Corporate-Social-Responsability-Berichte oder Berichte über die gute Unternehmensführung (Corporate Governance) zu erstellen. Mit diesen Berichten wiederum lässt sich nach dem Motto „Tue Gutes und rede darüber" prima werben. Sie müssen nämlich nur das enthalten, was das Unternehmen auch wirklich veröffentlicht sehen will.

Wasserverschmutzung haben Ausmaße angenommen, die die Gesundheit von zig Millionen Menschen gefährden. Solche Zielkonflikte stellen Analysten bei Unternehmen zwar auch fest, aber seltener. Es gibt zum Beispiel große Versorgungsunternehmen, deren Kohlekraftwerke zu den großen Kohlendioxidschleudern Europas gehören. Sie bezahlen ihre Mitarbeiter gut, manchmal sogar über die Tarifleistungen hinaus. Umgekehrt gibt es kleinere Stromerzeuger, die ausschließlich auf erneuerbare Energie setzen. Manche überweisen allerdings Löhne, die unter den Tarifen der Branche liegen.

Bionahrungsmittel sind im Vergleich zu konventionell erzeugten arbeitsintensiver. Im harten Wettbewerb kann das bedeuten, dass die Arbeitsbedingungen der Erntehelfer und ihre Bezahlung schlecht sind, um die Kosten zu senken.

Nachhaltigkeitsberichte geben Einblick

Die Fondsmanager und Nachhaltigkeitsanalysten nähern sich einem Unternehmen, indem sie erst einmal dessen eigene Veröffentlichungen unter die Lupe nehmen. Da ist zunächst der Geschäftsbericht mit der Bilanz. Er gibt Auskunft über die wirtschaftliche Situation des Unternehmens, über die aktuelle finanzielle Lage und die Aussichten für die Zukunft. Die Geschäftsberichte werden seit den 90er-Jahren durch Nachhaltigkeitsberichte, manchmal auch Umweltberichte ergänzt. In den Nachhaltigkeitsberichten stehen nicht nur harte Zahlen, sondern sie beschäftigen sich auch damit, wie gut das Unternehmen in der Zukunft dastehen wird. Das ist der wirtschaftliche Teil der Nachhaltigkeit. In dem der Ökologie gewidmeten Teil des Nachhaltigkeitsberichtes wird dargestellt, wie effizient das Unternehmen mit Ressourcen umgeht, beispielsweise wie viel Roh- und Grundstoffe es einsetzt, um ein Produkt herzustellen. Außerdem kann dort stehen, ob seine Wasser- und Schadstoffkreisläufe geschlossen sind und wie das Unternehmen es sonst so mit dem Umweltschutz hält.

Die sozialen Aspekte behandelt ein solcher Bericht ebenfalls. Themen können sein, ob das Unternehmen familienfreundlich ist, also Teilzeitarbeitsstellen für berufstätige Eltern anbietet oder vielleicht gleich eine Kita auf dem Werksgelände unterhält. Dazu zählt aber auch, ob der Einkauf bei den Zulieferern darauf achtet, dass sie ebenfalls nachhaltig arbeiten, also keine Kinder ausbeuten und ihren Mitarbeitern vernünftige Löhne bezahlen sowie die Umwelt vor Ort schützen.

Von den Grenzen der Wahrheit

Nachhaltigkeits- beziehungsweise Umweltberichte sind für die Unternehmen Mittel zur Selbstdarstellung – und zwar nach außen wie nach innen. Für große Unternehmen im Blickpunkt der Öffentlichkeit sind sie Teil des Marketings. So berichtete beispielsweise BP alljährlich über seine Umweltaktivitäten. Vertraut uns, schreit es aus jeder Seite heraus. Dass bei der Erdölförderung etwas schiefgehen kann, tauchte dort nicht auf (siehe Kasten Greenwashing Seite 60).

Für alle Unternehmen, also auch die kleinen und mittleren, sind die Berichte auch Teil der Mitarbeitermotivation. Mit den darin enthaltenen Informationen lassen sich die Mitarbeiter anspornen, weniger Energie, Wasser, Büromaterial zu verbrauchen. Und das führt zwangsläufig zu besseren Betriebsergebnissen.

Den Nachhaltigkeits- und Umweltberichten ist, wie man sieht, nur bedingt zu trauen. Auch die Analysten der Ratingagenturen verlassen sich nicht darauf. Um das ganze Bild zu erhalten, klopfen sie die darin enthaltenen Informationen sorgfältig auf hohle Stellen ab. Sie recherchieren bei Umweltbehörden und nichtstaatlichen Umweltorganisationen wie Greenpeace und Robin Wood, wie grün die Produktion eines Unternehmens wirklich ist.

Sie fragen bei Menschenrechtsorganisationen nach, ob ein Unternehmen die Vorschriften der Internationalen Arbeitsorganisation der Vereinten Nationen (ILO) einhält. Sie erkundigen sich bei den Menschen vor Ort, wie viel sie tatsächlich bezahlt bekommen. Und soweit das möglich ist vertiefen sie sich in Presseberichte und sonstige über ein Unternehmen veröffent-

JIM BOHLEN (rechts) wusste als ehemaliger Taucher der US-Navy gut, was die Atomtests der Weltmächte in den Meeren anrichteten. Als die USA 1971 vor Alaska Atombomben zünden wollten, machten sich er und elf Mitstreiter mit dem Schiff „Phyllis Cormack" ins Testgebiet auf. Vier von sieben geplanten Nuklearexplosionen gelang es zu verhindern. Dies war die Geburtsstunde der Organisation Greenpeace und ihrer Strategie: Gewaltfreie Aktion und lautstarke Medienarbeit.

lichte Informationen. Erst wenn sie sich ein Gesamtbild über die wirtschaftliche Tätigkeit eines Unternehmens und seine Stellung in der Gesellschaft gemacht haben, erstellen sie das Rating.

Engagement des Managements

„Wenn ich Aktienfonds kaufe, dann kommt das Geld den Firmen doch gar nicht zugute. Was soll denn daran ein ethisches oder ökologisches Investment sein?", das fragen uns viele Anleger. Es stimmt, wer Aktien an der Börse kauft, gibt dem Unternehmen kein neues Geld. Aber der Börsenwert, der mit dem Kurs der Aktien steigt, ist für das Unternehmen durchaus von Bedeutung, etwa bei Übernahmen. Aktionäre sind zudem am Gewinn beteiligt und erhalten, wenn die Geschäfte gut laufen, regelmäßig Dividenden. Da kommt es einigen Anlegern schon darauf an, wie der Gewinn erwirtschaftet wurde.

Das Stimmrecht

Entscheidenden Einfluss haben die Aktionäre aber auf der Hauptversammlung. Hier können sie direkt auf die Unternehmensführung einwirken. Fondsmanager, die ein großes Aktienkapital vertreten, können sich durchaus Gehör verschaffen – und tun das auch. In der Regel schließen sie sich dazu mit anderen Investoren zusammen.

Wir haben die Fondsgesellschaften gefragt, ob das Management seine Mitbestimmungsrechte aktiv nutzt (siehe Tabelle Seite 66).

Ein Beispiel: Die Schweizer Bank Sarasin hat sich an einer Initiative der Pensionskassenstiftung Ethos zur Hauptversammlung des Pharmakonzerns Novartis beteiligt. Sie wollten erreichen, dass die Aktionäre über die Gehälter der Vorstände entscheiden dürfen. Letztlich ist die Initiative gescheitert, aber der Druck auf Novartis und in der Folge auch auf andere Konzerne hat sich erhöht und der allseits kritisierten Maßlosigkeit Grenzen gesetzt.

Die vertrauliche Einflussnahme

Viel öfter noch als öffentlich auf Hauptversammlungen sprechen die Fondsgesellschaften aber vertraulich mit den

Sauber anlegen: Lohnt sich das überhaupt?

Wer Geld anlegt, will Gewinn machen. Wir haben Renditen der sauberen Aktienfonds Welt mit denen der normalen Aktienfonds Welt verglichen und festgestellt, dass die sauberen Fonds in den vergangenen fünf Jahren (von 2005 bis 2010) gut mithalten konnten. Die Spitzenrenditen erzielten zwar die anderen, die schlechtesten Ergebnisse aber auch. Knapp ein Fünftel der sauberen Fonds hat eine Rendite von mehr als 2,5 Prozent pro Jahr geschafft, keiner liegt unter minus 5 Prozent.

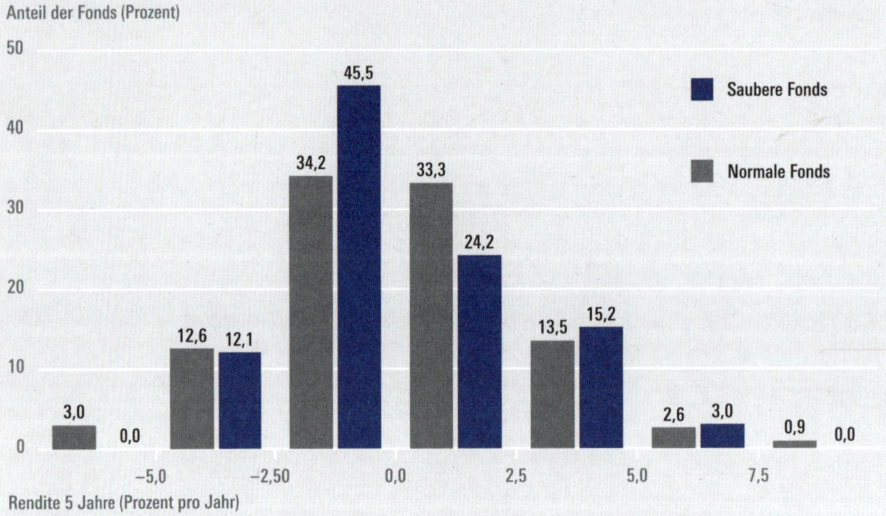

Unternehmensvorständen. Viele Fondsmanager statten den Unternehmen regelmäßig Besuche ab – um ihr Geschäft besser kennenzulernen und diejenigen, die verantwortlich sind. Bei solchen Gelegenheiten können außer wirtschaftlichen Aspekten auch ökologische oder soziale Belange zur Sprache kommen. Auf diese Weise können die Fonds und damit auch die Anleger dazu beitragen, dass die Unternehmen Missstände aus der Welt schaffen. Manche Manager sauberer Fonds bitten die Firmen auch um schriftliche Stellungnahmen, wenn ihnen Missstände bekannt geworden sind oder Umwelt- oder Menschenrechtsorganisationen neue Vorwürfe erheben. Lässt sich ein Fall nicht zur Zufriedenheit klären, kann es auch schon mal sein, dass eine Aktie wieder aus dem Fonds fliegt.

Unsere Untersuchung

Viele Anleger, die Geld in einen nachhaltigen Fonds gesteckt haben, beschweren sich darüber, dass ihr Fonds gar nicht so öko sei wie er vorgibt. Schnell ist von Etikettenschwindel die Rede. Doch zumindest dieser letzte Vorwurf trifft nicht. Die Fonds tun das, was sie sagen. Sie legen das Geld nach den Kriterien an, die sie im Fondsprospekt oder im Factsheet (eine Art Kurzinformationsblatt) des Fonds festgelegt haben. Verstöße gegen die eigenen Regeln gibt es selten, wie aus einer Untersuchung von Finanztest aus dem Jahr 2004 hervorgeht. Damals haben wir geprüft, ob sich die Fonds an ihre Anlagekonzepte halten. Wie sich dabei zeigte, wurden nur wenige Fonds ihrem hehren Anspruch nicht gerecht. In einem Fonds, der angeblich nicht in Rüstungsunternehmen investierte, entdeckten wir mit Mitsubishi Heavy Industries einen Konzern, der fast ein Fünftel seines Umsatzes im Militärbereich erzielte und zum Beispiel Kampfflugzeuge für die japanische Luftwaffe baute. Ein anderer Fonds hatte Eon im Portfolio, obwohl dieses keine Firmen enthalten sollte, die über 10 Prozent ihres Umsatzes mit Nuklearanlagen machen.

Die Kriterien studieren

Damit Anleger bekommen, was sie wollen, müssen sie sich die Anlagekriterien der Fonds genau anschauen. Die Namen der Fonds verraten kaum etwas über ihre Konzepte. Die meisten bestehen aus englischen Begriffen. Häufig verwendet wird das Wort „green" oder „grün", ganz gleich, ob es sich um einen Fonds mit ökologischem oder ethischem Schwerpunkt handelt. Auch die Nachhaltigkeit oder englisch Sustainability kommen oft in den Fondsnamen vor. So nichtssagend der Name, so kompliziert ist die Suche nach den Kriterien. Bei manchen Fonds stehen sie im Verkaufsprospekt, andere schreiben sie ins Factsheet, wieder andere wenden zusätzliche, nicht schriftlich festgehaltene Kriterien an.

Um Anlegern den Einstieg in den Markt zu erleichtern, hat Finanztest die Manager von Nachhaltigkeitsfonds nach ihren Anlagekonzepten gefragt und eine Übersicht darüber erstellt. Auf diese Weise können Anleger auf einen Blick erkennen, ob ihnen ein Fonds zusagt oder nicht.

In die Auswertung gekommen sind alle Fonds, die seit mindestens fünf Jahren auf dem Markt sind und in dieser Zeit ihre Strategie nicht geändert haben.

Die zehn besten Aktienfonds Welt haben wir in der Tabelle auf den folgenden Seiten zusammengestellt. Einen kompletten Kurzüberblick über alle sauberen Aktienfonds Welt, die diesen Kriterien entsprechen, gibt es im Serviceteil ab Seite 191.

Finanztest prüft die Wertentwicklung der Fonds laufend. In unserem Fondsfinder (www.test.de/fondsfinder) können Anleger mithilfe der Isin die aktuelle Finanztest-Bewertung abfragen. Die Isin ist die Kennnummer des Fonds. Sie steht in der Tabelle auf Seite 66.

DIE ZEHN BESTEN AKTIENFONDS WELT, DIE SAUBER ANLEGEN

	Fondsname	Green Effects NAI-Werte	Invesco Umwelt und Nachhaltigkeitsfonds	Espa Vinis Stock Global T	Pioneer Global Ecology A ND EU
	Isin (Kennnummer)	IE 000 589 565 5	DE 000 847 047 7	AT 000 064 679 9	LU 027 165 613 3
	Auflage des Fonds	1. 10. 2000	18. 10. 1990	15. 7. 2003	30. 4. 1990
	Nachhaltigkeitsschwerpunkt laut Prospekt	Öko	Öko	Öko und Ethik	Öko
	Anzahl Titel/Volumen (Millionen Euro)	30/30	65–80/19	110–130/157	60–90/940
	Rendite 1 Jahr/5 Jahre (Prozent pro Jahr)	45,3/5,2	45,3/2,7	34,5/2,9	31,9/4,5
	Finanztest-Bewertung (Punkte)	57,3	53,6	53,5	53,4
Ökologische Nachhaltigkeit	**Ausschlüsse**				
	Atom- und Kernenergie	■	□	■	□
	Erdöl- und Erdgasförderung	■	□	■	□
	Bergbau und Rohstoffminen	■	□	□	□
	Umstrittene Chemie	■	□	□	□
	Automobilindustrie/Flugzeugindustrie	■/■	□/□	□/□	□/□
	Grüne Gentechnik	■	□	■	□
	Industrielle Tierhaltung/Walfang	■/■	□/□	□/□	□/□
	Auswahlkriterien				
	Umweltmanagementsystem	■	□	□	■
	Ökoeffizienz	■	□	■	■
	Weitere	■	■	■	■
Ethische und soziale Nachhaltigkeit	**Ausschlüsse**				
	Waffen/Rüstung	■	◨	■	■
	Alkohol/Tabak	■/■	■/■	□/■	■/■
	Glücksspiel	□	■	□	■
	Pornografie/Prostitution	■/■	■/■	■/□	■/■
	Kinderarbeit	■	□	■	■
	Tierversuche	■	□	■	□
	Abtreibung	□	□	■	□
	Menschenrechtsverletzungen	■	□	□	■
	Arbeitsrechtsverletzungen	■	□	■	■
	Auswahlkriterien				
	Verhaltensrichtlinien	■	□	■	□
	Gleichberechtigung	■	□	■	□
	Mindestsozialstandards	■	□	■	■
	Weitere	■	■	■	□
Engagement	**Engagement des Fondsmanagements**				
	Einflussnahme bei Hauptversammlungen	□	□	■	□

■ = Ja. □ = Nein. ◨ = Ein geringer Umsatzanteil wird toleriert. – = Entfällt.

…ko-Aktienfonds (DZ Bank)	Kepler Ethik Aktienfonds A	Espa WWF Stock Umwelt A	Allianz RCM Global Sustainability A EUR	Liga-Pax-Cattolico-Union	Swisscanto (CH) EF Green Invest A
…U 003 707 938 0	AT 000 067 565 7	AT 000 070 566 0	LU 015 882 719 5	LU 015 255 480 3	CH 000 907 430 0
…3. 5. 1991	2. 7. 2002	2. 7. 2001	2. 1. 2003	22. 11. 2002	10. 11. 1998
…ko	Ethik	Öko	Öko und Ethik	Ethik	Öko und Ethik
…0–60/43	70/26	60–80/45	75/34	80–85/42	120–150/249
…2,6/3,2	50,7/1,3	21,2/2,3	38,6/1,1	32,9/1,1	37,1/0,9
…1,5	49,2	48,7	48,4	48,4	47,1
■	◨	■	◨	■	■
❑	❑	■	❑	❑	■
❑	❑	■	❑	❑	■
❑	◨	■	❑	■	■
❑/❑	❑/❑	■/■	❑/❑	❑/❑	■/■
	◨	■	❑	■	■
❑/❑	❑/❑	❑/❑	❑/❑	❑/❑	❑/❑
	■	❑	■	■	■
	■	■	■	■	■
	■	■	■	❑	■
	◨	■	◨	■	■
■/■	◨/◨	❑/❑	❑/◨	■/■	❑/■
■	◨	■	❑	■	❑
■/■	◨/◨	■/❑	❑/❑	■/■	❑/❑
■	■	❑	❑	■	■ 2)
■ 1)	◨	■	❑	■	❑
❑	■	❑	❑	■	❑
❑	■	❑	❑	❑	❑
❑	■	■	❑	❑	❑
■	■	■	❑	■	■
■	■	■	❑	■	■
■	■	■	❑	■	■
❑	■	■	■	■	■
❑	❑	■	❑	❑	❑

1) Auch medizinisch notwendige Tierversuche. 2) Nur ausbeuterische Kinderarbeit. 3) Teilweise.

Stand: 28. Februar 2010

FORTSETZUNG: DIE ZEHN BESTEN AKTIENFONDS WELT, DIE SAUBER ANLEGEN

Fondsname	Green Effects NAI-Werte	Invesco Umwelt und Nachhaltigkeitsfonds	Espa Vinis Stock Global T	Pioneer Global Ecology A ND EU
Reichweite der Ausschlusskriterien				
Innerhalb des Unternehmens	■	■	■	■
Auch für 50%-Beteiligungen	■	■	■	■
Auch für 20%-Beteiligungen	■	■	■	□
Auch für Zulieferer	■	□	□	■
Methode bei Auswahl				
Best-in-Class	□	■	■	■
Best-of-all	■	□	□	□
Unabhängiger Anlageausschuss				
Beratend oder entscheidend	Entscheidend	□	Beratend	□
Nachhaltigkeitsbewertung				
Extern durch	Inrate	SAM	Oekom, Riskmetrics	Oekom
Intern vom Fondsmanagement getrennt	□	□	□	□
Intern durch Fondsmanagement	□	□	■	□
Bezug auf einen Nachhaltigkeitsindex				
Name	Natur-Aktien-Index	DJSI Welt ex all	□	□
Nur Titel aus dem Index	■	■	–	–
Überwiegend Titel aus dem Index	□	□	–	–
Transparenz				
Kriterien im Prospekt verankert	■	■	■	■[3)]
Anwendung Eurosif-Transparenzleitlinien	□	□	■	□

■ = Ja. □ = Nein. ◨ = Ein geringer Umsatzanteil wird toleriert. – = Entfällt.

Ausgewählt, geprüft, bewertet

Finanztest hat im Frühjahr 2010 untersucht, nach welchen ökologischen, sozialen und ethischen Kriterien die Manager von Nachhaltigkeitsfonds die Titel auswählen. Wir haben dazu 54 Fondsgesellschaften befragt. In die Auswertung kamen Fonds, die mindestens fünf Jahre alt sind und ihre Strategie in dieser Zeit nicht änderten.

Finanztest-Bewertung: Die Bewertungszahl zeigt die Qualität des Fonds auf Basis einer differenzierten Betrachtung der Wertentwicklung in den vergangenen fünf Jahren. Am besten sind 100 Punkte, der Vergleichsindex hat 50 Punkte.

Ökologische Kriterien: Zum einen schließen die Fonds sehr umweltschädliche Branchen von vornherein aus (Ausschlüsse). Zum anderen suchen sie bevorzugt nach Firmen, die sich ökologisch hervortun (Auswahlkriterien).

Ethische und soziale Kriterien: Die Fonds schließen unethische oder sozial inakzeptable Branchen oder Praktiken aus (Ausschlüsse). Oder sie investieren gezielt in Unternehmen, die sich in ethischen und sozialen Belangen besonders hervortun (Auswahlkriterien).

Engagement: Manche Fonds nutzen ihre Mitbestimmungsrechte bei Aktionärsversammlungen, um Unternehmen zu mehr ethischem oder ökologischem Handeln zu bewegen.

Reichweite der Ausschlusskriterien: Manchmal beziehen sich die Ausschlüsse nur auf das Unternehmen selbst, manchmal

Öko-Aktienfonds (DZ Bank)	Kepler Ethik Aktienfonds A	Espa WWF Stock Umwelt A	Allianz RCM Global Sustainability A EUR	Liga-Pax-Cattolico-Union	Swisscanto (CH) EF Green Invest A
■	■	■	■	■	■
■	■	■	□	■	■
■	□	■	□	□	■
□	■	□	□	□	□
■	■	□	■	■	■
□	□	■	□	□	□
Beratend	Entscheidend	Beratend	□	□	Beratend
□	Oekom	Umweltbeirat	□	E.Capital	Zürcher Kantonalbank
□	□	□	■	□	□
■	□	■	□	□	□
□	□	□	□	Ethical Index Global	□
–	–	–	–	■	–
–	–	–	–	□	–
3)	■ 3)	■	□	□	■
□	■	■	□	□	■

1) Auch medizinisch notwendige Tierversuche. 2) Nur ausbeuterische Kinderarbeit. 3) Teilweise. Stand: 28. Februar 2010

werden sie auch auf Tochtergesellschaften, kleinere Beteiligungen oder Zulieferer bezogen.

Methode bei Auswahl: Entweder die Fonds legen die Auswahlkriterien innerhalb einer Branche an und kaufen das Unternehmen, das im Vergleich am besten dasteht (Best-in-Class). Oder sie wählen die Unternehmen, die insgesamt am besten abschneiden (Best-of-all). Dann bleiben „böse" Branchen draußen.

Unabhängiger Anlageausschuss: Einige Manager lassen sich von einem unabhängigen Ausschuss beraten. Manchmal darf dieser über die Anlagen des Fonds mitentscheiden.

Nachhaltigkeitsbewertung: Um Interessenkonflikten bei der Auswahl von Anlagen vorzubeugen, sind Fondsmanagement und Nachhaltigkeitsrecherche meistens getrennt.

Bezug auf einen Nachhaltigkeitsindex: Einige Fonds orientieren sich bei der Titelauswahl an Nachhaltigkeitsindizes. Sie dürfen entweder nur in Titel investieren, die in dem Börsenindex vorkommen, können aber über die Gewichtung frei entscheiden. Oder sie können auch in andere Unternehmen investieren.

Transparenz: Manche Fonds geben in ihren Verkaufsprospekten detailliert an, welche Nachhaltigkeitskriterien sie anwenden. Einige folgen den Transparenzleitlinien des Europäischen Forums für nachhaltige Investments (Eurosif) und veröffentlichen die Kriterien im Internet.

FONDS MIT AKTIEN AUS EUROPA UND ANDEREN REGIONEN

Ähnlich wie Aktienfonds Welt eignen sich auch Aktienfonds Europa oder Aktienfonds Euroland als Grundstein für den chancenreichen Teil des Depots. Aktienfonds Europa unterscheiden sich im Wesentlichen dadurch von Aktienfonds Euroland, dass sie nicht nur Aktien aus den Euroländern, sondern auch aus der Schweiz und Großbritannien kaufen. Die Auswahl an Fonds ist aber noch recht dürftig. In unserem Test finden sich nur drei Aktienfonds Europa, die schon mindestens fünf Jahre auf dem Markt sind: der SEB Ethical Europe Fund, der Dexia Sustainable Europe und der Pictet European Sustainable Equities (Tabelle siehe Serviceteil Seite 196). Für Euroland gibt es gar nur einen Fonds, das ist der KBC Eco Fund Sustainable Euroland.

Auch die anderen Regionenfonds sind nur schwach vertreten. Es gibt einen für die USA und Kanada, den Dexia Sustainable North America. Ebenfalls von Dexia ist der Dexia Sustainable Pacific. Dieser legt überwiegend in Japan, Australien, Singapur und Hongkong an (siehe Seite 202). Einen reinen Deutschlandfonds gibt es nicht, ebenso wenig wie Fonds für andere einzelne Länder.

In puncto Rendite überzeugen die Regionenfonds nicht. Sie gehören in ihren Gruppen jeweils zur schlechteren Hälfte der Fonds, teilweise liegen sie ziemlich am Ende der Tabelle.

Unser Tipp daher: Kaufen Sie lieber Aktienfonds Welt, wenn sie ein chancenreiches, aber ausreichend breit gestreutes Investment suchen.

INDIZES ALS BASIS UND ALS MASSSTAB

Viele Fondsmanager halten sich bei der Titelauswahl für ihr Portfolio an ethisch-ökologische beziehungsweise nachhaltige Aktienindizes. Ein Index ist ein Korb aus verschiedenen Aktien, Anleihen oder Rohstoffen. Indizes zeigen, wie Märkte sich entwickeln. Beispielsweise gibt der deutsche Aktienindex Dax die Stimmung an den deutschen Börsen wieder. Leitindex der USA ist der Dow Jones Index, von Japan kennt man den Nikkei.

Fondsmanager nutzen die Indizes nicht nur als Grundlage für die Titelauswahl, sondern auch als Wertmaßstab für ihren Erfolg – so auch die Fondsmanager nachhaltiger Fonds.

MAX DEML hat gemeinsam mit Redakteuren der Zeitschrift „natur", heute „natur+kosmos", den Naturaktienindex entwickelt. Am 1. April 1997 ging er mit 20 Aktien als Nax an den Start. Heute heißt der Index NAI und umfasst 30 Werte. Deml ist allerdings nicht mehr dabei. Der Deutsche, der in Wien den Börseninformationsdienst Öko-Invest herausgibt, steht heute für den Öko-Aktienindex nx-25.

Der Naturaktienindex NAI

Sehr bekannt ist der Naturaktienindex NAI. Allerdings dient er nur einem Fonds als Basis für die Titelauswahl: dem Fonds Green Effects. Ursprünglich war der NAI gar nicht als Grundlage für Geldanlageprodukte gedacht. Der Anstoß für den Index kam aus der Redaktion der Zeitschrift „Natur", heute „natur+kosmos". Sie wollte herausfinden, ob Geldanlage mit gutem Gewissen wirklich Renditeverzicht bedeutet oder ob sich nachhaltiges Wirtschaften nicht vielmehr durch eine langfristig überdurchschnittliche Wertsteigerung bezahlt macht. Die Zeitschrift beauftragte den Wiener Fachmann für grüne Geldanlage Max Deml, den Index zu entwickeln.

Anfang 1998 standen die endgültigen Anlagekriterien fest. Die hatte der damals gegründete Anlageausschuss gemeinsam mit dem Hamburger Finanzdienstleister Securvita ausgetüftelt. Securvita betreut und finanziert den NAI bis heute. Gründer Max Deml jedoch ist nicht mehr dabei. Er trennte sich 2003 im Streit um Markenrechte von dem Projekt. Max Deml gibt heute den Aktienindex nx-25 heraus. Er unterscheidet sich in einigen Positionen vom NAI.

Der NAI war seiner Zeit voraus. Die meisten Fonds, die nach ethisch-ökologischen Kriterien auswählen, wurden weit später aufgelegt. Auch die anderen Indizes, die speziell auf nachhaltige Geldanlagen ausgerichtet sind, kamen erst nach dem NAI auf den Markt.

Angefangen hatte der NAI, damals noch als Nax, mit 20 Unternehmen. Nach zwei Aufstockungen sind inzwischen 30 Unternehmen gelistet. Sie kommen aus zwölf Ländern von Österreich bis Australien und beschäftigen sich mit unterschiedlichen Geschäftsfeldern von der Abwasserbehandlung über Fahrradtechnik bis zu Windturbinen. Ausdruck einer erfreulichen Entwicklung: „Es gibt immer mehr nachhaltige Unternehmen, die unsere strengen Anforderungen erfüllen können", sagt Horst Hamm. Er ist Sprecher des Anlageausschusses des Naturaktienindex.

DIE UNTERNEHMEN IM NAI

Unternehmen	Land	Branche	Isin	Seit
Aixtron	Deutschland	Halbleiteranlagen	DE 000 506 620 3	2005
Bio-Treat Technology	China	Abwasserbehandlung	BM G11 240 101 0	2007
Boiron	Frankreich	Homöopathie	FR 000 006 112 9	1997
BWT	Österreich	Wasseraufbereitung	AT 000 073 770 5	2007
Natura Cosmeticos	Brasilien	Kosmetik	BR NAT UAC NOR 6	2009
East Japan Railway Company	Japan	Schienenverkehr	JP 378 360 000 4	2004
Ecolab	USA	Reinigungsmittel	US 278 865 100 6	2008
Energy Conversion Devices (ECD)	USA	Energiespeicherung	US 292 659 109 8	2003
Gaiam	USA	Ökoprodukte	US 362 68Q 103 1	2001
Höganäs	Schweden	Metallverarbeitung	SE 000 023 217 5	2004
Insituform	USA	Wasserrohrsanierung	US 457 667 103 0	2007
Interface	USA	Bodenbeläge	US 458 665 106 3	2002
Kadant	USA	Papierrecycling	US 482 82T 104 3	2004
Kurita Water Industries	Japan	Wassermanagement	JP 327 000 000 7	2003
Mayr-Melnhof Karton	Österreich	Verpackung	AT 000 093 820 4	1997
Molina Healthcare	USA	Krankenversicherung	US 608 55R 100 5	2007
Ormat Technologies	USA	Geothermie	US 686 688 102 1	2007
Ricoh	Japan	Büromaschinen	JP 397 340 000 9	2003
Shimano	Japan	Fahrradkomponenten	JP 335 800 000 2	1997
Solar Millennium	Deutschland	Solarthermie	DE 000 721 840 6	2008
Solarworld	Deutschland	Fotovoltaik	DE 000 510 840 1	2003
Starbucks	USA	Einzelhandel	US 855 244 109 4	2003
Steelcase	USA	Einrichtungs-gegenstände	US 858 155 203 6	2003
Steico	Deutschland	Dämmstoffe	DE 000 A0L R93 6	2008
Svenska Cellulosa	Schweden	Papier	SE 000 011 272 4	2003
Tomra Systems	Norwegen	Pfandflaschengeräte	NO 000 566 890 5	1997
Triodos Groenfonds	Niederlande	Umweltfinanzierung	NL 000 044 020 4	1998
United Natural Foods	USA	Bio-Lebensmittel	US 911 163 103 5	2007
Vestas Wind	Dänemark	Windturbinen	DK 001 026 860 6	2004
Westpac	Australien	Banken	AU 000 000 WBC 1	2006

Stand: Oktober 2010

Die Aufnahmekriterien

„Wir beobachten den Markt genau", sagt Horst Hamm. Das bedeutet unter anderem, immer zu wissen, welche an den Weltbörsen notierten Unternehmen für den Naturaktienindex infrage kommen könnten, darunter auch diejenigen, die neu an den Börsen notieren. Der Anlageausschuss des NAI bestellt für eine Prüfung von möglichen Aufnahmekandidaten eine Kurzanalyse bei der Ratingagentur Inrate (siehe Seite 172), mit der er zusammenarbeitet.

Fällt die positiv aus, geht die Untersuchung des im Fokus stehenden Unternehmens in die Tiefe. Befragt werden zum Beispiel Nichtregierungsorganisationen vor Ort, wie sich ein Unternehmen oder einer seiner Zulieferer verhält. Beispiel: Starbucks steht unter ständiger Beobachtung der Organisation Rainforest Alliance, ob der Kaffee-Ausschenker seine Bohnen nicht auf Kosten des tropischen Waldes gewinnt. „Wir versuchen die gesamte Politik eines Unternehmens zu begreifen", sagt Horst Hamm und stellt sich gleich selbst die Frage: „Wie kommen wir zur nötigen Positiveinschätzung eines Unternehmens?"

Dafür gibt der NAI der Ratingagentur eine Reihe von Kriterien an die Hand. Investierenswert sind zum Beispiel Unternehmen, die einen wesentlichen Beitrag zur ökologisch und sozial nachhaltigen Lösung zentraler Menschheitsprobleme leisten. Dazu gehören regenerative Energien, Bildung, Armutsbekämpfung, Gleichberechtigung von Frauen, anerkannte Naturmedizin. Ebenfalls gesucht wird nach Unternehmen, die eine Vorreiterrolle einnehmen im Hinblick auf die soziale Gestaltung des Produktions- und Absatzprozesses. Dazu gehören die Schaffung von Arbeits- und Ausbildungsplätzen, Sicherheit und Gesundheitsschutz am Arbeitsplatz, flache Lohnhierarchien, faire Preise für Produzenten.

Nicht investiert wird in Unternehmen, auf die die Ausschlusskriterien des NAI-Anlageausschusses zutreffen. Dazu zählen Atom- und Rüstungsunternehmen, Firmen, die Frauen, Kinder, soziale und ethnische Minderheiten diskriminieren, Gewerkschaftsarbeit unterbinden, Tierversuche vornehmen, Gentechnik einsetzen, gesundheitsschädigende Produkte wie Pestizide herstellen, intransparent sind und fortlaufend gegen Gesetze und internationale Abkommen verstoßen.

Nicht aufgenommen werden können auch Konzerne, die an solchen Unternehmen beteiligt sind.

Für seine Recherche hat der Ausschuss ein festes Budget zur Verfügung.

Vier sind heute noch dabei

Von Anfang an dabei und heute immer noch im NAI gelistet, sind der französische Hersteller von homöopathischen Arzneimitteln Boiron, der österreichische Kartonagen-Hersteller Mayr-Melnhof, der japanische Fahrradteilebauer Shimano und Tomra Systems. Die Norweger bauen Rücknahmeautomaten für Pfandflaschen.

EMMELINE PANKHURST kämpfte Anfang des 20. Jahrhunderts in Großbritannien für die Gleichberechtigung der Frauen. Ihre Theorie vom gewaltlosen Widerstand gegen das von Männern beherrschte politische System des Vereinigten Königreiches gab das Vorbild ab, an dem sich später Mahatma Gandhi orientieren sollte. Als der friedliche Protest den Frauen nicht einmal das Wahlrecht einbrachte, wurden Pankhurst und ihre Mitstreiterinnen, die Suffragetten, militant. Auf das Recht zu wählen mussten die englischen Frauen bis nach dem Ersten Weltkrieg warten.

Nicht zuletzt diese Veteranen haben viel zum Erfolg des Index beigetragen. Als der NAI 1997 mit Tomra startete, war die Einführung des Dosenpfandes in Deutschland immerhin noch sechs Jahre entfernt. Als der Recyclingmarkt ab 2003 abhob, war der Kurs der Tomra-Aktie dabei und half auch dem Wert des NAI auf die Sprünge.

Im Jahr 2003 nahmen die Weisen des NAI-Anlageausschusses den deutschen Hersteller von Fotovoltaikzellen Solarworld auf. Der bescherte dem NAI im Zusammenspiel mit der Solarförderung durch die Bundesregierung sogar regelrechte Höhenflüge. 250 Prozent pro Jahr legte die Aktie anfangs zu.

Der NAI-Ausschuss beobachtet nicht nur Unternehmen aus den westlich geprägten Industrieländern. Auch Firmen aus aufstrebenden Märkten wie Brasilien oder China sind im Fokus. Weder Brasilien noch China sind dafür bekannt, ein Hort ethischer oder ökologischer Staatsführung zu sein. Das heißt jedoch nicht, dass dortige Unternehmen keine Chance haben, in den NAI aufgenommen zu werden. Aus Brasilien hat es die Firma Natura Cosmeticos in den NAI geschafft. Das Unternehmen setzt zwei Milliarden Euro im Jahr mit Kosmetika um. Aus China ist die Firma Bio-Treat Technology drin. Die Firma entwickelt Technologien zur Abwasserbehandlung.

Nur reines Grün gefällt

Nicht alles blieb grün, was dem Anlageausschuss ursprünglich grün genug erschien, um in den NAI aufgenommen zu werden. Immer wieder mussten vielversprechende Werte von der Liste gestrichen werden, weil große Konzerne sich die Ökobonbons einverleibten. So geschehen ist es zum Beispiel mit Body Shop.

Die Dow-Jones-Sustainability-Indizes

Ein bekannter Index, der von zahlreichen Fonds als Basis für die Titelauswahl genommen wird, ist der Dow Jones Sustainability World Index (DJSI World), den die Ratingagentur SAM Group aus Zürich gemeinsam mit dem Indexanbieter Dow Jones Indexes herausgibt. Die Analysten von

SAM stellen die Titel für den Index nach dem Best-in-Class-Prinzip zusammen.

Der DJSI World umfasst 300 Aktien aus der ganzen Welt. Es sind Aktien der nachhaltigsten Unternehmen aus dem dem Dow Jones Global Total Stock Market Index. Die Dow-Jones-Sustainability-Indizes gibt es in mehreren Varianten, entweder ganz ohne Ausschlusskriterien oder wahlweise mit den Ausschlusskriterien Alkohol, Tabak, Waffen und Glücksspiel. Für Europa gibt es die Dow-Jones-Sustainability-Europe-Indizes.

SAM überprüft einmal pro Jahr die Zusammensetzung der Indizes und nimmt neue Unternehmen in das nachhaltige Anlageuniversum auf, während andere ausscheiden müssen.

Seit seiner Auflegung im September 1999 hat der DJSI World um 1,41 Prozent besser abgeschnitten als der herkömmliche Index MSCI World. Mehr zu den Dow Jones-Sustainability-Indizes ab Seite 177.

Weitere Indizes

FTSE4Good-Indizes: Ebenfalls eine weltweite Indexfamilie sind die FTSE4Good-Indizes (sprich: Footsie for Good).

Der FTSE4Good Global 100 Index besteht aus den 400 nachhaltigsten Werten aus dem allumfassenden Financial Times Stock Exchange Index, der von der Tageszeitung „Financial Times" und der Londoner Börse getragen wird.

Die Index-Serie, zu der Indizes für USA, Europa, Großbritannien und Japan zählen, gibt die Einnahmen aus den Lizenzgebühren an Unicef, das Kinderhilfswerk der Vereinten Nationen. Die Nachhaltigkeitsbewertung besorgen die Ratingagentur Eirls und Partner auf der ganzen Welt. Nicht berücksichtigt werden Unternehmen aus den Branchen Tabak, Atomwaffen, Waffensysteme und Atomkraft.

ÖkoDax: Der ÖkoDax besteht aus nur zehn Werten der Branchen Sonnen-, Wind- und Bioenergie. Seit seiner Auflegung im Juni 2007 hat er fast 70 Prozent seines Wertes verloren.

Renixx: Renixx steht für Renewable Energy Industrial Index. Erdacht haben ihn die Experten des Internationalen Wirtschaftsforums Erneuerbare Energien (IWR) in den Jahren 2005 und 2006. Herausgekommen ist der weltweit erste Branchen-Aktienindex für erneuerbare Energien. Das IWR wurde 1996 gegründet und ist ein Institut der Regenerativen Energiewirtschaft. Der Index enthält 30 Werte. Der Renixx notierte am 28. April 2006 erstmals, und zwar bei 1 000 Punkten. Am 28. September 2010 stand er bei 577 Punkten.

PPVX: Der PPVX ist ein reiner Index für Solarwerte. Aufgelegt haben ihn die Zeitschriften „Photon" und „Öko-Invest". Er enthält nur Unternehmen, die mindestens 50 Prozent ihres Umsatzes mit Solarenergie erzielen. In ihm gelistet sind die 30 weltweit größten Solarunternehmen. Gemessen wird der Wert an der Börse. Im August 2001 mit 1 000 Punkten gestartet, notierte der PPVX am 24. September 2010 bei 2 505 Punkten.

RENTENFONDS: WELCHE ANLEIHEN SIND SAUBER?

Anleger, die sich ein grünes Fondsdepot zusammenstellen, sollten auf keinen Fall nur Aktienfonds kaufen, sondern einen Teil ihres Geldes auch in sichere Papiere investieren. Infrage kommen dafür zum Beispiel Rentenfonds Euro. Diese Fonds kaufen Anleihen von Unternehmen und von Staaten. Es sind alles Papiere, die auf Euro lauten. Papiere, die in amerikanischen Dollar oder anderen Fremdwährungsanleihen ausgegeben sind, werden gegenüber dem Euro abgesichert.

Im Gegensatz dazu kaufen Rentenfonds Welt auch Anleihen in fremden Währungen. Sie eignen sich daher nicht als Basisinvestments, sondern nur zur Beimischung.

Die Auswahl

Die Auswahl an grünen Unternehmensanleihen funktioniert im Grunde genauso wie die der Aktien für einen Aktienfonds. Die Analysten schauen sich die Unternehmen an und prüfen sie auf ethische und ökologische Aspekte. In Sachen Nachhaltigkeit spielt es keine Rolle, ob Fondsmanager die Aktien oder die Anleihen bestimmter Firmen kaufen. Wirtschaftlich betrachtet ist es ein großer Unterschied.

Aktien sind im Gegensatz zu Anleihen immer eine riskante Geldanlage. Anleihen sind deutlich sicherer, sofern das Unternehmen oder der Staat, der sie herausgibt, solide wirtschaftet. Die von uns untersuchten Rentenfonds Euro kaufen überwiegend sichere Anleihen. Deshalb sind sie als Sicherheitsbaustein für ein Fondsdepot gut geeignet (siehe auch Kapitel Vermögensaufbau, Seite 103).

Was die Wertentwicklung angeht, liegen die sauberen Rentenfonds Euro hinter den besten herkömmlichen Rentenfonds Euro zurzeit ein wenig zurück. Während die besten herkömmlichen Rentenfonds über die vergangenen fünf Jahre mehr als 5 Prozent pro Jahr brachten, schafften die sauberen nur bis zu 4 Prozent. In den vergangenen zwölf Monaten haben sie stark aufgeholt – dank der Unternehmensanleihen, die zuletzt gut gelaufen sind.

Bis auf eine Ausnahme kaufen die sauberen Rentenfonds in unserem Test beides, sowohl Staats- als auch Unternehmensanleihen. Der Fonds Ökoworld Ökotrend Bonds kauft ausschließlich Staatsanleihen.

Über die Nachhaltigkeit von Staaten

In den USA wird trotz großer Worte der Umweltschutz noch immer recht klein geschrieben. Auch in ethischer Hinsicht weist das Land viele Fehler auf: Nach wie vor werden dort Menschen hingerichtet, außerdem führen die Vereinigten Staaten Kriege. Für ethisch-ökologische Rentenfonds kommen amerikanische Staatsanleihen als Investment daher nicht infrage. Streng genommen kommt auch kaum ein anderes Land infrage. Selbst Deutschland, ökologisch ein Vorbild, die Todesstrafe längst Vergangenheit, dürfte nicht dabei sein, denn auch Deutschland ist an internationalen Kriegsschauplatzen vertreten.

Keine Todesstrafe erlaubt

Das Staatenrating geht ähnlich vor sich wie das Unternehmensrating. Die meisten Fonds und Ratingagenturen arbeiten mit Ausschluss- und mit positiven Auswahlkriterien.

Von einem Investment ausgeschlossen sind zum Beispiel Staaten, die autoritär regiert werden, die Todesstrafe anwenden, Geldwäsche dulden und nicht gegen Korruption vorgehen. Ebenfalls nicht infrage kommen Staaten, die Atomwaffen besitzen und überproportional viel Geld für Waffen ausgeben. Weitere Ausschlussgründe sind die Förderung der Atomenergie und ein mangelhafter Klimaschutz. Dazu kann auch zählen, sich wie die USA beharrlich zu weigern, das Kyoto-Protokoll (siehe Seite 78) zu ratifizieren.

Für die Münchner Ratingagentur oekom research zum Beispiel, auf deren Know-how sich viele Fondsmanager beziehen, gehören die Anleihen eines Landes auch dann nicht ins Portfolio, wenn es systematisch die von der Internationalen Arbeitsorganisation (ILO) verlangten Arbeitsrechte verletzt und Kinderarbeit zulässt. Ein weiterer Ausschlussgrund ist Euthanasie. Dies ist vor dem Hintergrund der in zahlreichen europäischen Ländern geführten Diskussion über aktive Sterbehilfe interessant. Insgesamt untersucht oekom Staaten nach 150 Kriterien, darunter auch, ob sie wie Japan noch Walfang betreiben.

Freiheit ist gefragt

Die positiven Auswahlkriterien, mit denen sich ein Land für ein Investment qualifizieren kann, lassen sich grob in politische und soziale sowie ökologische einteilen. Die politischen Kriterien fragen danach, ob ein Land demokratisch verfasst ist, ob ein Recht auf freie Meinungsäußerung besteht, welche Rechte Frauen haben und ob die Regierung unbestechlich und im Interesse der Bürger arbeitet.

Soziale Kriterien erfassen das Bildungs- und Gesundheitssystem eines Landes sowie den Zustand des Arbeitsmarktes. Die Umweltanstrengungen eines Landes lassen sich am Kohlendioxidausstoß, am Wasserschutz und an der Biodiversität ablesen.

Wen es interessiert

Die Ratingagenturen, die die Nachhaltigkeit der Unternehmen bewerten, bieten meistens auch ein Staatenrating an. Zielgruppe sind in erster Linie grüne Investoren, die Staatsanleihen kaufen, zum Beispiel ethisch-ökologische Banken oder Fondsgesellschaften, die mit diesen Papieren ihre Rentenfonds bestücken. Staatenrating kann aber auch für die Bewertung von Unternehmen wichtig werden, zum Beispiel dann, wenn ein Unternehmen Geschäfte mit oder in Staaten macht, die demokratische Grundrechte mit Füßen

INFO **Kyoto-Protokoll**

Das Kyoto-Protokoll ist eine Vereinbarung von 192 Staaten, mit der der Ausstoß von Kohlendioxid und weiteren Klimagasen in die Atmosphäre begrenzt und die Erderwärmung abgemildert werden soll. Die Erderwärmung führt nachweislich zu einem Ansteigen der Meeresspiegel. Schon heute fürchten die Bewohner von Inselstaaten wie zum Beispiel der Malediven, dass ihre Länder von der Landkarte verschwinden.

Treibhausgase entstehen vor allem durch Energieerzeugung, aber auch durch den Kahlschlag von Wäldern in den Tropen. Etwa drei Viertel dieser Gase bestehen aus Kohlendioxid. Das entsteht beim Verbrennen von Erdöl, Kohle und Holz. Deutsche Kohlekraftwerke zum Beispiel sind bedeutende Klimasünder. Je mehr Kohlendioxid die Atmosphäre enthält, desto weniger Wärme strahlt ab. Diesen Effekt nennen Wissenschaftler Treibhauseffekt.

Um über den Treibhauseffekt zu beraten, treffen sich die Vertreter der 192 Staaten zu sogenannten „Weltklimagipfeln". 1997 war die japanische Stadt Kyoto Gastgeberin. Diese Konferenz endete mit der Verabschiedung des Kyoto-Protokolls. Inhalt der Vereinbarung war, den Ausstoß der sechs wichtigsten Treibhausgase so zu begrenzen, dass er bis 2012 um insgesamt 5,2 Prozent unter dem Wert von 1990 liegt. Deutschland verpflichtete sich darin, seinen Treibhausgas-Ausstoß zwischen 2008 und 2012 um 21 Prozent zu senken. Dieses Ziel ist bereits erreicht. Die USA, die allein für ein Viertel der weltweiten Treibhausgas-Emissionen verantwortlich sind, haben das Kyoto-Protokoll als einziger Industriestaat nicht in Kraft gesetzt. Sie sollten ihren Ausstoß bis 2012 um 7 Prozent senken. Tatsächlich hat er sich gegenüber 1990 um 15,8 Prozent erhöht. Diese Zahlen nennt das Bundesministerium für wirtschaftliche Zusammenarbeit.

Entwicklungs- und Schwellenländer wie China, Indien und Brasilien sind bislang nicht dazu verpflichtet, ihren Treibhausgas-Ausstoß zu senken. Trotz der wirtschaftlichen Aufholjagd dieser Volkswirtschaften ist ihr Beitrag zum Treibhausgas-Gesamtausstoß der Weltindustrie gering.

Das hohe Wirtschaftswachstum dieser Länder in den vergangenen Jahrzehnten soll sich nun in höherer Verantwortung für das Weltklima widerspiegeln, finden die Industrieländer. Die Gescholtenen erwidern regelmäßig und unisono, dass erst mal die Industriestaaten ihre Hausaufgaben machen und CO_2 einsparen sollen.

treten, Minderheiten diskriminieren oder unmenschliche Arbeitsbedingungen zulassen. Das ist auch für Banken und Fondsmanager, die Aktien kaufen, von Interesse.

Es ist noch nicht so lange her, da führten Staatenratings unterschiedlicher Agenturen mehr oder weniger immer zum gleichen Ergebnis. Nachhaltig konnten nur Staaten sein, die der Organisation wirtschaftlich entwickelter Länder (OECD) angehörten. Um eine Anlage halbwegs ins ethisch-ökologische Fahrwasser zu bugsieren, mussten die Investoren dann nur noch die USA und Japan wegen der Todesstrafe ausschließen, Frankreich wegen der überproportional auf Kernkraft setzenden Energiepolitik. Heute ist die Welt nicht mehr so einfach. Die OECD ist auf 34 Mitgliedsstaaten angewachsen. Brasilien, die Volksrepublik China, Indien, Indonesien und Südafrika klopfen bereits an die Tür. Die Ratingagenturen müssen deutlich mehr Staaten im Blick haben als früher.

Ein Musterportfolio in sattem Grün

Die evangelische Kirche in Nordrhein-Westfalen zum Beispiel hat in einem Leitfaden vergleichsweise strenge Anforderungen an ein Investment in Staatsanleihen gestellt. Keine Chance auf dem Anleihemarkt sollten demnach Staaten bekommen, die im Entwicklungsbericht der Vereinten Nationen für extreme wirtschaftliche und soziale Ungleichheit verantwortlich gemacht werden (Gini Index), die Frauen spürbar geringere Chancen einräumen, sich zu bilden und am wirtschaftlichen und gesellschaftlichen Leben teilzunehmen (Gender Empowerment Measure des Entwicklungsberichts der Vereinten Nationen), die schwere Menschenrechtsverletzungen begehen (Jahresbericht von Amnesty International), oder die bis tief in die Gesellschaft korrupt sind (Transparency International), die das Kyoto-Protokoll nicht ratifiziert haben, die dem Abkommen zur Erhaltung der Biodiversität nicht beigetreten sind (UNEP), die das Abkommen über den internationalen Handel mit bedrohten Tier- und Pflanzenarten ignorieren (CITES), die den Einsatz erneuerbarer Energien nicht fördern und die im Verhältnis zu ihrer Fläche zu wenige Naturschutzgebiete ausweisen.

Kaufen kann man Anleihen von Staaten, die die Ausbeutung von Arbeitnehmern erschweren, indem sie sich dafür einsetzen, dass Arbeit vernünftig bezahlt wird, die die Wochenarbeitszeit auf 48, in Ausnahmefällen 60 Stunden begrenzt haben, die keine extremen Unterschiede zwischen Arm und Reich begünstigen, die sich an der internationalen Entwicklungshilfe beteiligen, die aktiv Umweltschutz betreiben und die Wirtschaft im Land mit Gesetzen an der Zerstörung von Umwelt und dem verschwenderischen Verbrauch von Ressourcen hindern, die den Einsatz von gefährlichen Stoffen untersagen und den Verbraucherschutz fördern. Bemerkenswert ist, dass der Punkt Rüstung und Waffen nicht vorkommt.

INFO **Freedom House**

Die amerikanische Nichtregierungsorganisation Freedom House ist eine immer wieder genannte Quelle beim ethischen Staatenrating. Freedom House ist keine Ratingagentur. Ihre Wertungen fließen aber in zahlreiche ethisch-ökologische Staatenratings ein. Die Organisation Freedom House wurde 1941 gegründet. Ihr erklärtes Ziel war, die Amerikaner für den Kampf gegen Hitler zu begeistern.
www.freedomhouse.org

So wertet Freedom House

Freedom House unterscheidet zwischen politischen Rechten und bürgerlichen Freiheiten. Beide Felder werden auf einer von 1 bis 7 reichenden Skala bewertet.
Eine 1 auf der Skala für politische Rechte bedeutet, dass ein Staat freie Wahlen abhält, die politische Willensbildung durch Parteien fördert, die jeweilige Opposition in die politische Entscheidungsfindung einbezieht und die Interessen von Minderheiten schützt.
Eine 6 bekommen Staaten, an deren Spitze Diktatoren oder Militärregierungen stehen, die ihre Bevölkerungen kaum am politischen Leben beteiligen.
Die 7 ist für Staaten vorgesehen, in denen es überhaupt keine politischen Rechte gibt.
Eine 1 bei den bürgerlichen Rechten bedeutet, dass das Land allen Bürgern gleiche Chancen einräumt. Jeder ist vor dem Gesetz gleich. Es herrscht Versammlungs- und Religionsfreiheit, das Recht, sich frei zu entfalten und frei zu sprechen.
Eine 6 gibt es für Staaten, die diese Rechte stark eingeschränkt haben, die Wirtschaft streng kontrollieren und den Menschen nur in ihren eigenen vier Wänden erlauben, frei zu sprechen.
Eine 7 erhalten Staaten, die nicht einmal das zulassen.

Kritik an Freedom House

Eine Weltkarte auf der Internetseite von Freedom House zeigt, welche Staaten die Organisation als frei, teilweise frei und nicht frei einschätzt. Die Einteilung folgt im Grunde dem Frontverlauf des Kalten Krieges, wenn man die inzwischen zur Europäischen Union gestoßenen ehemaligen Satellitenstaaten der damaligen Sowjetunion ausnimmt.
Das Bild ist nicht wirklich scharf. Das Touristentraumziel Kuba, in dem viele vor allem europäische Länder investieren, steht laut Freedom House auf der gleichen Stufe wie der gescheiterte Staat Somalia. Russland, mit dem Deutschland einen Teil seiner zukünftigen Energieversorgung organisiert, gewährt demnach seinen Bürgern

lediglich politische Rechte und bürgerliche Freiheiten wie die Extremdiktatur Nordkorea.
Ein Staat wie Bolivien, der US-amerikanischen Firmen das Recht verweigert, auf seinem Territorium Bodenschätze auszubeuten, gilt nur als teilweise frei. Indonesien dagegen, das gemäß Transparency International ähnlich wie Bolivien korrupt ist, das aber darüber hinaus zulässt, dass seine Regenwälder von ausländischen Konzernen zerstört werden, ist überraschenderweise ein freies Land.

Die Fonds gehen mit diesem Punkt unterschiedlich um.

Bei der Fondsgesellschaft Kepler achtet man darauf, dass das Rüstungsbudget nicht zu hoch ausfällt. Das Rüstungsbudget darf nicht größer sein als 3 Prozent vom Bruttoinlandsprodukt (BIP). Länder, die laut SIPRI (Stockholm International Peace Research Institute) Atomwaffen besitzen, kommen ebenfalls nicht infrage.

Sarasin will keine Länder mit ABC-Waffen „ohne konkrete Abrüstungspläne".

Bei Espa und KCD hingegen taucht „Rüstung" als Kriterium gar nicht erst auf.

Die Quellen der Information

Ratingagenturen wie imug, oekom und Inrate sowie die Research-Abteilungen von grünen Banken greifen für ihre Recherchen auf die Informationen zurück, die die Staaten selbst zur Verfügung stellen. Da die unter Umständen geschönt sein können, ziehen sie zusätzlich die Berichte von Nichtregierungsorganisationen wie Amnesty International, Greenpeace oder Freedom House zu Rate.

Unsere Untersuchung

In unserem Test sind nur sechs nachhaltige Rentenfonds Euro. Das liegt daran, dass das Angebot an Fonds, die schon mindestens fünf Jahre alt sind, nur so klein ist. Anleger, die nur in Staatsanleihenfonds investieren wollen, können auch auf herkömmliche Rentenfonds Euro ausweichen, die in Bundeswertpapiere investieren. Diese Papiere sind in den sauberen Rentenfonds Euro ohnehin häufig zu finden. Ausgewertet haben wir die Rentenfonds Euro ähnlich wie die Aktienfonds Welt. Wir ordnen die Ausschluss- und Auswahlkriterien in eine ökologische und eine ethisch/soziale Sparte ein. Wir zeigen außerdem, ob die Ausschlusskriterien nur auf das Unternehmen selbst oder auch auf Beteiligungen und Zulieferer bezogen werden. Der einzige Unterschied zur Analyse der Aktienfonds ist der, dass es keinen Punkt „Engagement" gibt. Das liegt daran, dass der Anleihekäufer anders als der Aktionär kein Mitspracherecht hat. Insofern ist eine Einflussnahme auf die Unternehmensführung schwierig. Bei Staaten erübrigt sich dieser Punkt ohnehin.

RENTENFONDS EURO, DIE SAUBER ANLEGEN

	Espa Vinis Bond T	KCD-Union Nachhaltig Renten
Isin (Kennnummer)	AT 000 068 608 4	DE 000 532 652 4
Auflage des Fonds	15. 3. 2002	1. 3. 2001
Schwerpunkt laut Prospekt	Öko und Ethik	Öko und Ethik
Anzahl Titel/Volumen (Millionen Euro)	110 / 102	90 / 92
Anteil Staatsanleihen (Durchschnitt %)	33	20
Rendite 1 Jahr/5 Jahre (Prozent pro Jahr)	11,2 / 3,8	12,9 / 3,6
Finanztest-Bewertung (Punkte)	47,8	47,5
Bewertung der Nachhaltigkeit von Staaten		
Ökologische Ausschlusskriterien	□	□
Ökologische Auswahlkriterien	■	□
Ethische Ausschlusskriterien	■	■
Ethische Auswahlkriterien	■	■
Bewertung der Nachhaltigkeit von Unternehmen		
Ökologische Nachhaltigkeit		
Ausschlüsse		
Atom- und Kernenergie	■	□
Erdöl- und Erdgasförderung	■	□
Bergbau und Rohstoffminen	□	□
Umstrittene Chemie	□	◨
Autos/Flugzeuge	□/□	□/□
Grüne Gentechnik	■	□
Industrielle Tierhaltung/Walfang	□/□	□/□
Auswahlkriterien		
Umweltmanagementsystem	□	■
Ökoeffizienz	■	■
Weitere	■	■

■ = Ja. □ = Nein. ◨ = Ein geringer Umsatzanteil wird toleriert.

1) Der Fonds enthält nur Staatsanleihen.

Kepler Ethik Rentenfonds A	Dexia Sustainable Euro Bonds C Dis	Sarasin Sustainable Bond EUR	Ökoworld Ökotrend Bonds[1]
AT 000 081 500 6	BE 094 333 510 0	LU 015 893 893 5	LU 018 309 289 8
5. 5. 2003	8. 7. 2004	6. 1. 2003	15. 3. 2004
Ethik	Öko und Ethik	Öko und Ethik	Öko und Ethik
100 / 54	170–200 / 272	105 / 115	K. A. / 9
60	40	14	100
10,4 / 3,2	11,5 / 2,6	8,2 / 3,0	–6,0 / –0,3
42,4	35,8	34,1	32,0
■	■	□	■
■	■	■	■
■	■	■	■
■	■	■	■
◨	□	◨	–
□	□	□	–
□	□	□	–
◨	□	◨	– / –
□ / □	□ / □	□ / □	–
◨	□	◨	–
□ / □	□ / □	□ / □	– / –
■	■	■	–
■	■	■	–
■	■	■	–

2) Nur ausbeuterische Kinderarbeit. 3) Teilweise. K. A. = Keine Angabe seitens des Fondsanbieters. – = Entfällt. Stand: 28. Februar 2010

FORTSETZUNG: RENTENFONDS EURO, DIE SAUBER ANLEGEN

		Espa Vinis Bond T	KCD-Union Nachhaltig Renten
Ethische und soziale Nachhaltigkeit	**Ausschlüsse**		
	Waffen/Rüstung	■	◨
	Alkohol/Tabak	□/■	◨/◨
	Glücksspiel	□	◨
	Pornografie/Prostitution	■/□	◨/◨
	Kinderarbeit	■	■
	Tierversuche	■	■
	Abtreibung	■	■
	Menschenrechtsverletzungen	□	□
	Arbeitsrechtsverletzungen	■	□
	Auswahlkriterien		
	Verhaltensrichtlinien	■	■
	Gleichberechtigung	■	K. A.
	Mindestsozialstandards	■	■
	Weitere	■	□
	Reichweite der Ausschlusskriterien		
	Innerhalb des Unternehmens	■	K. A.
	Auch für 50%-Beteiligungen	■	K. A.
	Auch für 20%-Beteiligungen	■	K. A.
	Auch für Zulieferer	□	K. A.
	Methode bei Auswahl		
	Best-in-Class	■	■
	Unabhängiger Anlageausschuss		
	Beratend oder entscheidend	Beratend	□
	Nachhaltigkeitsbewertung		
	Extern durch	Oekom, Riskmetrics	Bank Sarasin
	Intern vom Management getrennt	□	□
	Intern durch Fondsmanagement	■	□
	Transparenz		
	Kriterien im Prospekt verankert	■	□
	Nach Eurosif-Transparenzleitlinien	■	□

■ = Ja. □ = Nein. ◨ = Ein geringer Umsatzanteil wird toleriert.

1) Der Fonds enthält nur Staatsanleihen.

Kepler Ethik Rentenfonds A	Dexia Sustainable Euro Bonds C Dis	Sarasin Sustainable Bond EUR	Ökoworld Ökotrend Bonds[1]
■	◨	◨	–
◨/◨	□/□	□/◨	–/–
◨	□	◨	–
◨/◨	□/□	◨/□	–
■	■	■[2]	–
◨	■	□	–
■	□	□	–
■	■	■	–
■	■	■	–
■	■	■	–
■	■	■	–
■	■	■	–
■	■	■	–
■	■	■	–
■	■	■	–
□	■	■	–
■	□	□	–
■	■	■	–
Entscheidend	Beratend	Entscheidend	Entscheidend
Oekom	□	□	□
□	■	■	■
□	□	□	□
■[3]	□	■[3]	■[3]
■	■	■	□

2) Nur ausbeuterische Kinderarbeit. 3) Teilweise. K. A. = Keine Angabe seitens des Fondsanbieters. – = Entfällt. Stand: 28. Februar 2010

FONDS, DIE AKTIEN UND ANLEIHEN MISCHEN

Anleger, die ihr Geld nicht selbst auf Aktien- und Rentenfonds aufteilen möchten, können auch Mischfonds kaufen. Die Manager dieser Fonds kaufen Aktien und Anleihen, das Mischungsverhältnis kann dabei höchst unterschiedlich sein. Manche kaufen viele Aktien, manche überwiegend Anleihen. Je größer der Aktienanteil ist, desto riskanter sind die Fonds.

Saubere Mischfonds wählen die Aktien und Anleihen nach ethisch-ökologischen Kriterien aus. Wie die herkömmlichen Fonds gehen sie dabei unterschiedliche Risiken ein – entweder weil sie mehr Aktien als Anleihen kaufen oder weil sie einen hohen Anteil an Unternehmensanleihen haben.

Unsere Untersuchung

In unserem Test sind zwölf nachhaltige Mischfonds enthalten. Wir sortieren die Fonds in unterschiedliche Gruppen, je nach dem Risiko, das sie eingehen. Die Qualität der Fonds messen wir an einem passenden Vergleichsindex. Mischfonds „mit geringem Risiko" kaufen meist überwiegend sichere Anleihen und wenige Aktien. In die Gruppe fällt der INIK-Fonds (Tabelle, siehe Serviceteil, Seite 202).

Je höher das Risiko, desto mehr Aktien sind meistens drin. Ein höheres Risiko kann aber auch durch einen Anteil an riskanteren Anleihen entstehen, zum Beispiel durch einen höheren Bestand an Unternehmensanleihen.

Bei fünf Mischfonds ist das Risiko erhöht. Die Schwankungsanfälligkeit ist vergleichbar mit einem Mix aus 20 bis 40 Prozent Aktien und entsprechend 80 beziehungsweise 60 Prozent Anleihen.

In diese Gruppe haben wir die Fonds Dr. Hoeller Prime Values Income, Superior 3 Ethik von der Gesellschaft Schelhammer und Schattera, WestLB Mellon Werte Fonds, Dexia Sustainable European Balanced Low sowie den Fonds für Stiftungen von Invesco einsortiert (siehe Seite 200). Der Fonds von Dr. Hoeller zum Beispiel hatte per 31. August 2010 rund 18 Prozent Aktien und 82 Prozent Anleihen im Portfolio. Der WestLB-Fonds dagegen hatte 72 Prozent Anleihen, 26 Prozent Aktien und 2 Prozent flüssige Mittel.

Mischfonds mit hohem Risiko entsprechen einer Mischung aus 40 bis 60 Prozent Aktien und entsprechend 60 bis 40 Prozent Anleihen. In diese Gruppe fallen der Dr. Hoeller Prime Values Growth Fonds, der Dexia Sustainable European Balanced Medium und der Fonds für Orden und Ökumene von Invesco.

Zwischen diesen beiden Gruppen liegen der Sarasin Oekosar Portfolio und der Swisscanto Green Invest Balance.

Unser Tipp: Anleger sollten sich vor dem Kauf eines Mischfonds nicht nur mit dessen Nachhaltigkeitskonzept beschäftigen, sondern auch eingehend mit der Anlagestrategie. Mehr zu den Mischfonds siehe Tabellen im Serviceteil ab Seite 198.

BRANCHENFONDS: NEUE ENERGIEN, WASSER & CO.

Urgrüne Anliegen – erneuerbare Energien, Energieeffizienz, Recycling – finden Anleger in den Umwelttechnologiebranchenfonds. Ein eigenes Feld besetzen Wasserfonds. Sie beschäftigen sich mit der Aufbereitung von Trinkwasser oder Bewässerungssystemen für die Landwirtschaft.

Umwelttechnologie / Klimawandel / Neue Energien

Sie heißen Neue-Energien-Fonds oder Klimawandelfonds, manchmal heißen sie auch Cleantech- oder schlicht Umwelttechnikfonds. Ihre Manager bestücken sie mit Unternehmen, die grüne Energie erzeugen, sie speichern und durch intelligente Netze leiten können. Sie investieren in Firmen, die Emissionen kontrollieren und überwachen oder den Energieverbrauch in Gebäuden senken können.

Aber nicht nur Energie ist ihr Thema. Sie sind interessiert an intelligenten Fabriken, die weniger Ressourcen verbrauchen, oder an der Software, mit der sich Verkehrsströme lenken lassen. Sogar Pflanzenschutzmittel können zur Umwelttechnik zählen, wenn sie natürlich sind und das Auslaugen von Böden verhindern. Last but not least gehören die Aufbereitung von Rohstoffen und die Abfallbehandlung zu den Investmentthemen dieser Fonds.

Auf den Komplex der Investments rund ums Wasser gehen wir gesondert ein (siehe Seite 89).

Geldanlage bläst CO_2 in die Luft

Dass sich Geldanlagen in diese Fondsfamilie lohnen können, hat im Mai 2010 sogar das Bundesumweltministerium festgestellt. „Jede Privatanlegerin und jeder Privatanleger kann durch bewusste Lenkung des Kapitals zum Klimaschutz beitragen", sagte der zuständige Minister Norbert Röttgen damals. Klimafreundliche Kapitalanlagen sorgten demnach für 43 Prozent weniger Treibhausgase als konventionelle Fonds ohne Nachhaltigkeitsanspruch.

In konkreten Zahlen heißt das laut der Studien des Bundesumweltministeriums, dass 10 000 in konventionellen Fonds angelegte Euro den Ausstoß von rund fünf Tonnen Treibhausgasen mitfinanzieren. Die klimafreundliche Geldanlage kommt dagegen mit zwei Tonnen Gasen weniger aus.

Rosige Zeiten für grünes Geld

Der Gewinn für die Umwelt und die Lebensqualität nachfolgender Generationen scheint also garantiert. Wie aber sieht es mit den Gewinnen und den Risiken im Hier und Jetzt aus?

Gar nicht so schlecht. Das Bevölkerungswachstum insbesondere in aufstrebenden Ländern wie China, Indien, Indonesien, Russland und Brasilien sowie die damit einhergehende Knappheit von Energie, Wasser und Rohstoffen sorgt für eine stetige Nachfrage nach Waren und Dienstleistungen aus der Umwelttechnik-Branche.

SANDRA POSTELS Buch „Die letzte Oase – Der Kampf um das Wasser" aus dem Jahr 1993 rüttelte auf. Es behandelt die Notwendigkeit, ethisch mit den Wasserreserven umzugehen. Um auf Politiker und Institutionen einzuwirken, Wasser nachhaltig zu bewirtschaften, gründete Postel 1994 das Global Water Policy Project mit Sitz in New Mexico, USA. Zudem ist sie im Vorstand der National Geographic Society für Trinkwasserforschung zuständig.

Die Entwicklung der Umwelttechnologie auf den Weltmärkten übertrifft alle bisherigen Vorhersagen.

Im Greentech-Atlas 2.0 der Unternehmensberatung Roland Berger Strategy Consultant, entstanden im Auftrag des Bundesumweltministeriums, sagen die Autoren eine Verdoppelung des Umsatzes der globalen Umweltindustrien bis zum Jahr 2020 auf 3,1 Billionen Euro voraus. Nach ihren Erwartungen gefragt wurden dafür 1 300 Unternehmen und 200 Forschungseinrichtungen.

Deutsche Unternehmen werden von diesem Boom profitieren. Schon heute halten die Unternehmen der Umweltbranchen von der Energieerzeugung bis zur nachhaltigen Mobilität je nach Segment zwischen sechs und 30 Prozent der Weltmarktanteile. So soll es zum Beispiel auf der ganzen Welt kein Windrad geben, in dem nicht irgendein in Deutschland hergestelltes Teil verbaut ist. Ganz stark treten die deutschen Hersteller von Biogasanlagen auf. Rund 90 Prozent der Anlagen auf der Welt stammen von Herstellern in Deutschland.

Branchenfonds bergen Risiken

Auch für die Umwelttechnologiefonds gilt: Je breiter über die zur Auswahl stehenden Branchen und Regionen gestreut wird, desto stabiler entwickeln sich die Fonds und desto besser sind sie gegen Verluste gefeit. Investiert ein Fonds jedoch ausschließlich in die Aktien von Solarunternehmen, Windanlagenbauern oder Gesellschaften eines anderen spezialisierten Segments, steigen die Risiken. Gerät eine einzelne Branche in die Krise, geraten die auf diese Branche setzenden Fonds mit in den Abwärtssog. Fonds, die nicht alle Eier in einem Korb liegen haben, erleiden dann zwar auch Verluste, können sie aber durch Gewinne auf anderen Gebieten ausgleichen oder zumindest dämpfen. Umwelttechnologiefonds sind für Anleger mit guten Nerven geeignet, die starke Kursausschläge nicht in Panik versetzen.

Umweltfonds sind nicht per se ökologisch

Umwelttechnologiefonds achten bei der Titelwahl nicht zwingend auf ethische und ökologische Kriterien. Zur „grünen" Geldanlage gehören sie wegen ihrer Themen.

So hat der Black Rock Fund New Energy keinerlei Positiv- und Ausschlusskriterien. Das führt dazu, dass im August 2010 5,5 Prozent des Fondsvolumens von rund 2,7 Milliarden US-Dollar in das Unternehmen Archer-Daniels-Midland investiert waren. Der Konzern zählt zu den größten Verarbeitern von Getreide und Ölsaaten. Ein Schwerpunkt ist die Herstellung von Biodiesel.

Im Mai nahm das Unternehmen den siebten Platz unter den 100 größten Luftverschmutzern der USA ein. Die Liste wird vom Political Economy Research Institute (Institut für politische Wirtschaftsforschung) der Universität in Massachusetts Amherst erstellt (http://www.peri.umass.edu/toxic_index/). Auch die Aktie von John Matthey, einem Hersteller von Autokatalysatoren und Zulieferer von Minengesellschaften, fände wohl in vielen ethisch-ökologisch ausgerichteten Fonds keinen Platz.

Trotzdem überschneiden sich die Portfolios des Blackrock Funds und, um das Beispiel eines ethisch-ökologischen Fonds zu wählen, des KBC Eco Fund Alternative Energy.

Beide setzen in ihren Top-Ten-Positionen auf den deutschen Windkraftanlagenbauer Vestas sowie den Chemiekonzern Wacker Chemie. Die Münchner stehen vor allem für die Herstellung von Siliziumprodukten für die Herstellung von Solarzellen. Auch der spanische Versorger Iberdrola findet sich trotz seines aktiven Engagements für die Atomenergie in beiden Listen.

Wasserfonds

Wasser ist ein sehr knappes Gut. Wir bewohnen zwar einen Wasserplaneten – rund 71 Prozent der Erdoberfläche sind von Wasser bedeckt – und die gesamte Wassermenge beträgt rund 1,4 Milliarden Kubikkilometer. Mehr als 90 Prozent davon schwappen jedoch als Salzwasser in den Meeren.

Nur etwa 3 Prozent des gesamten auf der Erde vorhandenen Wassers ist Süßwasser. Das meiste davon wiederum ist im Eis gebunden oder lagert unter der Erde. Nur 1 Prozent ist in Flüssen und Seen zugänglich.

Bittere Konkurrenz um das Süßwasser

Wasser wird immer knapper. Immer mehr Menschen konkurrieren um das kostbare Nass. Diese Menschen wollen ernährt werden. Die Bewässerung von Anbauflächen für Nahrungsmittel verschlingt bereits rund 70 Prozent des brauchbaren Süßwassers.

Etwa eine Milliarde Menschen müssen bis heute auf sauberes Trinkwasser verzichten. Die meisten davon leben in Asien. Die Abwasserentsorgung ist für 2,6 Milliarden Menschen nicht geregelt. Bis 2015 sollen sich diese Zahlen halbiert haben, planen die Vereinten Nationen. Trotz beachtlicher Erfolge in den vergangenen Jahren bleibt dies ein frommer Wunsch. Im Gegenteil: Der Weltklimarat rechnet in den kommenden Jahren eher mit noch mehr Menschen, die unter Wassermangel leiden.

Wasser versickert unter den Städten

Für Unternehmen, die Trinkwasser- und Abwassersysteme herstellen oder beim Wassersparen helfen können, gibt es viel zu tun. Die Branche gehe goldenen Zeiten entgegen, sagen Fachleute. Die Leitungen in vielen Städten der westlichen Welt sind 100 Jahre und älter. Aus zahlreichen Lecks versickert bis zu 30 Prozent des geförderten Trinkwassers im Untergrund. London zum Beispiel hat in den vergangenen Jahren rund 1 600 Kilometer Wasserleitungen aus dem 19. Jahrhundert ausgetauscht, um den Wasserschwund zu begrenzen.

In den USA gab es bis vor Kurzem keine Wasserzähler. Die Verbraucher zahlten Pauschalen und verschwendeten das Wasser. Aber auch das Land der unbegrenzten Möglichkeiten fällt trocken. Seit einiger Zeit gehen die US-Kommunen dazu über, den Verbrauch mit Wasseruhren zu messen, um so ihre Kunden zum Wassersparen anzuhalten. Auch in Europa ist der Einsatz von Wasseruhren noch nicht selbstverständlich. In Spanien zum Beispiel verläuft die Entwicklung ähnlich wie in den USA.

In Deutschland gehören Wasseruhren schon seit Jahrzehnten zum Alltag. Aber ihre Technik gilt in vielen Fällen als veraltet.

Der Bundesgerichtshof hat im April 2010 entschieden, dass die Wasserwerke veraltete Wasserzähler austauschen müssen, wenn der Kunde dies verlangt. Deshalb erlebt auch Deutschland einen kleinen Wasserzähler-Boom.

Computer helfen Wasser sparen

Dass Unternehmen, die Filter, Ventile oder Pumpen herstellen, zur Wasserbranche gehören, liegt auf der Hand. Eine Softwareschmiede würde man vielleicht nicht sofort dazuzählen. Tatsächlich wächst die Bedeutung der Informatik für die Wasserversorgung der Welt, nicht nur bei der Abrechnung bereits verbrauchter Wassermengen. Die Landwirtschaft in trockenen Regionen setzt künftig auf Steuerungssoftware, die das Wasser punktgenau auf die Wurzeln der angebauten Pflanzen verteilt. Berechnungen für Indien zeigen, dass sich dadurch der Anteil der Menschen ohne Zugang zu sauberem Frischwasser von 70 Prozent auf 40 Prozent drücken ließe. Die neuartigen Bewässerungsmethoden sparen nämlich nicht nur Wasser, sie verringern auch die Belastung der Gewässer und des Grundwassers mit Pestiziden. Dies gelingt, weil kein Gießwasser mehr die Schadstoffe von den Pflanzen wäscht und in den Boden spült.

Ohne sauberes Wasser herrscht Elend

In den Siedlungen in Schwellen- und Entwicklungsländern gibt es oft gar keine Wasser- und Abwassersysteme. Sie müssen erst aufgebaut werden. Täglich sterben 5 000 Kinder, weil sie kein sauberes Wasser trinken und in schrecklichen hygienischen Verhältnissen leben müssen. Diese Zahl nennt Unicef, das Kinderhilfswerk der Vereinten Nationen.

Aufbau und Erneuerung der Wasserinfrastruktur in den Schwellen- und Entwicklungsländern wird nach Angaben der Weltbank bis zum Jahr 2015 etwa 600 Milliarden Euro verschlingen. Angesichts dieses gewaltigen Marktes reiben sich Investoren die Hände. Sie wissen, dass sich große Geldmengen in Bewegung setzen werden, um die anstehenden Investitionen zu finanzieren.

China zum Beispiel packt seine Abwasserprobleme an. Sie sind Hauptgegenstand des chinesischen Konjunkturpakts aus der Finanzkrise. Noch 2010 sollen die Abwässer in allen großen Städten zu 60 Prozent geklärt sein. Landesweit soll die Quote dann aber immer noch bei nur 25 Prozent liegen. Auch in Brasilien und Indonesien haben die Behörden erkannt, dass saubere Wasser- und Abwassersysteme Schlüsselfaktoren der Entwicklung sind. Gerade in Entwicklungs- und Schwellenländern geht der Aufbau der Infrastruktur oft einher mit der Privatisierung der Wasserwirtschaft.

Weil es in vielen Regionen der Erde überhaupt zu wenig Wasser gibt, entstehen an den Küsten immer mehr Meerwasserentsalzungsanlagen. Den Bedarf an Wasser in sonnigen Ländern verursachen nicht zuletzt Touristen. Allein die Entsalzungsbranche rechnet mit einem jährlichen Zuwachs von 5 Prozent bis 2015.

Das teure Nass ist ziemlich billig

Dafür, dass Wasser zu den knappsten Gütern der Welt gehört, ist es im Augenblick erstaunlich billig. Der durchschnittliche Preis für einen Kubikmeter lag 2009 in Deutschland bei 1,91 Euro. 2001 zahlten die Deutschen im Schnitt 1,80 Euro für den Kubikmeter. Absolut gesehen sind die deutschen Wasserpreise die höchsten der Welt. Relativ ist Wasser hierzulande preiswert. Eine bessere Qualität kommt nirgendwo sonst aus den Hähnen.

Für lediglich mittlere Qualitäten mussten die Franzosen 1,27 Euro, die Amerikaner umgerechnet 47 Eurocent berappen. Die Preise spiegeln sich unmittelbar im Pro-Kopf-Verbrauch dieser Länder wider. Jeder Deutsche verbraucht 127 Liter frisches Trinkwasser täglich, jeder Franzose 164 Liter und jeder Amerikaner 300 Liter.

Auto verbraucht 400 000 Liter

Der Eindruck von den sparsamen Deutschen trügt. Tatsächlich genehmigen sich die Menschen in den Industrieländern einen weitaus größeren Schluck aus den Süßwasservorräten der Welt, als der Haushaltsverbrauch glauben macht. Rechnet man das Wasser dazu, das die Industrie und die Landwirtschaft benötigen, um unsere Konsumgüter und Nahrungsmittel zu erzeugen, kommen die Deutschen auf einen Wasserverbrauch von 4 000 Litern täglich. Schon am Morgen, wenn die erste Tasse Kaffee auf dem Küchentisch dampft, sind die ersten 140 Liter Wasser virtuell verbraucht. So viel Wasser brauchen die Kaffeepflanzer nämlich, um die Menge Bohnen zu erzeugen, die für eine Tasse Kaffee gemahlen werden müssen. Aus dem Gleichgewicht gerät das Verhältnis beim Kakao. 27 000 Liter Wasser müssen

FONDS, DIE IN NEUE ENERGIEN ODER WASSERTECHNOLOGIE INVESTIEREN

		SAM Smart Energy EUR B	KBC Eco Fund Alternative Energy Div	BGF New Energy A Thes. EUR[1)]
	Isin (Kennnummer)	LU 017 557 173 5	BE 017 527 997 6	LU 017 128 990 2
	Auflage des Fonds	23. 9. 2003	8. 11. 2000	6. 4. 2001
	Schwerpunkt	Neue Energien	Neue Energien	Neue Energien
	Anzahl Titel/Volumen (Millionen Euro)	K. A. / 467	50–65 / 233	K. A. / 2 446
	Rendite 1 Jahr / 5 Jahre (Prozent pro Jahr)	85,5 / 9,2	17,5 / 1,2	12,8 / 2,1
	Finanztest-Bewertung (Punkte)	70,5	56,6	56,5
Ökologische Nachhaltigkeit	**Ausschlüsse**			
	Atom- und Kernenergie	□	◧	–
	Erdöl- und Erdgasförderung	□	■	–
	Bergbau und Rohstoffminen	□	■	–
	Autos/Flugzeuge	□/□	■/■	–/–
	Auswahlkriterien			
	Umweltmanagementsystem	■	■	–
	Ökoeffizienz	■	■	–
	Weitere	■	■	–
Ethische und soziale Nachhaltigkeit	**Ausschlüsse**			
	Waffen/Rüstung	□	◧	–
	Kinderarbeit	□	■	–
	Menschenrechtsverletzungen	□	■	–
	Arbeitsrechtsverletzungen	□	■	–
	Auswahlkriterien			
	Verhaltensrichtlinien	■	■	–
	Gleichberechtigung	■	■	–
	Mindestsozialstandards	■	■	–
	Weitere	■	■	–

■ = Ja. □ = Nein. ◧ = Ein geringer Umsatzanteil wird toleriert. – = Entfällt. K. A. = Keine Angabe seitens des Fondsanbieters.

Sarasin Multi Label New Energy[2]	SAM Sustainable Water B EUR	Pictet Water P Cap EUR [1]	KBC Eco Fund Water Div
LU 012 174 721 5	LU 013 306 117 5	LU 010 488 486 0	BE 017 547 805 7
1. 12 .2000	28. 9. 2001	20. 1. 2000	8. 12. 2000
Neue Energien	Wasser	Wasser	Wasser
55 / 156	70 / 1 224	70–90 / 2 305	50–65 / 237
22,9 / –0,6	46,5 / 4,4	28,5 / 4,7	44,3 / 3,7
53,5	42,5	40,9	40,2
◨	□	–	◨
□	□	–	■
□	□	–	■
□ / □	□ / □	–/–	■ / ■
■	■	–	■
■	■	–	■
■	■	–	■
◨	□	–	◨
□	□	–	■
□	□	–	■
□	□	–	■
■	■	–	■
■	■	–	■
■	■	–	■
■	■	–	■

1) Der Fonds gehört vom Themenschwerpunkt in die Tabelle, wendet aber keinerlei Nachhaltigkeitskriterien an.

2) Fonds mit erfolgsabhängiger Gebühr. 3) Teilweise. Stand: 28. Februar 2010

FORTSETZUNG: FONDS, DIE IN NEUE ENERGIEN ODER WASSERTECHNOLOGIE INVESTIERE

		SAM Smart Energy EUR B	KBC Eco Fund Alternative Energy Div	BGF New Energy A Thes. EUR[1]
Engagement	**Engagement des Fondsmanagements**			
	Einflussnahme bei Hauptversammlungen	■	□	–
	Reichweite der Ausschlusskriterien			
	Innerhalb des Unternehmens	–	■	–
	Auch für 50%-Beteiligungen	–	■	–
	Auch für 20%-Beteiligungen	–	□	–
	Auch für Zulieferer	–	■	–
	Unabhängiger Anlageausschuss			
	Beratend oder entscheidend	□	Entscheidend	–
	Nachhaltigkeitsbewertung			
	Extern durch	□	Eiris, Asset4	–
	Intern vom Fondsmanagement getrennt	■	■	–
	Intern durch Fondsmanagement	□	□	–
	Transparenz			
	Kriterien im Prospekt verankert	■	■ [3]	–
	Anwendung Eurosif-Transparenzleitlinien	■	■	–

■ = Ja. □ = Nein. ◧ = Ein geringer Umsatzanteil wird toleriert. – = Entfällt. K.A. = Keine Angabe seitens des Fondsanbieters.

	Sarasin Multi Label New Energy[2]	SAM Sustainable Water B EUR	Pictet Water P Cap EUR [1]	KBC Eco Fund Water Div
	□	■	–	□
	■	–	–	■
	■	–	–	■
	■	–	–	□
	□	–	–	■
	□	□	–	Entscheidend
	□	□	–	Eiris, Asset4
	■	■	–	■
	□	□	–	□
	■	■	–	■ [3]
	■	■	–	■

1) Der Fonds gehört vom Themenschwerpunkt in die Tabelle, wendet aber keinerlei Nachhaltigkeitskriterien an.

2) Fonds mit erfolgsabhängiger Gebühr. 3) Teilweise. Stand: 28. Februar 2010

fließen, um ein Kilo Kakaobohnen herzustellen. Aber auch das ist noch gar nichts. Ein T-Shirt hat in seiner Bilanz einen Wasserverbrauch von 20 000 Litern stehen. Um ein Auto auf die Straße zu bringen, gurgeln gar 400 000 Liter die Abflüsse hinunter.

Wasserfonds sind etwas für Risikofreudige

Dass es einen Markt für Produkte und Dienstleistungen rund ums Wasser gibt, steht fest. Wer sie anbietet und was sie taugen, ist den Experten der Fondsgesellschaften noch nicht klar. „Im Segment gibt es eine große Anzahl von Aktien, die noch nicht ausreichend analysiert wurden", heißt es auf der Internetseite der Schweizer Fondsgesellschaft Pictet.

Eine Geldanlage in Wasserfonds bleibt daher etwas für risikofreudige Anleger, die Verluste verschmerzen können. Dass die Renditen solcher Branchenfonds heftig schwanken können, zeigt die Finanztest-Untersuchung aus dem Frühjahr 2010. Für das Jahr 2009 meldeten die Fonds hohe Renditen. Der SAM Sustainable Water erreichte eine Rendite von 46,5 Prozent, der KBC Eco Fund Water von 44,3 Prozent und der Pictet Water von 28,5 Prozent. Über einen Zeitraum von fünf Jahren relativiert sich das Bild. Dann hat der SAM nur noch 4,4 Prozent im Jahr, der KBC 3,7 Prozent und der Pictet 4,7 Prozent.

Investitionen in Wasserkreisläufe

Konsequent ethisch-ökologisch investiert der KBC Eco Fund Water der belgischen Bank KBC (siehe Seite 183). Schwerpunkte seines Portfolios sind die Wasserver- und die Abwasserentsorgung, die Wasseraufbereitung, die Qualitätskontrolle sowie die Wasserinfrastruktur und ihre Ausrüstung. Die zehn größten Positionen spiegeln dieses Programm wider. Zusätzlich zu Versorgern wie die Suez Environnement aus Frankreich und American Water Works finden sich auch das japanische Unternehmen Kurita Water, das Technologie zur Wasserreinigung produziert, der Filterhersteller Pentair, die Danaher Corporation, deren Anlagen bis zu einer Milliarde Liter Trinkwasser desinfizieren können, Tetra Tech, ein Unternehmen, das Wasservorkommen aufspüren und verseuchtes Grundwasser reinigen kann, sowie Nitto Denko, die unter anderem Membranen für Meerwasserentsalzungsanlagen herstellen.

Die Unternehmen und ihre Zulieferer werden unter ethisch-ökologischen Gesichtspunkten ausgewählt. So sind unter anderen Erdölförderung und Rüstung tabu.

Um geeignete Aktien für den SAM Sustainable Water zu finden, wenden die Fachleute der Schweizer Gesellschaft SAM (siehe Seite 177) Auswahlkriterien, aber keine Ausschlusskriterien an.

SAM sucht Papiere nach dem Best-in-Class-Ansatz aus. Unter den größten zehn Positionen finden sich mit American Water, Suez Environnement und dem größten Wasserlieferanten Hong Kongs Guangdong Investment drei Versorger, aber mit Chaoda Modern Agriculture auch ein großer chinesischer Obst-, Gemüse- und Holzproduzent. Dazu kommen

Aecom Technology, die geschlossene Wasserkreisläufe entwerfen und Wasser aufbereiten, der Maschinenhersteller ITT, der auch Anlagen zur Wasser- und Abwasserbehandlung baut, der Filterhersteller und Wasseraufbereiter Pall Corporation und das Industrietechnologieunternehmen Roper Industries.

Wasser ist nicht automatisch ethisch

Bei Wasserfonds handelt es sich nicht per se um eine ethisch-ökologische Geldanlage. Es ist das Thema, das diese Fonds in diese Richtung rückt. Die Manager des Pictet Water zum Beispiel unterwerfen sich keinerlei Vorgaben wie Ausschluss- oder Positivkriterien. Der Fonds wurde im Jahr 2000 aufgelegt und ist somit der älteste Fonds für die Wasserbranche und mit rund 2,3 Milliarden Volumen auch ihr Schwergewicht. Unter den größten zehn Positionen sind außer Roper Industries, American Water, ITT, Suez Environnement und Pentair mit Republic Services ein Abfallentsorgungs- und Recycling-Unternehmen sowie das brasilianische Umwelttechnologieunternehmen Sabesp. Es gibt eine Reihe von Fonds, die noch keine fünf Jahre alt und deshalb von Finanztest noch nicht untersucht worden sind.

MIKROFINANZFONDS

Manchmal reichen eine Kuh, ein paar Samenkörner und eine Rolle Stacheldraht, um eine Familie in Afrika oder Lateinamerika aus der absoluten Armut zu holen. Mit diesen Zutaten können die Menschen eine kleine Landwirtschaft starten, sich selbst versorgen und Überschüsse gegen Bares verkaufen oder gegen für sie nützliche Dinge eintauschen. Nur: Mindestens 1,5 Milliarden Menschen auf diesem Planeten haben nicht genug Geld, um sich eine Milchkuh zu kaufen, mit etwas Werkzeug einen kleinen Handwerksbetrieb aufzubauen, mit einer Nähmaschine ins Schneidereigeschäft einzusteigen, mit einer kleinen Garküche die Mitmenschen zu bekochen oder mit einem Handy ein Mini-Telekommunikationsunternehmen zu gründen. Sie müssen von weniger als 1,25 US-Dollar am Tag leben, die sie oft nur in Naturalien ausbezahlt bekommen.

Die Financial Access Initiative renommierter amerikanischer Universitäten geht sogar davon aus, dass die Hälfte der Menschheit keinen Zugang zu für uns normalen Bankdienstleistungen hat. Mikrofinanz füllt die Lücke.

Diese Menschen sehen in ihrem ganzen Leben keine Bank von innen. Sie leben außerhalb des Geldkreislaufes. Schon vor 40 Jahren erkannte der Bangladeshi Muhammad Yunus, dass man die Menschen in die Marktwirtschaft holen müsse, damit sich ihre Fähigkeiten entfalten.

Er gründete die Grameen Bank und begann, Minikredite zu vergeben. Das Konzept ist bis heute ein voller Erfolg. Was ausgeliehen wird, fließt praktisch vollständig und mit Zinsen wieder zurück. Über alle weltweit bekannten Mikrokredite hinweg gesehen, sind gerade einmal 5 Prozent der Zinsen derzeit mehr als 30 Tage überfällig. Das heißt verspätet, nicht verloren. Tatsächliche Ausfälle sind regional unterschiedlich. In Osteuropa gehen bis 2 Prozent der Kredite verloren. In Asien ist die Zahlungsmoral besser. Lediglich 0,2 Prozent der Kredite müssen abgeschrieben werden. Den Kreditnehmern in Bangladesh und der Grameen Bank geht es gut. Yunus erhielt für sein Engagement den Friedensnobelpreis 2006.

Längst haben die Kunden der Grameen Bank Zugang auch zu anderen Finanzdienstleistungen. Sie können Sparkonten für kleines Geld führen lassen. Geld, das meist für die Ausbildung eines Kindes zurückgelegt wird. Ihre Kleinkredite können sie mit Nanoversicherungen gegen Ausfall absichern.

Mikrofinanzinstitute sind Minibanken

Die Grameen Bank ist ein Mikrofinanzinstitut (MFI). Nur Institute mit Vollbanklizenzen können Sparkonten und Versicherungen anbieten. Die meisten der zwischen 2700 und 10000 MFI verfügen nur über Teilbanklizenzen und dürfen daher nur Geld verleihen. Die abenteuerliche Spanne ergibt sich daraus, dass entweder nur tatsächliche Mikrofinanzinstitute oder jedes Projekt einer Nichtregierungsinstitution, bei dem etwas Geld verliehen wird, gezählt wird.

Vergleichen lassen sich die Mikrofinanzinstitute mit der frühen Raiffeisenbewegung aus der Mitte des 19. Jahrhunderts. Die Mikrofinanzfonds in Europa und den USA arbeiten mit der vergleichsweise überschaubaren Zahl von nur 400 Mikrofinanzinstituten zusammen. Die sind von auf die Mikrofinanzwelt spezialisierten Researchagenturen wie dem Schweizer Anbieter Symbiotics identifiziert, geprüft und für gut befunden worden.

Mikrofinanzfonds investieren in MFI

Mikrofinanzfonds verdienen ihr Geld damit, dass sie den MFI Geld zum Verleihen zur Verfügung stellen und dafür Zinsen verlangen. Geeignet sind Mikrofinanzfonds für Menschen, die einen Beitrag zur Armutsbekämpfung leisten, aber nicht einfach nur Geld spenden wollen.

Auch Anleger auf der Suche nach krisensicheren Anlagen können von den Produkten profitieren, weil sie das Depot diversifizieren. Die Finanzkrise hat gezeigt, dass die Rendite der Fonds nicht von den Verwerfungen der Weltwirtschaft abhängt.

Die Sicherheit der Anlage speist sich aus mehreren Quellen. Zum einen investieren die meisten Fonds in MFI in Osteuropa, Asien, Lateinamerika und Afrika

INFO

Genossenschaft gegen Armut

Die internationale Entwicklungsgenossenschaft Oikocredit mit Sitz in den Niederlanden vergibt seit 1975 Mikrokredite an arme Menschen vor allem in Indien, Bolivien, Peru und 68 weiteren Ländern.

34 000 Mitglieder europaweit, darunter auch Kirchen, Banken und Entwicklungsorganisationen, haben derzeit rund 425 Millionen Euro in der Genossenschaft stecken. Davon sind 421 Millionen ausgeliehen. Die Betriebskosten der Genossenschaft liegen eigenen Angaben zufolge bei nur 2 Prozent des Gesamtkapitals.

Die Geldanlagen der Mitglieder reicht Oikocredit als Darlehen an Genossenschaften und Mikrofinanzinstitute weiter. Mitte 2009 waren das rund 400 Partner, die ihrerseits wiederum an etwa 17 Millionen Menschen vor Ort Mikrokredite vergeben haben. Die Kredite laufen bis zu zehn Jahre. Die Abschreibungsquote liegt laut Oikocredit seit Jahren unter einem Prozent.

Die Voraussetzungen für einen Kredit von Oikocredit sind wie überall in der Mikrofinanzwelt. Nur Menschen, die aus Armut keinen Zugang zu Finanzdienstleistungen in ihren Heimatländern haben, werden berücksichtigt. Ihre Projekte müssen Frauen beteiligen, umweltfreundlich sein und die soziale Entwicklung der Gemeinschaft fördern.

Anteile an Oikocredit sind ab 200 Euro zu haben. Dazu müssen Interessenten Mitglieder in einem der acht deutschen Förderkreise werden. Die Geschäftsstelle für Deutschland ist unter der Telefonnummer 06131/3293222 oder unter deutschland@oikocredit.org im Internet zu erreichen.

Reich werden Anleger bei diesem Engagement nicht. Die Rendite ist bei Oikocredit auf höchstens 2 Prozent der Anlagesumme im Jahr begrenzt.

gleichzeitig. Läuft es in einem Land schlecht, kann eine gute Entwicklung in einer anderen Region auf einem anderen Kontinent dies wieder ausgleichen. Die Rückzahlung der Zinsen ist praktisch unabhängig von weltwirtschaftlichen Zins- und Konjunkturtrends. Erhöht die Europäische Zentralbank die Zinsen, merkt der Bauer in Uganda davon nichts. Er handelt nur auf dem Binnenmarkt, der in Entwicklungsländern eine ungleich stärkere Rolle spielt als in den global vernetzten Finanzmärkten der reichen Länder.

Zum anderen fließen die Kredite wiederum regional unterschiedlich nicht nur an Einzelpersonen, sondern auch an Gruppen oder kleine Dorfgemeinschaften gemeinsam. In Kambodscha zum Beispiel ist dies in rund 70 Prozent aller Kredite der Fall, in Aserbaidschan nur in 40 Prozent der Fälle.

MUHAMMAD YUNUS gründete 1983 die Grameen Bank und revolutionierte damit die althergebrachte Entwicklungspolitik. Die „Dorf-Bank" vermittelt Kleinstkredite an die Ärmsten. Meist sind dies Frauen. In der Regel zahlen die Kreditnehmerinnen pünktlich zurück und bauen ihre kleinen Geschäfte dennoch weiter aus. Für den 70-jährigen Wirtschaftswissenschaftler aus Bangladesh ist das der Beweis, dass kapitalistische Anreize der Menschenwürde zuträglicher sind als Almosen.

Die soziale Kontrolle sorgt dafür, dass jedes Mitglied der Kreditnehmergruppe seine Verpflichtungen erfüllt. Dies gilt für ländliche Gebiete stärker als in der Stadt.

Zum dritten gehen rund 80 Prozent der Kredite an Frauen und Frauengruppen. Frauen haben sich als zäher erwiesen. Sie sind meist die Ernährerinnen der Familien.

Zu guter Letzt sichern sich die Mikrofinanzfonds gegen Währungsrisiken ab, die sich aus der Kreditwirtschaft in lokalen Währungen ergeben und meist sehr volatil gegenüber Euro und Dollar verhalten.

Die breite Streuung und die Sicherungsinstrumente schätzen auch Versicherungen und Pensionskassen, die das Geld ihrer Kunden gerne in Mikrofinanzprodukten anlegen. Sie steigen dementsprechend mit vielen Millionen Euro ein. Manche Fonds verlangen gar eine Mindestanlagesumme von einer Million Euro. Andere sind gnädiger. Man darf schon mit 250 000 bei EMF Microfinance oder 125 000 bei den KCD-Fonds Lateinamerika und Global mitspielen.

Für Privatanleger, die mit höchstens 10 000 Euro, eher aber mit 1 000 oder noch weniger dabei sein wollen, gilt: Wer analytisch korrekt nur darauf schaut, welche Zahl unter dem Strich steht, liegt mit dem Kauf eines solchen Produktes falsch. Der Wunsch, zusätzlich noch eine soziale Rendite auszulösen, gehört für ein solches Investment dazu.

Welcher Fonds ist richtig?

Bis auf den 1998 aufgelegten Dexia Micro-Credit-Fund sind die meisten für Privatanleger erreichbaren Fonds noch sehr jung. Für Vergleiche ist es noch zu früh. Finanztest bewertet Fonds erst, wenn sie fünf Jahre alt sind. Fondsmanager gehen übereinstimmend von künftigen Renditen von 3 bis 5 Prozent aus. Für das Jahr 2010 zeigt die Tendenz eher in Richtung 2,5 Prozent. Praktisch alle Fonds wählen ihre Partner aus einem Kreis von 400 Mikrofinanzinstituten aus. Und sie versuchen, ihre Anlagen über alle Kontinente zu streuen, um die Sicherheit zu erhöhen.

Die reinen Mikrofinanzfonds dürfen in Deutschland nicht öffentlich vertrieben und beworben werden. Das liegt daran, dass sie Bankgeschäfte anbieten, die nicht von der Bundesanstalt für Finanzdienstleistungsaufsicht Bafin kontrolliert werden. Nachfragen können Interessenten bei Banken, die die Produkte ihren Kunden in persönlichen Verkaufsgesprächen vermitteln können.

Öffentlich zugelassen sind Mischfonds, die lediglich einen Teil ihres Portfolios in Mikrofinanz investiert haben. Das sind der BN&P Good Growth Fund mit 30 Prozent Mikrofinanzanteil und der FairWorldFonds von KD- und GLS Bank mit 10 Prozent. Beide wenden bei der Auswahl ihrer sonstigen Wertpapieranlagen Nachhaltigkeitskriterien an. Beim FairWorldFonds kommen erstmals in der Geschichte der Geldanlage auch noch entwicklungspolitische Kriterien hinzu, die Brot für die Welt mit dem Institut für Ökonomie und Ökumene Südwind entwickelt hat.

Krise und Blase

Mit leichter Verspätung ist die Krise auch auf den Mikrofinanzmärkten angekommen. In Bosnien ist von einer regelrechten Blase die Rede. Für das reichlich vorhandene Geld waren keine Abnehmer mehr da. Also verlegten sich die MFI darauf, Konsumentenkredite an die wohlhabendere Kundschaft zu vergeben. „Ein klarer Verstoß gegen die Satzungen der MFI", sagt Edda Schröder, Managerin des Wallberg Microfinance-Fund.

Auf den ersten Blick teuer

Es klingt im ersten Moment erschreckend. Für einen Mikrokredit verlangen die MFI im Schnitt 24 Prozent Zinsen im Jahr, wie Bernd Balkenhol, der Leiter der Abteilung Social Finance bei der Internationalen Arbeitsorganisation der Vereinten Nationen, feststellt. Das hat einfache Gründe: Die Vergabe von Kleinkrediten ist personalintensiv und teuer. „Die Mitarbeiter der MFI fahren mit dem Moped über ungeteerte Wege zu den Kunden, um die Zinsen bar abzuholen", berichtet Edda Schröder über die Situation in vielen Ländern.

Für Menschen in Bangladesh oder Honduras sind das zudem moderate Sätze. Sie sind eher die Forderungen von Wucherern gewöhnt, die 20 Prozent am Tag verlangen. Oft enden solche Geschäfte in einer Art Schuldknechtschaft der Kreditnehmer.

Bittere Erfolge

Die Mikrofinanzierung schreibt manche Erfolgsgeschichte. Sobald die Mikro-Unternehmer aus dem Gröbsten raus sind und Arbeitnehmer einstellen wollen, fallen sie aber häufig in ein Loch. Eine Weltbank-Studie nennt diese Gruppe Missing Middle, eine aufsteigende Klasse, die aber aufgrund ihres Erfolges wieder vom Geldfluss abgeschnitten wird. Um weiterhin Mikrokredite zu bekommen, sind sie nicht mehr arm genug. Für die normalen Banken aber noch zu arm. Die Mikrofinanzinstitute bemühen sich daher, mit ihren Kunden zu wachsen und als Vollbanken die früheren Mikrokreditnehmer aufzufangen. „Das gelingt bislang in Osteuropa besser als in Asien", sagt Edda Schröder.

VERMÖGENSAUFBAU GANZ IN GRÜN

Wer sich für Rendite ohne Reue entscheidet, der will vielleicht nicht nur einen kleinen Teil seines Geldes sauber wirtschaften lassen, sondern seine gesamte Geldanlage. Die Palette an ethisch-ökologischen Anlageprodukten ist ausreichend groß, um die unterschiedlichen Bedürfnisse zu befriedigen: Es gibt sichere Anlagen genauso wie riskante, flexible genauso wie langlaufende. Wir zeigen, was Sie beim grünen Vermögensaufbau beachten sollten.

ÜBER DIE NATUR DER GELDANLAGE

Die ideale Geldanlage bringt eine hohe Rendite, ist sicher vor Verlusten und man kommt jederzeit an sein Geld wieder heran. Leider gibt es eine solche Geldanlage nicht. Kein Investment ist gleichzeitig sicher, rentabel und jederzeit verfügbar. Wer sein Geld sicher anlegen will, muss auf Renditechancen verzichten. Wer Wert auf eine hohe Rendite legt, muss Abstriche bei der Sicherheit oder der Verfügbarkeit machen.

Das magische Dreieck

Die Aspekte Sicherheit, Rentabilität und Verfügbarkeit lassen sich also nicht in einem Produkt vereinen. Mehrere Produkte in einem Depot können aber diese Eigenschaften zusammenführen. Voraussetzung dafür ist die richtige Mischung.

Sicherheit

Für viele Anleger ist es das Kriterium schlechthin. Sie können es sich nicht vorstellen, ihre Ersparnisse Wertschwankungen auszusetzen, und wollen lieber mäßige, dafür aber regelmäßige Zuflüsse sehen. Zu den sichersten Geldanlagen überhaupt zählen Zinsprodukte von Banken: Tagesgeld, Festgeld, Festzinssparen, Sparbriefe. Voraussetzung ist, dass die Banken einem funktionierenden Einlagensicherungssystem angehören, das das Geld der Sparer auch bei einer Bankenpleite schützt. Überaus sicher sind auch Bundeswertpapiere: Bundesanleihen, Bundesschatzbriefe, die Tagesanleihe des Bundes oder Finanzierungsschätze. Die Kehrseite der Medaille: Die Renditen dieser Geldanlagen sind niedrig.

Das magische Dreieck der Geldanlage

Rentabilität

Je höher die Rendite, desto schneller wächst das Vermögen an. Das ist besonders wichtig für Anleger, die erst am Anfang des Sparens stehen. Eine hohe Rendite geht allerdings mit einem höheren Risiko oder Abstrichen bei der Verfügbarkeit einher. Hohe Renditechancen bieten klassischerweise Aktien oder Aktienfonds. Aber es gibt auch Zinsanlagen mit höheren Renditen, beispielsweise Anleihen von Unternehmen oder Staaten mit geringerer Kreditwürdigkeit als die Bundesrepublik Deutschland. Die sind dann aber auch nicht so sicher wie Bundesanleihen oder die Zinsprodukte der Banken.

Verfügbarkeit

Außer der Sicherheit und der Rentabilität zählt bei einer Geldanlage auch, wie schnell sie verfügbar ist. Täglich verfügbar – und damit sehr liquide – ist das Geld auf einem Tagesgeldkonto. Über sein Festgeld kann man beispielsweise monatlich, zweimonatlich oder jährlich verfügen – je nachdem, welche Laufzeit ausgemacht war. Auch Aktien oder Fonds kann man jederzeit über die Börse verkaufen – doch hier müssen Anleger damit rechnen, dass die Kurse womöglich gerade nicht so günstig sind und sie Verluste machen, wenn sie überstürzt verkaufen. Wer Aktien oder Aktienfonds kauft, sollte daher davon ausgehen, dass sein Geld mehrere Jahre gebunden ist.

Immobilien sind dagegen von vornherein sehr viel schlechter veräußerbar. Bis ein Haus oder eine Wohnung den Eigentümer wechselt, gehen in der Regel Monate ins Land.

Die am wenigsten liquiden Geldanlagen sind Beteiligungen über geschlossene Fonds. Normalerweise kommen Anleger während der gesamten Laufzeit, die meist zwischen zehn und zwanzig Jahren liegt, nicht an ihr Geld heran, oder – wenn es doch einmal klappt – nur mit größeren Abschlägen.

Der Weg zur passenden Anlage

Wer Geld anlegen will, muss wissen, wie viel er sparen kann, wie lange und welches Risiko er dabei eingehen will.

Zunächst einmal braucht jeder Mensch eine eiserne Reserve für unvorhergesehene Ausgaben. Dieser sogenannte Notgroschen liegt am besten auf einem Tagesgeldkonto, wo er sicher und schnell verfügbar ist (siehe Seite 109).

Für die mittel- bis längerfristige Geldanlage kommen Zinsprodukte von Banken ebenso infrage wie Anleihen, Aktien und Investmentfonds (siehe Seite 51). Wer verschiedene Anlagen mischt und sein Geld auf sichere und riskantere Geldanlagen verteilt, kann seine Renditechancen erhöhen – ohne dabei völlig auf Sicherheit zu verzichten. Wie der Mix aussieht, kommt unter anderem darauf an, wie lange die Anlagen laufen.

Junge Leute können riskantere Geldanlagen in der Regel gut verkraften, denn sie haben Zeit, um Kursschwankungen auszusitzen. Anders sieht es allerdings aus, wenn sie gezielt auf den Kauf oder den Bau einer Immobilie sparen und das Geld zu einem bestimmten Zeitpunkt benötigen. Dann sollten sie sichere Geldanlagen bevorzugen.

Ältere Menschen sollten darauf achten, dass das Geld, das sie zum Lebensunterhalt brauchen, sicher angelegt und im Notfall verfügbar ist. Langlaufende oder riskante Geldanlagen sind, wenn überhaupt, nur zu empfehlen für Geld, das längerfristig nicht benötigt wird. Je größer das Vermögen ist, desto besser lassen sich mögliche Verluste verkraften. Wem der Gedanke an eventuelle Verluste – und sei es nur zwischendurch – zu sehr an den Nerven zerrt, der sollte sein Geld lieber ausschließlich sicher anlegen.

SCHULDEN TILGEN BRINGT DIE BESTEN RENDITEN

Bevor Sie mit der Geldanlage beginnen, sollten Sie am besten einen Kassensturz machen und Ihre Einnahmen und Ausgaben gegenüberstellen. So können Sie ermitteln, wie viel Geld Sie überhaupt zum Sparen zur Verfügung haben. Falls Sie Schulden haben, empfiehlt es sich in der Regel, diese abzubezahlen, bevor Sie mit dem Vermögensaufbau starten. Denn eine bessere Rendite als die, die Sie durch die Rückzahlung von Krediten erzielen, bringen die wenigsten Geldanlagen.

VERMÖGEN ANSPAREN

Fast jeder fängt klein an. Doch auch wenn der Erfolg auf den ersten Blick in weiter Ferne zu liegen scheint – auch aus 30 oder 50 Euro monatlich wird einmal eine ansehnliche Summe. Vorausgesetzt, der Anleger hält ein paar Jahre durch und kauft ein Produkt mit guter Rendite.

Finanztest empfiehlt für den Vermögensaufbau Anlagen mit hohen Renditechancen, wie sie zum Beispiel Aktienfonds bieten. Ein wichtiger Helfer beim Sparen ist nämlich der Zinseszinseffekt, und der ist umso höher, je länger die Laufzeit und je höher die Renditechancen sind. So werden aus 50 Euro im Monat nach 20 Jahren bei einer Rendite von 3 Prozent 16383 Euro, bei 6 Prozent Rendite sind es 20737, bei 9 Prozent 32173 Euro. Nach 30 Jahren sind es bei 9 Prozent Rendite schon 85719 Euro (siehe Tabelle unten).

Sparen mit Fonds

Bei vielen Investmentfonds beträgt die Mindestanlage für einen Sparplan nur 50 Euro pro Monat, in einigen Fällen sogar nur 25 Euro. Wer so viel Geld nicht hat, kann statt monatlich auch vierteljährlich sparen – einige Direktbanken bieten das an.

Fondssparen ist sehr flexibel. Anders als bei vergleichbaren Banksparplänen müssen Anleger weder eine feste Laufzeit

WER LANGE SPART, WIRD BELOHNT

Die Tabelle zeigt, wie viel aus 50 Euro monatlich wird – je nach Spardauer und Rendite. Besonders stark macht sich der Zinseszinseffekt bemerkbar, je länger man spart.

	Rendite							
Laufzeit	**2 %**	**3 %**	**4 %**	**5 %**	**6 %**	**7 %**	**8 %**	**9 %**
2 Jahre	1225	1238	1250	1263	1276	1289	1301	1314
5 Jahre	3156	3237	3320	3405	3491	3580	3671	3764
7 Jahre	4509	4672	4841	5017	5199	5387	5583	5786
10 Jahre	6641	6990	7359	7750	8163	8601	9064	9554
15 Jahre	10488	11340	12273	13295	14415	15643	16989	18464
20 Jahre	14736	16383	18252	20373	22782	25520	28633	32173
30 Jahre	24604	29007	34376	40935	48963	58803	70881	85719

INFO Freie Fondsvermittler im Internet

Banken verlangen meist einen Ausgabeaufschlag beim Fondskauf, bei Aktienfonds häufig 5 Prozent der Anlagesumme. Über den Ausgabeaufschlag können Sie versuchen zu verhandeln. Manchmal machen Banken überraschende Zugeständnisse.

Anleger, die Fonds bei einem Vermittler über das Internet kaufen, haben große Chancen, ein Schnäppchen zu erwischen. Viele Spitzenfonds gibt es hier mit einem Rabatt auf den Ausgabeaufschlag, manchmal sogar ganz ohne Ausgabeaufschlag.

Wir haben einige Adressen von Anbietern aufgeführt, die uns bekannt sind. Beachten Sie, dass Sie zwar Ausgabeaufschläge sparen, dafür aber oft Depotgebühren zahlen.

Der Kauf von Fonds über Internetvermittler eignet sich nur für erfahrene Anleger. Der Grund ist, dass es dort kaum Beratungsleistungen gibt. Interessenten sollten sich also im Vorfeld informieren und wissen, was sie wollen.

Die Fondskäufe werden über eine Fondsbank abgewickelt. Die Depotführung erfolgt online. Die Zahlungen laufen über ein Verrechnungskonto. Sie können im Depot aber nur Aktien-, Renten- und Mischfonds lagern, keine Anleihen oder einzelne Aktien.

Lassen Sie sich nicht über den Tisch ziehen. Sollte der Vermittler Sie bitten, das Geld für Ihren Fondskauf auf eines seiner Konten zu überweisen, gehen Sie unbedingt woanders hin. Ebenfalls unseriös ist es, wenn der Vermittler eine Vollmacht von Ihnen haben möchte oder Ihnen die versprochenen Rabatte nicht gewährt.

Wachsam sein sollten Sie, wenn Ihr Vermittler mit Ihnen einen Vermögensverwaltungsvertrag abschließen oder eine Honorarvereinbarung für Beratungsleistungen treffen will, obwohl Sie nur Fonds kaufen und nicht beraten werden wollen.

Mitunter bekommen Sie auch Geldanlagen angeboten, an denen der Anbieter direkt oder indirekt beteiligt ist, wie zum Beispiel Beteiligungen am eigenen Unternehmen oder selbst gemanagte Fonds. Hier heißt es ebenfalls aufgepasst. Sehr häufig nutzen freie Vermittler den Fondsverkauf als Türöffner. Im Anschluss werden Sie mit Werbeprospekten zu anderen Geldanlagen bombardiert, an denen die Verkäufer mehr verdienen können.

Eine Auswahl an Internetadressen:
www.100fondsdiscount.de
www.aad-fondsdiscount.de
www.avl-investmentfonds.de
www.best-in-fonds.de
www.dima24.de
www.discount-fonds-service.de
www.first-in-fonds.de
www.fit4fonds.de
www.fonds4you.de
www.fondsclever.de
www.fondsexperte24.de
www.fonds-for-less.de
www.fonds-im-netz.de
www.fondspower.de
www.fondsrabatt-mainz.de
www.fonds-sparkauf.de
www.fonds-supermarkt.de
www.fondsvermittlung.de
www.fondsvermittlung24.de
www.freier-fondsvermittler.de
www.fund-discount.de
www.happyfonds.de
www.investmentfondsdirekt.de
www.laransa.de
www.profinance-direkt.de
www.trigonus.de

BARACK OBAMA, Kriegsherr im Irak und in Afghanistan, Friedensnobelpreisträger 2009 für seine herausragenden Bemühungen für die internationale Diplomatie und die Verständigung zwischen den Menschen. Der amerikanische Präsident hat in seinem Land Milliarden Dollar schwere Programme zur Förderung der erneuerbaren Energien aufgelegt. Aus internationalen Abkommen zur Begrenzung des CO_2-Ausstoßes hält er die Vereinigten Staaten heraus.

vereinbaren noch Kündigungsfristen einhalten. Sie können so lange und so viel sparen, wie sie wollen, und das Geld quasi von einem auf den anderen Tag abheben. Es ist möglich, zusätzlich zu den monatlichen oder vierteljährlichen Sparraten einmalige Beträge einzuzahlen. Außerdem können Anleger ihre Zahlungen nach Belieben aussetzen. Ebenfalls problemlos möglich ist es, über Teile der angesparten Summe zu verfügen.

Ethisch-ökologische Fonds bekommt man bei jeder Bank. Oft aber nur auf gezielte Nachfrage. Billiger als bei den Banken sind die Fonds häufig bei Fondsvermittlern im Internet (siehe Seite 107).

Es ist nicht jeder Fonds sparplanfähig. Einige Fonds kann man nur kaufen, wenn schon eine größere Summe beisammen ist. Das Angebot an Sparplänen ist bei den Direktbanken in der Regel größer als bei den Filialbanken. Bei der ING Diba und der comdirect beispielsweise bekommt man auch eine relativ breite Palette an Fondssparplänen für grüne Fonds. Sparkassen und Volksbanken hingegen verkaufen fast nur Fonds ihrer hauseigenen Fondsgesellschaften Deka beziehungsweise Union Investment.

Bei Einmalanlagen werden in der Regel höhere Mindestsummen vorausgesetzt, meist zwischen 200 und 500 Euro. Doch auch diese Beträge erlauben einen guten Mix verschiedener Fonds bereits für geringe Summen.

Wer einen ethisch-ökologischen Fonds besparen will, findet eine Auswahl in den Tabellen ab Seite 56. Orientieren können sich Interessenten auch im Fondsdauertest von Finanztest unter www.test.de. Der Produktfinder Fonds listet unter dem Stichwort „ethisch-ökologische Fonds“ derzeit 101 Fonds auf.

Auf Nummer sicher: Banksparpläne

Wer partout keine Risiken eingehen oder nur für eine begrenzte Zeit sparen will, kann statt in Fonds- auch in Banksparpläne einzahlen. Wie die herkömmlichen bieten auch die ethisch-ökologischen Banken solche Sparpläne an. Je nach Laufzeit sind die Zinsen gestaffelt, mitunter zahlen die Banken auch einen Bonus, der umso größer ist, je länger der Anleger gespart hat. Nicht immer sind die Renditen dieser Angebote attraktiv. Die Staffelung der Zinsen und die unterschiedlichen Arten der Bonuszahlungen erschweren Anlegern den Vergleich.

Eine Alternative für Anleger, die auf Nummer sicher sparen wollen, sind Tagesgeldkonten. Auch hier können sie per monatlichem Dauerauftrag eine hübsche Summe zusammenbekommen. Der Vorteil von Tagesgeldkonten ist außerdem, dass sie sehr flexibel sind. Wer will, kann jeden Monat einen anderen Betrag überweisen und zwischendurch ganz oder teilweise über sein angespartes Geld verfügen. Er kann seine Zahlungen aussetzen und wieder aufnehmen, ganz wie es ihm beliebt.

Flexibel sind Tagesgeldkonten allerdings auch für die Banken: Sie können die Zinshöhe theoretisch täglich ändern. Der Vorteil der Tagesgeldvariante gegenüber Fondssparplänen ist, dass der Wert des Sparguthabens keinerlei Kursschwankungen ausgesetzt ist und für die Einzahlungen auch keine Gebühren anfallen. Der Nachteil: Die Renditen von Tagesgeld sind geringer als die Renditechancen von Fondssparplänen.

CHECKLISTE: Was Sie beim Abschluss eines Banksparplans beachten sollten

- Banksparpläne gibt es mit variabler und mit fester Verzinsung. Einen Sparplan mit variabler Verzinsung sollten Sie nur abschließen, wenn eine Bezugsgröße für die Zinsänderungen genannt wird. Oft sind Angebote mit fester Verzinsung besser.

- Lassen Sie sich nicht von hohen Boni blenden. Bestehen Sie auf der Angabe einer jährlichen Rendite, oder lassen Sie sich zumindest die Höhe des Guthabens am Ende der Laufzeit ausrechnen. Sonst haben Sie keine Möglichkeiten, verschiedene Banksparpläne miteinander zu vergleichen.

- Prüfen Sie auch, ob ein vorzeitiger Ausstieg möglich ist und ob Ihnen dadurch Nachteile entstehen. Bevorzugen Sie Verträge, die Sie spätestens nach zwei bis drei Jahren ohne Verlust kündigen können.
  Prüfen Sie, ob Sie die Raten während der Laufzeit senken können, ohne dass Ihnen Nachteile entstehen.

- Versuchen Sie vor Vertragsabschluss zu ermitteln, wie hoch die Rendite Ihres Banksparplans tatsächlich ist. Das ist nicht immer ganz einfach herauszufinden im Wirrwarr aus Zinssätzen, Schlussboni oder jährlichen Prämien. Im Internet finden Sie unter www.test.de ein kostenloses Rechenprogramm der Stiftung Warentest, mit dessen Hilfe Sie die Renditeerwartung der gängigen Angebotsvarianten vergleichen können („Test + Themen", dann „Geldanlage + Banken" anklicken, dann die Rubrik „Rechner").

DAS GELD RICHTIG ANLEGEN

Wer spart, muss sich Gedanken darüber machen, wie er das Geld am besten aufteilt. Während die eiserne Reserve am besten auf dem Tages- oder Festgeldkonto liegt, eignen sich für die mittel- bis längerfristige Geldanlage vor allem Investmentfonds. Aktienfonds, weil sie die höchsten Renditechancen bieten, Rentenfonds als Sicherheitsbausteine.

Als Alternative zu Rentenfonds können Anleger auch Festzinsprodukte von Banken nehmen. Das ist für einen längeren Zeitraum aber umständlich, weil man sich ständig um die Wiederanlage des Geldes kümmern muss. Für eine längerfristige Geldanlage taugen Rentenfonds besser, weil ihre Laufzeit nicht begrenzt ist.

Den passenden Mix finden

Viele legen ihre Aktienquote nach der Pi-mal-Daumen-Methode fest – und gehen entweder ein zu hohes oder ein zu niedriges Risiko ein. Im ersten Fall können sie, wenn sie Pech haben, mehr Geld verlieren, als sie womöglich verkraften können, im zweiten Fall verzichten sie auf Renditechancen. Auch das ist schlecht. Finanztest hat deshalb ein Werkzeug entwickelt, mit dessen Hilfe jeder die für ihn passende Aktienfondsquote ermitteln kann. Außerdem zeigen wir, mit welchen Fonds die Musterdepots bestückt werden können, damit sich die Geldanlage nicht nur rentiert, sondern auch ethisch-ökologischen Ansprüchen genügt.

Zunächst sollten sich Anleger überlegen, wie lange sie ihr Geld anlegen wollen, welche Kurseinbrüche sie verkraften können und was für einen Ertrag sie sich am Ende von ihrer Geldanlage versprechen. Von den Antworten auf diese Fragen hängt es ab, welchen Mix sie wählen (siehe Grafik Seite 113). Dabei ist es gleich, ob man schon ein Depot hat und es anpassen oder ob man sich ein ganz neues Depot zulegen will.

Als Musterdepots zur Auswahl stehen das Sicherheitsdepot, das ausgewogene Depot und das Renditedepot.

FÜNF JAHRE UND MEHR

Bevor Sie investieren, machen Sie sich nochmals klar: In Ihr Fondsdepot gehört nur Geld, das Sie längerfristig anlegen wollen. Ihre Notgroschen sind auf dem Tages- oder Festgeldkonto besser aufgehoben. Investmentfonds sind nur sinnvoll, wenn Sie Ihr Geld darin mindestens fünf Jahre investieren wollen.

Das Sicherheitsdepot

Im Sicherheitsdepot liegt der Aktienanteil bei 15 Prozent. 85 Prozent des Geldes stecken in Rentenfonds. Das zwischenzeitliche Verlustrisiko beträgt weniger als 10 Prozent. So verwunderlich das klingt: Der Aktienanteil erhöht nicht das Risiko, sondern vielmehr die Sicherheit. Das liegt daran, dass auch die Kurse von Rentenfonds etwas schwanken. Die Aktienfonds gleichen diese Kursschwankungen teilweise wieder aus. Ohne Aktienfonds läge das Verlustrisiko nicht unter, sondern ungefähr bei 10 Prozent.

Die durchschnittliche Rendite einer solchen 15/85-Mischung aus Aktien- und Rentenfonds lag in den vergangenen 30 Jahren bei 7,5 Prozent pro Jahr. Durchschnittlich heißt aber nicht, dass das jedes Jahr so eintritt. Es kann zwischendurch sowohl besser als auch schlechter laufen.

Anmerkung: Die durchschnittlichen Renditen sind das Ergebnis der Simulationsrechnungen von Finanztest, die auf der Grundlage von Marktwerten der vergangenen 30 Jahre vorgenommen wurden.

Das ausgewogene Depot

Das ausgewogene Depot besteht aus 40 Prozent Aktienfonds und 60 Prozent Rentenfonds. Das zwischenzeitliche Verlustrisiko liegt bei 20 Prozent. Das heißt, der Wert des Depots kann zwischendurch um ein Fünftel sinken.

Aber je länger der Sparer anlegt, desto mehr gleichen sich die Kursschwankungen aus. Nach fünf Jahren zum Beispiel liegt man mit dem ausgewogenen Depot aller Wahrscheinlichkeit nach mindestens bei einer schwarzen Null. Nach zehn Jahren liegt man schon mindestens bei 2,2 Prozent Rendite, nach 20 Jahren mindestens bei 4 Prozent. Mindestens – das heißt, im schlechtesten Fall, also wenn Anleger bei einem Kurshoch Aktien kaufen und nach einem Kurssturz wie nach der Pleite von Lehman verkaufen. Die Durchschnittsrendite ist bei einem Aktienanteil von 40 Prozent weitaus höher: Sie liegt bei 8,25 Prozent.

Das Renditedepot

Anleger, die 15 oder 20 Jahre Zeit haben, können das Renditedepot mit einer Aktienquote von 70 Prozent umsetzen – immer vorausgesetzt, sie können die zwischenzeitlichen Kursschwankungen nervlich verkraften. Die durchschnittliche Rendite des Renditedepots liegt bei 9 Prozent pro Jahr. Wie immer, wenn die Renditechance hoch ist, ist es auch das Risiko: Zwischendurch können Anleger mit dem Renditedepot auch mal 40 Prozent verlieren. Auf die lange Laufzeit betrachtet, relativiert sich das Risiko aber. Nach unseren Berechnungen liegen auch Anleger mit 70-prozentigem Aktienanteil nach mindestens 15 Jahren Ansparzeit im Plus: Die schlechteste Rendite nach 15 Jahren liegt bei 1 Prozent pro Jahr, die Mindestrendite nach 20 Jahren beträgt sogar 2 Prozent pro Jahr. Das heißt, selbst im schlimmsten Fall ist der Inflationsausgleich wahrscheinlich geschafft, das angelegte Geld behält seine Kaufkraft.

Eine Aktienquote jenseits der 70 Prozent ist nicht empfehlenswert. Die Renditechancen erhöhen sich nicht mehr wesentlich, dafür aber die Risiken. Es kann passieren, dass das Depot selbst nach einer Anlagedauer von 15 oder 20 Jahren noch in der Verlustzone liegt.

INFO So finden Sie Ihre Depotmischung

Aktienquote an die Laufzeit anpassen
Am einfachsten finden Sie die richtige Mischung, wenn Sie wissen, wie lange Sie Ihr Geld festlegen wollen. Angenommen, Sie wollen Ihr Geld 20 Jahre anlegen. Dann suchen Sie sich im mittleren Bild (Grafik 2) die der Laufzeit entsprechende Kurve dazu aus. Das wäre die gelbe. Die Kurve zeigt, mit welchem Ergebnis Sie am Ende der Laufzeit im schlimmsten Fall dastehen.

Beispiel: Sie wollen zehn Jahre anlegen. Das ist die dicke rote Kurve. Mit einem Aktienanteil von 15 Prozent (Sicherheitsdepot) würden Sie, auch wenn es sehr schlecht läuft, trotzdem eine Rendite von 3,8 Prozent pro Jahr erzielen. Beträgt der Aktienanteil 40 Prozent, liegt die Mindestrendite nur noch bei knapp über 2 Prozent pro Jahr. Und bei einer Aktienquote von 70 Prozent kann es Ihnen im schlimmsten Fall passieren, dass Sie nach zehn Jahren einen Verlust von 1 Prozent pro Jahr verzeichnen.

Zur Klarstellung: Bei den Mindestrenditen handelt es sich um das, was aller Wahrscheinlichkeit nach im schlimmsten Fall passiert. In 99,5 Prozent der Fälle erzielen Sie die Mindestrendite oder eine höhere. Aber es gibt auch eine geringe Restwahrscheinlichkeit für ein noch schlimmeres Ende: In 0,5 Prozent der Fälle kann es passieren, dass Sie am Ende mit noch weniger dastehen als in der Grafik angegeben.

Aktienquote nach Risikobereitschaft
Wenn Sie noch nicht wissen, wie lange Sie anlegen, dann orientieren Sie sich an der dicken blauen Kurve in Grafik 3. Sie gibt an, wie stark die Märkte in der Vergangenheit zwischenzeitlich eingebrochen sind. Es handelt sich dabei nicht um Verluste, die an einem Tag passiert sind. Vielmehr gibt der maximale Verlust an, wie weit der Markt unter einen bereits erreichten Wert gefallen ist.
Mit Markt ist die Mischung aus Aktien und Anleihen in den Indizes MSCI World für die Aktien und Citigroup Euroland beziehungsweise Germany Government Bond für die Renten gemeint. Die Indizes sind die Grundlagen für die Berechnungen der Depotmischungen.
Der maximale zwischenzeitliche Verlust ist von der Laufzeit unabhängig. Er kann immer eintreten. Deshalb taugt er als Gradmesser für die Risikobereitschaft. Können Sie es nicht verkraften, dass Ihre Ersparnisse zwischenzeitlich um 40 Prozent schrumpfen könnten – selbst wenn das Endergebnis aller Wahrscheinlichkeit nach viel besser aussieht –, dann sollten Sie keine Aktienquote von 70 Prozent wählen.

Renditechance je nach Aktienquote
Manche Anleger haben eine ganz bestimmte Vorstellung davon, was ihre Geldanlage einbringen soll. Gehören Sie dazu, dann legen Sie Ihre Aktienquote anhand der Grafik 1 fest. Die dicke grüne Kurve zeigt, welche Renditen in den vergangenen 30 Jahren im Durchschnitt je nach Aktienquote erwirtschaftet wurden.
Ähnlich wie der maximale Verlust ist auch die Renditechance von der Laufzeit unabhängig. Beachten Sie jedoch, dass es sich um eine Durchschnittsangabe handelt. Die tatsächlichen jährlichen Renditen können stark davon abweichen.

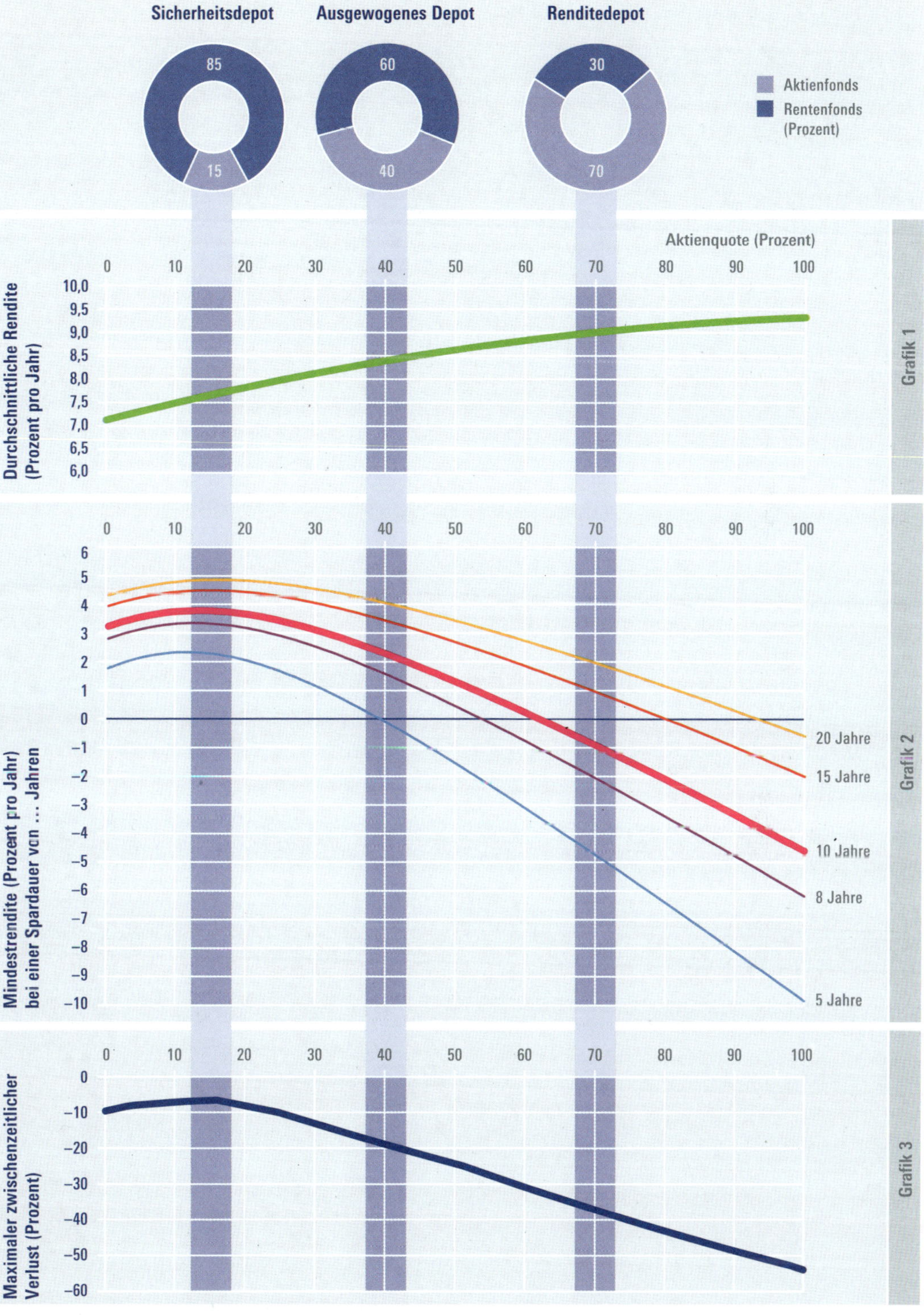
Sicherheitsdepot
Ausgewogenes Depot
Renditedepot
85
15
60
40
30
70
Aktienfonds
Rentenfonds
(Prozent)
Aktienquote (Prozent)
0 10 20 30 40 50 60 70 80 90 100
Durchschnittliche Rendite (Prozent pro Jahr)
10,0 9,5 9,0 8,5 8,0 7,5 7,0 6,5 6,0
Grafik 1
Mindestrendite (Prozent pro Jahr) bei einer Spardauer von … Jahren
6 5 4 3 2 1 0 −1 −2 −3 −4 −5 −6 −7 −8 −9 −10
20 Jahre
15 Jahre
10 Jahre
8 Jahre
5 Jahre
Grafik 2
Maximaler zwischenzeitlicher Verlust (Prozent)
0 −10 −20 −30 −40 −50 −60
Grafik 3

GRÜNE MUSTERDEPOTS

Anleger können ihre Depots theoretisch mit den Fonds ihrer Wahl bestücken. Wir empfehlen für den Aktienanteil Aktienfonds Welt oder Europa, für den Rentenanteil Rentenfonds Euro (siehe Seite 82). Die Praxis ist ein wenig komplizierter. Im Bereich der sauberen Fonds bieten Aktienfonds Welt eine weit größere Auswahl als Europafonds. Bei den Rentenfonds Euro gibt es ohnehin nur einige wenige.

Viele ethisch-ökologische Fonds sind entweder zu klein oder zu speziell für ein Basisinvestment. Damit das saubere Depot in Bezug auf Chancen und Risiken den Grundsätzen herkömmlicher Geldanlage genügt, müssen Anleger außer auf die Qualität auch auf die Zusammensetzung der Fonds achten. Beispielsweise sollte der Fonds eine ausreichende Anzahl an Aktien kleiner und großer Unternehmen mischen. Darauf haben wir bei der Zusammensetzung unserer Musterdepots geachtet. Weil die Fonds oft verschiedene Schwerpunkte setzen, sich entweder mehr ethisch oder mehr ökologisch ausrichten, haben wir bei der Zusammenstellung unserer grünen Musterdepots ebenfalls diese Akzente gesetzt und stellen im Folgenden für jeden Anlegertyp jeweils ein Ökodepot und ein Ethikdepot vor.

Unsere Vorschläge sollen lediglich zeigen, wie die Depots aussehen könnten, und haben keinen Empfehlungscharakter.

Die ausgewogene Variante

Das ausgewogene Depot dürfte eine Menge Anhänger finden. Erstens lässt sich mit ihm eine nicht allzu riskante Strategie umsetzen, die andererseits aber gute Renditechancen bietet. Zweitens lässt es sich gut mit verschiedenen Aktien- und Rentenfonds bestücken.

Öko und Ethik sind durchaus konkurrenzfähig

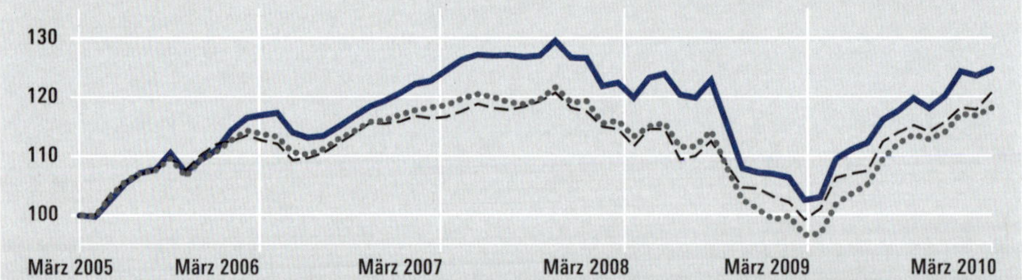

1) Mischung aus den konventionellen Marktindizes MSCI Welt (36 Prozent), Citigroup Staatsanleihenindex (60 Prozent), MSCI Emerging Markets (4 Prozent).

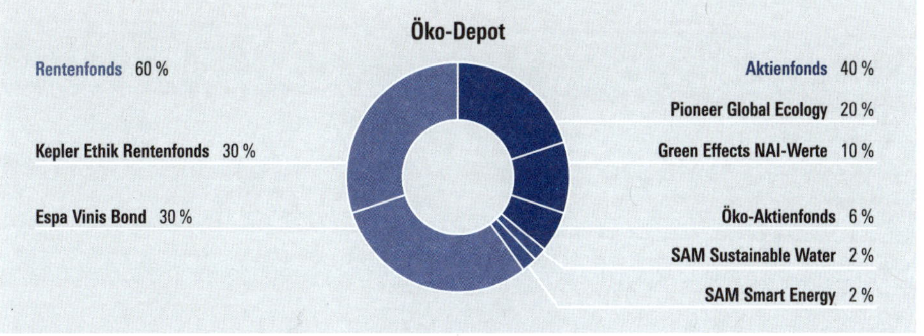

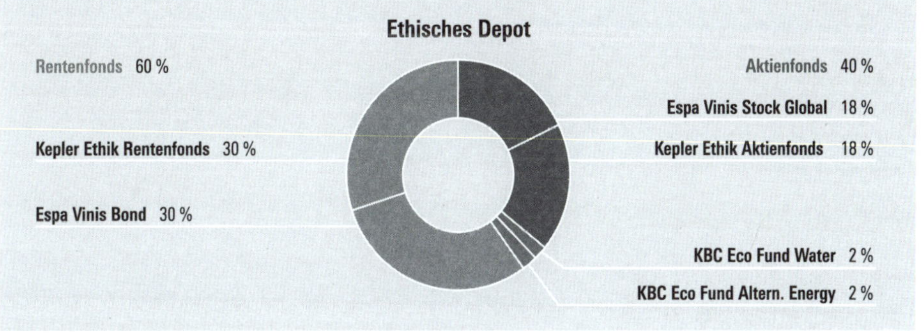

Das ausgewogene Depot enthält 40 Prozent Aktien. Die zwischenzeitlichen Verluste erreichen maximal 20 Prozent. Selbst im schlimmsten Fall und bei der kürzestmöglichen Laufzeit von fünf Jahren erhalten Anleger am Ende höchstwahrscheinlich mindestens ihr eingesetztes Kapital zurück.

Die sichere Grundlage: Als sichere Basis für beide Depots – das mit ethischem und das mit ökologischem Akzent – haben wir die Rentenfonds Espa Vinis Bond und Kepler Ethik Renten gewählt. Beide Fonds investieren in Staats- und in Unternehmensanleihen. Der Espa war der beste in unserem Test der sauberen Rentenfonds. Der Kepler gefällt uns, weil er auch an Staatspapiere strenge Kriterien anlegt (siehe Seite 76).

Die riskanten Anlagen: Der Aktienanteil im Ökodepot besteht hauptsächlich aus dem Pioneer Global Ecology. Er legt weltweit an und hat die breiteste Streuung. An zweiter Stelle steht der Fonds Green Effects. Er enthält Aktien aus dem Naturaktienindex NAI, der ein sehr strenges Nachhaltigkeitskonzept verfolgt (siehe Seite 71). Der Green Effects alleine ist für eine Basisanlage weniger geeignet, weil sein Manager die Titel für das Portefeuille aus nur 30 Aktien auswählen kann.

Den Dritten im Bunde bildet der Öko-Aktienfonds der DZ Bank, der überwiegend in Deutschlandaktien investiert. Im Ethikdepot haben wir den Aktienanteil mit dem Espa Vinis Global und dem Kepler Ethik Aktienfonds bestückt.

Aktienbranchenfonds bilden in beiden Depotvarianten eine kleine Beimischung. Für das Ökodepot haben wir die Fonds Smart Energy und Sustainable Water der SAM Group Zürich ausgewählt. Dagegen legen die beiden Themenfonds von KBC für erneuerbare Energien und Wasser mehr Wert auf ethische Kriterien. Sie sind deshalb Teil des Ethikdepots.

Renditevariante

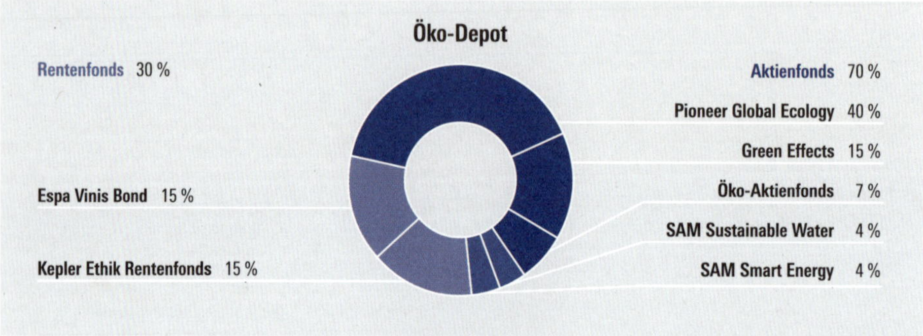

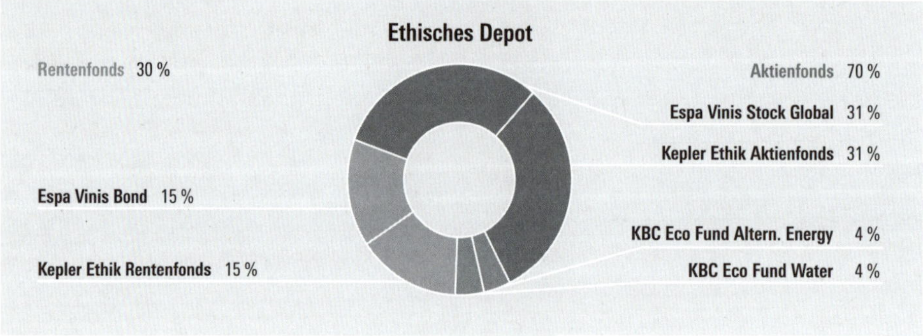

Die sauberen Renditedepots

Das Renditedepot enthält 70 Prozent Aktienfonds und nur 30 Prozent Rentenfonds.

Die sichere Grundlage: Auch wenn der Sicherheitsanteil nur 30 Prozent beträgt, können Anleger ihn mit den beiden Rentenfonds Espa Vinis Bond und Kepler Ethik Renten bestücken.

Die riskanten Anlagen: Auch den Aktienfondsanteil können Anleger genauso zusammensetzen wie für das ausgewogene Depot – mit dem Unterschied, dass die jeweiligen Anteile der Fonds höher ausfallen. Wer will, kann insgesamt mehr Aktienfonds als Basis einsetzen. Auch der für die Beimischungen vorgesehene Anteil kann auf mehr als zwei Fonds verteilt werden, ganz nach Geschmack. Für unsere Musterdepotvorschläge sind wir aber von denselben Fonds ausgegangen wie für das ausgewogene Depot.

Sicherheitsvariante

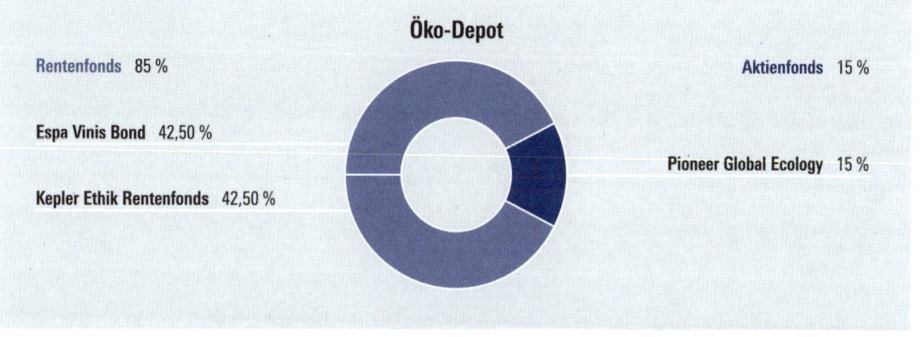

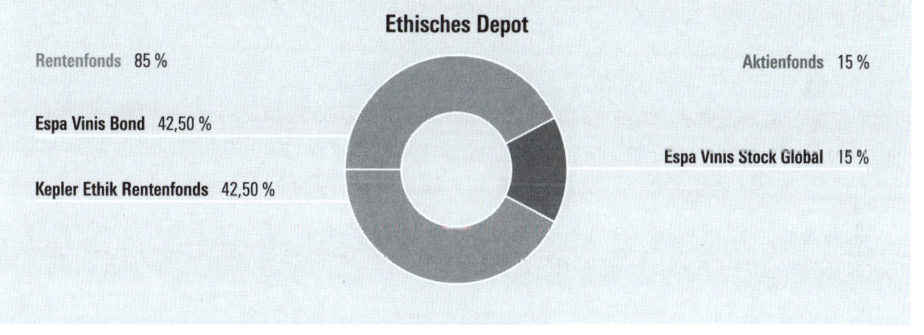

Die Sicherheitsvariante

Das Sicherheitsdepot enthält 85 Prozent Rentenfonds und lediglich 15 Prozent Aktienfonds.

Die sichere Grundlage: Auch unsere beiden Musterdepots für Anleger, die Sicherheit wünschen, sehen die Rentenfonds Espa Vinis Bond und Kepler Ethik Renten vor. Wer will, kann sich natürlich auch noch einen dritten Rentenfonds Euro dazulegen (siehe Seite 82).

Die riskanten Anlagen: Weil die Aktienquote beim Sicherheitsdepot so klein ist, besteht der Aktienfondsanteil nur aus dem breit streuenden, weltweit anlegenden Fonds Pioneer Global Ecology für das Ökodepot und dem Espa Vinis Stock Global für das Ethikdepot. Beimischungsfonds kommen schon wegen des höheren Risikos, das sie bergen, für die Sicherheitsvariante nicht infrage.

WANGARI MAATHAI setzt sich für die Verbesserung der Lebensbedingungen afrikanischer Frauen ein. Darin sieht sie die beste Möglichkeit, Wassermangel vorzubeugen und Umweltschäden zu verhindern. Die 70-jährige Kenianerin hat unter anderem in Gießen und München Biologie studiert. 1977 gründete sie das Green Belt Movement, ein Aufforstungsprojekt, dem sich inzwischen 13 Staaten angeschlossen haben. Für ihr Engagement erhielt sie 2004 den Friedensnobelpreis.

SO FUNKTIONIERT'S IN DER PRAXIS

Die Aktienfondsanteile in unseren Musterdepots sind nur ein Anhaltspunkt. Wer sich in keinem unserer drei Depotvorschläge wohl fühlt, kann seine Aktienquote auch nach eigenem Geschmack festlegen (siehe Grafik Seite 113). Zur praktischen Umsetzung noch eine Anmerkung: Es ist nicht notwendig, die Quoten auf den Cent genau auszurechnen. Das wäre auch kaum machbar, denn man käme sonst womöglich auf zu kleine Beträge oder müsste Bruchteile von Fondsanteilen kaufen, was nicht immer geht.

Für die Bestückung der Depots mit Fonds gilt: Anleger können die Akzente setzen, wie sie möchten. Unsere Vorschläge orientieren sich an den bei Redaktionsschluss dieses Buches den Finanztest-Fondsdauertest anführenden Fonds.

Der regelmäßige Check

Fonds kaufen und sich dann schlafen legen, so wie es der legendäre Börsenspekulant André Kostolany empfahl, das funktioniert nicht mehr. Anleger sollten ihr Depot regelmäßig überprüfen. Zum einen deshalb, weil sich die einmal gewählte Quote verschiebt, wenn beispielsweise die Aktienfonds besonders gut gelaufen sind. Ohne Anpassung würde in diesem Fall der Aktienanteil steigen und mit ihm das Risiko.

Zum anderen ist es wichtig, einmal im Jahr die Qualität der Fonds zu prüfen (siehe Checkliste rechts). Unser Fondsdauertest fußt zwar auf der Annahme, dass ein Fondsmanager, der seine Arbeit in der Vergangenheit gut gemacht hat, das auch in Zukunft tut. Eine Garantie dafür gibt es aber nicht. Wird die Finanztest-Bewertung zu schlecht, sollten die Fonds gegen neue, bessere ausgetauscht werden.

Am Ende der Laufzeit

Eine schreckliche Vorstellung: Man spart Jahr um Jahr, das Depot wächst und gedeiht, und kurz bevor man das Geld braucht, frisst ein Börsencrash die ganze Rendite auf. Es ist nämlich so: Auch im letzten Anlagejahr kann noch das eintreten, was unsere blaue Kurve in Grafik 3 auf Seite 113 als maximalen Verlust zeigt.

Deshalb lohnt es sich, die Gewinne nach und nach in Sicherheit zu bringen und die Aktienquote mit der Zeit zu verringern. Natürlich lohnt sich das Ablaufmanagement nur, wenn wirklich Gewinne aufgelaufen sind. Direkt nach einem Crash wäre die Verringerung der Aktienquote Unsinn. Im Gegenteil: Dann ist die Wahrscheinlichkeit, dass sich die Aktien wieder erholen, vergleichsweise groß, und es ist deshalb besser, die Fonds noch eine Weile zu behalten.

CHECKLISTE: Die Schritte zum grünen Depot

- ☐ **Laufzeit.** Kaufen Sie Aktien und Rentenfonds nur, wenn Sie mindestens fünf Jahre Zeit haben. Sonst sind Tages- und Festgeld besser.
- ☐ **Depotstruktur.** Legen Sie mithilfe unserer Grafik (siehe Seite 113) das Verhältnis von Aktien- und Rentenfonds fest. Haben Sie bereits ein Depot, passen Sie es an.
- ☐ **Füllungen.** Hauptbausteine für Ihr Depot sind Aktienfonds Welt, Europa oder Euroland sowie Rentenfonds Euro. Alle anderen Fonds sollten Sie nur beimischen.
- ☐ **Fondstest.** Die Kriterien, nach denen die Fonds anlegen, finden Sie im Produktfinder „Saubere Fonds" unter www.test.de/saubere-fonds. Aktuelle Bewertungen können Sie auch unter www.test.de/fondsfinder abrufen. Kontrollieren Sie regelmäßig – ein- oder zweimal pro Jahr –, ob die Qualität Ihrer Fonds noch gut ist, und reagieren Sie auf Veränderungen.
- ☐ **Check.** Überprüfen Sie einmal im Jahr, ob das Mischungsverhältnis von Aktien- und Rentenfonds noch stimmt, und passen Sie es gegebenenfalls an.

UNTERNEHMERISCHE BETEILIGUNGEN

Unternehmerische Beteiligungen sind die älteste Form der Geldanlage. Schon Kaufleute aus dem alten Rom finanzierten gemeinsame Handelsexpeditionen. Die Gewinne und das Verlustrisiko wurden im Verhältnis der Einlagen geteilt. Heute geht die Reise gerne ins Grüne. Privatanleger tun sich zusammen, um gemeinsam einen Wind- oder Solarpark ans Netz zu bringen. Und dann die staatlich garantierte Einspeisevergütung zu genießen.

WAS SIND GESCHLOSSENE FONDS?

Im Anlagesegment der erneuerbaren Energien häufig anzutreffen sind Beteiligungen über geschlossene Fonds und so genannte Direktbeteiligungen. Diese dienen zur Finanzierung bestimmter Projekte wie Immobilien, Containerschiffen, Flugzeugen oder inzwischen zum Beispiel auch schon einmal einem Weinberg.

Wind- und Solarkraftwerke, Stromerzeugung aus Biomasse und Investments in Holz sind die gängigen Themen, mit denen die Initiatoren dieser Projekte ökologisch orientierte Anleger ansprechen. Hinter dem Begriff „geschlossene Fonds" stehen Unternehmen vor allem der Rechtsformen GmbH, KG oder GmbH und Co. KG. Allen geschlossenen Fonds gemeinsam ist, dass Anleger hier Mitunternehmer werden und als solche nicht nur an den Gewinnen, sondern auch an den Verlusten ihrer Anlagegesellschaft beteiligt sind. Meistens ist die Haftung auf die Höhe der Einlage begrenzt.

Bei einer Direktbeteiligung kauft der Anleger keine Anteile wie der Kunde eines geschlossenen Fonds. Direktbeteiligungen gibt es zum Beispiel bei Holzinvestments: Der Anleger kauft ein Stück Wald – ihm gehören das Grundstück und die Erträge daraus. Im Gegensatz zu geschlossenen Neue-Energien-Fonds gibt es bei Holzinvestments meist keine regelmäßigen Ausschüttungen.

Geld gibt es nur dann, wenn ausgeforstet und Holz verkauft werden kann. Und natürlich ganz am Schluss, wenn die besten Bäume groß gewachsen und gefällt worden sind.

Für wen?

Geschlossene Fonds haben meist Mindestbeteiligungssummen ab 10 000 Euro. Sie sind also nur etwas für Menschen, die schon Geld auf der Seite haben und für die selbst eine Mindestbeteiligung nur einen kleinen Teil des Gesamtvermögens darstellt.

Angebote an Kleinanleger, sich über viele Jahre in monatlichen Raten von zum Beispiel 50 Euro an geschlossenen Fonds zu beteiligen, hält Finanztest für unseriös. Solche oft unzutreffend als „Ratensparpläne" bezeichneten Unternehmensbeteiligungen sind viel zu teuer. Fixe Kosten und das mit solchen Beteiligungen verbundene Verlustrisiko stehen in einem krassen Missverhältnis zu den Renditechancen.

Eines ist praktisch allen unternehmerischen Beteiligungen gemeinsam. Sie sind langfristig angelegt. Manche Fonds haben geplante Laufzeiten von 20 Jahren. Ein zwischenzeitlicher Ausstieg ist nicht so einfach möglich. Es gibt zwar einen Zweitmarkt, auf dem Anleger ihre Anteile verkaufen könnten. Aber der ist sehr unbelebt.

Das liegt zum einen daran, dass es auf diesem Zweitmarkt nicht so viele Marktteilnehmer gibt wie an einer Börse. Es ist deshalb nicht so einfach, Käufer für seine Anteile zu finden. Anteile schlecht laufender Fonds werden oft gar nicht gehandelt. Zum anderen ist es schwierig, den Wert der geschlossenen Fonds und somit den Wert der Anteile zu bestimmen. Wenn Anleger die Möglichkeit haben, Anteile zu verkaufen, laufen sie Gefahr, einen zu niedrigen Preis für ihre Beteiligung zu bekommen.

NICHTS FÜR KLEINANLEGER

Beteiligungen über geschlossene Fonds haben mit den von vielen Kleinanlegern genutzten Investmentfonds überhaupt nichts zu tun. Sie sind auch nicht für Kleinanleger geeignet. Investmentfonds wie Aktien-, Misch- oder Rentenfonds (siehe Seite 51) verteilen das Geld auf verschiedene Wertpapiere und streuen somit das Risiko – ganz anders als geschlossene Fonds, die eine feste Laufzeit über zehn oder zwanzig Jahre haben. Investitionen in Investmentfonds sind schon für sehr geringe Beträge möglich. Außerdem können Anleger ihre Fondsanteile jederzeit verkaufen. Auch das ist bei geschlossenen Fonds anders. Bei geschlossenen Fonds werden Anleger zu Mitunternehmern – mit den entsprechenden Risiken.

Anleger sollten das Geld, das sie investieren möchten, nicht schon in wenigen Jahren wieder benötigen. Halten sie durch, können sie sich über Ausschüttungen während der Laufzeit freuen, mit denen sie im Idealfall ihre Einlagen verdoppeln bis annähernd verdreifachen können. In der Vergangenheit haben die Anbieter mit ihren Prognoserechnungen aber eher übertrieben. Die tatsächlichen Renditen hängen vom persönlichen Steuersatz der Anleger ab und davon, ob der Anleger

INFO

Was die Rechtsform über eine Beteiligung verrät

Wie ein Unternehmen organisiert ist, lässt sich aus der Rechtsform ablesen. Diese wiederum verrät dem informierten Anleger viel über das Risiko, das ihm blühen kann. Zum Beispiel über die möglichen Verluste und haftungsrechtlichen Konsequenzen einer Pleite.

GmbH und Co. KG: Interessenten an geschlossenen Fonds begegnen am häufigsten der Rechtsform „GmbH und Co. KG". Ausgeschrieben sind das „Gesellschaften mit beschränkter Haftung & Compagnie Kommanditgesellschaft". Es handelt sich dabei im deutschen Gesellschaftsrecht um eine Sonderform der Kommanditgesellschaft (KG).

In dieser Rechtsform verbinden sich die Vorteile einer Personengesellschaft mit der Haftungsbegrenzung der Kapitalgesellschaft. Der Unterschied dieser Sonderform zur „normalen" Kommanditgesellschaft ist der Komplementär. Bei der KG ist das ein Mensch, der für Schulden der Gesellschaft mit seinem Privatvermögen einstehen muss, während die Kommanditisten höchstens ihre Einlagen verlieren können.

Bei der GmbH und Co. KG ist die Komplementärin eine Gesellschaft mit beschränkter Haftung. Sie haftet nur bis zur Höhe der Stammeinlage, in der Regel bis 25 000 Euro. Die Anleger stehen mit ihrer Einlage gerade. Die Anleger sollten darauf achten, dass die GmbH nicht gleichzeitig bei mehreren GmbH & Co. KGs Komplementärin ist.

Ein hohes Haftungsrisiko ist das sogenannte Wiederaufleben der Haftung. Es kommt immer wieder vor, dass Fonds Geld ausschütten, das nicht verdient wurde, sondern aus der Substanz stammt. Dann hat der Anleger von seiner Einlage praktisch wieder etwas zurückbekommen. Und mit dieser Summe haftet er erneut, sollte der Fonds pleitegehen.

Gesellschaft bürgerlichen Rechts (GbR): Es gibt selten noch geschlossene Fonds in Form einer Gesellschaft bürgerlichen Rechts, zum Beispiel Immobilienfonds oder Spezialitätenfonds wie Weinberge. Wer keinen Dukatenesel zu Hause hat, sollte davon die Finger lassen. Jeder Gesellschafter haftet nämlich gesamtschuldnerisch. Funktioniert das Geschäftsmodell des Fonds nicht, etwa weil der Wind zu schwach weht, um ausreichend Kilowattstunden in einem Windpark zu erzeugen, können sich Handwerker, Makler und Banken, denen der Fonds Geld schuldet, an jeden einzelnen Anleger wenden und ihre Forderungen eintreiben.

Offene Handelsgesellschaft (OHG): Ähnlich wie bei der Gesellschaft bürgerlichen Rechts sieht es bei der Offenen Handelsgesellschaft aus – jeder Anleger haftet mit seinem Privatvermögen.

einen Kredit aufnimmt, um seine Beteiligung zu finanzieren. Durch eine Fremdfinanzierung kann zwar die Rendite auf das eingesetzte Eigenkapital steigen, die Risiken nehmen allerdings auch extrem zu. Grundsätzlich ist deshalb von einer kreditfinanzierten Beteiligung an einem geschlossenen Fonds klar abzuraten. Gerät der Fonds in die roten Zahlen, schüttet er kein Geld mehr aus, und der Anleger kann seine Kreditraten unter Umständen nicht mehr bedienen.

Es sind oft neue Technologien, die über unternehmerische Beteiligungen finanziert werden sollen. Ohne die Risikobereitschaft der Anleger gäbe es viele Windräder und Solarkraftwerke nicht. Über jeder Unternehmung schwebt immer das Damoklesschwert des Scheiterns. Mehr als 10 Prozent ihres Barvermögens sollten Anleger daher nicht in unternehmerische Beteiligungen stecken. Investoren sollten darüber hinaus viel Zeit haben und einen möglichen Totalverlust verkraften können.

Ein Neue-Energien-Fonds funktioniert so, dass Anleger auf ihr eingezahltes Geld 20 Jahre lang regelmäßige Ausschüttungen bekommen. Er eignet sich also eher für Menschen, die im Alter ihr Vermögen verzehren können. Bekommt zum Beispiel jemand zu Rentenbeginn seine Lebensversicherung ausbezahlt und benötigt nicht die gesamte Summe für Reparaturen am eigenen Haus, für das Wohnmobil, die Weltreise oder schlicht für den Lebensunterhalt, kann er eine Beteiligung an einem Neue-Energien-Fonds ins Auge fassen.

Der Markt der geschlossenen Fonds

12 Prozent, 13 Prozent. Die möglichen Renditen von geschlossenen Fonds werden von deren Marketingabteilungen in rosigen Farben gemalt. Die Werbung für Fonds, die Wind- und Solarkraftwerke bauen und betreiben oder Tropenhölzer pflanzen und großziehen, bildet da keine Ausnahme.

Die Ökomasche zieht. Obwohl die Menschen in Deutschland 2009 deutlich weniger Geld in geschlossene Fonds gesteckt haben als noch im Jahr zuvor, zählen die Energiefonds zu den Gewinnern. Rund 550 Millionen Euro an Eigenkapital steckten die Anleger in die Energieerzeugung aus Wind und Sonne, aus Biogas oder Erdwärme. Das waren 150 Prozent mehr als noch 2008.

Attraktiv waren aus Sicht vieler Anleger vor allem Solar- und Windfonds sowie Biomasse, weil die Stromerzeugung aus erneuerbaren Energien staatlich gefördert wird (siehe Kasten rechts). Dass der Zulauf im vergangenen Jahr so groß war, lag wahrscheinlich auch an der Diskussion um die außerplanmäßigen Kürzungen bei der Solarförderung. Die Leute wollten sich die alten, hohen Fördersätze noch sichern.

Wegen der staatlichen Preisgarantie gelten deshalb Wind- und Solarfonds als sicherer als zum Beispiel Schiffsbeteiligungen und geschlossene Immobilienfonds. Da der Anleger mit den Anteilen an einem geschlossenen Fonds in der Regel Sachwerte erwirbt, schützen diese zumin-

EINSPEISEVERGÜTUNGEN 2010[1)]

Solar	
Dachfläche/Lärmschutzwand: (ab 1 Megawatt Leistung)	24,79 Cent pro kWh
Freifläche, leistungsunabhängig:	25,37 Cent pro kWh[2)]
Wind	
Festland	9,11 Cent pro kWh in den ersten 5 Jahren, danach 4,97 Cent pro kWh[3)]
Auf See	15 Cent pro kWh für die ersten 12 Jahre, danach 3,5 Cent pro kWh[4)]
	+ Systemdienstleistungsbonus von 0,5 Cent pro kWh
Biomasse (bis 5 Megawatt Leistung)[5)]	
	ab 8,17 Cent pro kWh
	+ Zuschläge für Kraft-Wärme-Kopplung, Verwendung von Gülle oder nachwachsenden Rohstoffen, Landschaftspflege

1) Die zum Zeitpunkt der Inbetriebnahme einer Anlage geltenden Einspeisevergütungen werden 20 Jahre lang bezahlt. 2) Die Fördersätze sinken für ab dem 1. Januar 2011 ans Netz gehende Anlagen voraussichtlich um 13 Prozent. Außerplanmäßige Kürzungen sind möglich. 3) Jedes Jahr sinkt die Vergütung für neu installierte Anlagen um 1 Prozent. 4) Bei ab 2015 ans Netz gehenden Anlagen sinkt die Vergütung um 5 Prozent jährlich. 5) Bei Verstößen gegen die Nachhaltigkeitsverordnung entfällt die Vergütung.

dest auf dem Papier auch vor Inflation. Auch das ist ein Grund, warum Anleger infolge der Finanzkrise diese Art der Geldanlage gezeichnet haben.

Dieser Inflationsschutz ist allerdings begrenzt. Die Einspeisevergütung steht für 20 Jahre fest. Die Inflation nagt daher beständig an der Kaufkraft der Erträge. Nach Ablauf der 20 Jahre ist die Anlage, also der ursprünglich erworbene Sachwert, in der Regel nichts mehr wert. Fällt der Stromertrag geringer aus als geplant oder fallen eventuell sogar Verluste an, ist es mit dem Inflationsschutz auch nicht mehr so weit her. Je nach Rechtsform der Gesellschaft kann es dann sogar zu einer Nachschusspflicht kommen, das heißt, die Anleger haften mit ihrem eigenen Vermögen (siehe Kasten Seite 123).

In der Vergangenheit hat sich häufig herausgestellt, dass die in Aussicht gestellten Renditen zu hoch waren. Tatsächlich liefen die Geschäfte nicht so gut wie angenommen. Schuld daran waren zum einen zu optimistische Prognosen beispielsweise über die Sonnenscheindauer oder darüber, wie stark der Wind weht.

Zum Zweiten kalkulieren die Initiatoren der Fonds oft mit hohen Kosten – sie wollen nämlich vor allem selbst Geld daran verdienen.

Zum Dritten machen den Fonds oft auch die Kosten für Kredite, die sie aufgenommen haben, zu schaffen. Hohe Risiken verbergen sich zum Beispiel hinter einer Kreditfinanzierung in einer Fremdwährung. Die Kurse von Schweizer Franken, US-Dollar oder Yen schwanken. Dieses

INFO **Sind Neue-Energien-Fonds nachhaltig?**

Ein Wind- oder Solarfonds ist nicht wegen seines Themas schon nachhaltig. Dass er zusätzlich zum ökonomischen Interesse auch ökologische und soziale Interessen verfolgt, ist nicht gesagt. Bis 2050 sollen die erneuerbaren Energien den gesamten Stromverbrauch Deutschlands und einiger anderer Länder in der Europäischen Union decken. Das wird den Ausstoß an Kohlendioxid hierzulande enorm senken. Ob sich der Ausstoß an Klimagasen insgesamt dadurch reduziert, hängt davon ab, ob die erneuerbaren Energien tatsächlich dazu führen, dass die Förderung fossiler Energieträger weltweit sinkt.
Welche Folgen für Umwelt und Naturschutz aus dem Umbau der Energiewirtschaft erwachsen, lässt sich noch nicht absehen. Konflikte werden nicht ausbleiben, zum Beispiel über Windparks in den Lebensräumen von Seevögeln, Meeressäugern und Fischen.
Wenn Solarfonds Module aus China oder den USA importieren, handeln sie wegen der günstigeren Einkaufspreise als hierzulande vielleicht im Interesse der Anleger. Es ist aber nicht garantiert, dass diese Module umweltfreundlich und für die Angestellten sozial verträglich hergestellt wurden. Anleger mit Nachhaltigkeitsanspruch sollten belastbare Informationen darüber einfordern, bevor sie investieren.

Wechselkursrisiko kann die Anleger empfindlich treffen.

Insgesamt stecken mehr als 163 Milliarden Euro in geschlossenen Fonds, die in Deutschland angeboten werden. Darin sind sowohl das Eigenkapital enthalten, also das von den Anlegern eingezahlte Geld, als auch die Kredite, mit denen die Fonds ihr Volumen – und gleichzeitig das unternehmerische Risiko erhöhen. Bei Neue-Energien-Fonds liegt die Kreditquote deutlich höher als bei anderen geschlossenen Fonds. 2009 betrug ihre durchschnittliche Fremdkapitalquote laut einer Studie der Ratingagentur Feri stolze 65 Prozent. Das heißt: Manche Anbieter arbeiten sogar mit noch höheren Kreditaufnahmen. Es gibt aber auch geschlossene Fonds, die nur mit Eigenkapital arbeiten. Das macht diese Fonds weniger riskant, trotzdem kann man bei geschlossenen Fonds mitnichten von einer sicheren Geldanlage sprechen.

Die Zahlen, die es zum Markt der geschlossenen Fonds gibt, stammen unter anderem vom Verband Geschlossene Fonds (VGF). Der stützt sich für 2009 auf die Angaben von 122 Anbietern. Als relevant gelten rund 170 Anbieter. Etwa 500 Anbieter geschlossener Fonds dürfte es in Deutschland aktuell geben. Genauer ist diese Zahl nicht bekannt.

WINDKRAFT

Windkraftfonds gibt es seit 1996. Damals lag der Anteil erneuerbarer Energien am Bruttostromverbrauch Deutschlands bei unter 5 Prozent. 2009 erreichte er 16 Prozent, hat das Bundesumweltamt in einer im Juni 2009 veröffentlichten Studie errechnet. Der Bruttostromverbrauch entspricht der Gesamtstrommenge, die hierzulande erzeugt wird. Dazugezählt werden die Stromeinfuhren, abgezogen werden die Stromausfuhren.

Windkraftwerke alleine deckten 2009 etwa 7,6 Prozent des gesamten Stromverbrauchs in Deutschland ab. Dieser Anteil wird wachsen. Da ältere Windräder in der nahen Zukunft durch neuere, leistungsfähigere Anlagen ersetzt werden, wird dieser Beitrag deutlich steigen. Die neuen Möglichkeiten, Windenergie offshore, also auf dem Meer, zu erzeugen, unterstützen die Entwicklung.

Mehr als 21 000 Windräder mit einer installierten Leistung von fast 26 000 Megawatt gab es Ende 2009 in Deutschland. Damit hat die Windenergie die Atomkraft überholt. Diese hat eine installierte Leistung von 22 517 Megawatt. Das bedeutet nicht, dass die Windkraftanlagen mehr Strom erzeugen als die Atomkraftwerke. Sie könnten dies nur dann, wenn der Wind immer konstant wehen würde und die Windkraftanlagen damit ständig voll ausgelastet wären.

Die meisten Windräder haben private Anleger finanziert, die sich an Windparks beteiligt haben. Sie sind als Kommanditisten, in der Regel einer GmbH und Co. KG, Gesellschafter einer Personengesellschaft geworden (siehe Kasten Seite 123). Diese Gesellschaft verkauft Strom und erzielt daraus Erträge.

Der Preis entsteht nicht auf einem Markt. Er ist vom Gesetzgeber festgelegt. Das gibt eine gewisse Sicherheit für die Anleger – dennoch bleibt es ein riskantes Investment (siehe Seite 122). Aus der Förderdauer ergibt sich auch die Dauer eines solchen Projektes. Die geplanten Laufzeiten sind analog dazu in der Regel auf 20 Jahre ausgelegt.

Darauf kommt es beim Investment an

Windgutachten

Wer in ein Windkraftwerk oder in einen Park aus mehreren Windkraftwerken investieren will, sollte die Angaben zum Standort genau prüfen. Wie der Wind dort weht bestimmt, wie viel Strom die Anlage erzeugt. Je hoher die Ausbeute, desto größer sind der wirtschaftliche Erfolg und die Rendite.

Die guten Plätze sind immer zuerst weg. Das gilt auch für die Standorte von Windkraftwerken. Die Küstenregionen sind so gut wie belegt. Ausbaumöglichkeiten gebe es vor allem in den mittleren und südlichen Bundesländern, stellt das Bundesumweltamt in einer Studie fest.

ULRICH HÜTTER gilt als der Vater der modernen Windenergienutzung – und zwar an Land wie auf See. Der österreichisch-deutsche Ingenieur schuf 1942 mit seiner Doktorarbeit die technischen Grundlagen heutiger Windkraftanlagen. Die Anstöße dazu gewann Hütter aus dem Flugzeugbau, wo er während des Krieges eingesetzt war. 1957 baute Hütter das erste Windkraftwerk an Land mit „freifahrenden Turbinen". Ein Jahr später folgte eine Anlage auf einer Bohrinsel im Golf von Mexiko. Bis 1980 bildete Hütter Ingenieure an der TH Stuttgart aus. Er verstarb 1990 mit 80 Jahren.

Welche Potenziale tatsächlich vorhanden seien, gelte es noch zu ermitteln.

Auf die Windgutachten sollte ein Anleger zuallererst achten. Mindestens zwei Gutachten von verschiedenen Gutachtern sollte der seriöse Anbieter eines Windfonds vorlegen. Die sollten nach den Standards des Bundesverbands Windenergie erstellt sein und den aktuellen Windindex enthalten (http://www.iwr.de/wind/wind/windindex/index.html). Noch besser ist es, wenn zusätzlich ein davon unabhängiges Gutachten vorliegt. Die Gutachter wagen Prognosen, die sie aus über Jahre gesammelten Messdaten und der Analyse der Topografie der die Anlage umgebenden Landschaft errechnen. In der Vergangenheit blieben viele Windfonds unter den angenommenen Werten.

BLINDPOOL ODER DIE KATZE IM SACK

Manche Fonds sammeln Geld ein, ohne dem Anleger konkret sagen zu können, wo es investiert werden soll. Das heißt, die Initiatoren warten auf eine günstige Gelegenheit. Dieses Verfahren nennt man Blindpool. Da Anleger in diesem Fall beispielsweise die Standorte von Windrädern oder Solaranlagen nicht kennen können, erhöht sich dadurch ihr Risiko enorm. Sie haben ihr Geld nämlich bereits abgegeben, wenn sie die vollständigen Angaben zum Projekt erhalten. Auf Deutsch nennt man das „die Katze im Sack kaufen".

Die durchschnittliche Jahreswindgeschwindigkeit an einem Standort sollte in jedem Gutachten mindestens 4,5 Meter/Sekunde betragen. Die durchschnittliche Windgeschwindigkeit auf der bei etwa 65 Meter liegenden Nabenhöhe des Windrads sollte mindestens 6 Meter pro Sekunde sein. Liegt die Nabe höher, sollte auch die Windgeschwindigkeit höher sein. Es kommt in Ausnahmefällen vor, dass Anlagen auch an Standorten mit schlechteren Werten als die genannten wirtschaftlich betrieben werden können.

Die folgenden Zahlen sind Anhaltspunkte. Der Bundesverband Windenergie hat sie seit fünf Jahren nicht aktualisiert. Vor allem die Betriebskosten könnten sich seither geändert haben:

Technische Abschläge

Die mögliche Wind- und damit Energieausbeute ist nicht gleichzusetzen mit der tatsächlichen. Stehen in einem Windpark mehrere Windräder zusammen, nehmen sie sich gegenseitig Wind weg. Dieser Verlust kann bis zu 15 Prozent der im Park theoretisch zu produzierenden Kilowattstunden ausmachen. Schafft ein Windpark tatsächlich nur diese 85 Prozent Wirkungsgrad, sollte der Anleger Abstand nehmen.

Verluste erzeugt auch die Technik eines Windkraftwerkes. Interne Netzverluste im Trafo und der Eigenverbrauch an Strom liegen laut Bundesverband Windenergie zusammen bei zwischen 2 und 4 Prozent.

Kein Windrad läuft ununterbrochen. Wartet ein Monteur die Anlage, produziert sie keinen Strom. Dieser Ausfall liegt statistisch bei etwa einer Woche im Jahr, hat das Institut für Solare Energieversorgungstechnik an der Universität Kassel ermittelt. Das bedeutet einen Abschlag von bis zu 2 Prozent.

ABSCHLÄGE SCHLAGEN DURCH

Diese Zahlen hören sich harmlos an. In der Gewinn- und Verlustrechnung einer Windkraftanlage entfalten sie jedoch eine enorme Wirkung, vor allem wegen der meist hohen Fremdfinanzierung dieser Unternehmungen. Pauschal heißt es: Produziert ein Windpark 10 Prozent weniger Strom als erwartet, fehlen am Ende 30 Prozent an der Rendite.

Der Erfolg der erneuerbaren Energien selbst könnte in Zukunft die mögliche Rendite schmälern. Ausgerechnet wenn der Wind besonders stark bläst, müssen viele Rotoren stillstehen. Die vorhandenen Hoch- und Höchstspannungsnetze sind dann nicht mehr in der Lage, den zusätzlichen Strom aufzunehmen. Neue, intelligentere Netze (smart grids) mit mehr Übergabepunkten auch zwischen den Ländern in Europa sollen diese Engpässe in der Zukunft beheben. Dafür sind nach den bisherigen Voraussagen große Investitionen nötig, unter anderem der Bau von Stromspeichern, also Stauseen.

Kaufmännischer Abschlag

Selbst wenn ein Standort in der Vergangenheit eine ausreichende Windausbeute geliefert hat, muss das nicht über die gesamte Laufzeit eines Investments so bleiben. Die Jahre 2001 bis 2003 beispielsweise fielen in einigen Regionen deutlich schwächer aus als in den Jahren davor und danach. Anbieter sollten ihre Prognosen daher immer mit einem ausreichenden kaufmännischen Sicherheitsabschlag versehen, zusätzlich zu den bereits genannten Abschlägen. Die Höhe dieses Sicherheitsabschlags hängt davon ab, wie viel über den Standort und die eingesetzte Technik bekannt sind. Der Bundesverband Windenergie fordert bei gut belegbarer Datenlage einen kaufmännischen Sicherheitsabschlag zwischen 7 und 10 Prozent des prognostizierten Jahresumsatzes.
Sei über einen Standort noch nicht alles

bekannt, müsse der Abschlag sogar höher ausfallen, heißt es beim Verband.

Von der möglichen Energieausbeute müssen also rund 30 Prozent abgezogen werden, will man alle Risiken einkalkulieren. Das Ergebnis ist der Netto-Jahresenergieertrag.

Kosten

Die Kosten teilen sich auf in die Investitions- und die Betriebskosten.
Investitionskosten: Hat ein Anleger die Qual der Wahl, muss er die Kosten vergleichen. Bei Windkraftanlagen ist dies schwierig. Kein Windkraftwerk gleicht dem andern.

Relativ leicht zu ermitteln und zu vergleichen sind die Kosten pro Kilowattstunde im Jahr. Dazu werden die Investitionskosten einschließlich Ausgabeaufschlag durch den erwarteten Netto-Jahresenergieertrag geteilt. Das Ergebnis sollte 0,68 Euro nicht überschreiten (2004). Höhere Werte sollte der Initiator gut begründen können. Zum Beispiel damit, dass er das Grundstück gekauft hat und somit keine Pacht anfällt.

Besonderes Augenmerk sollten Anleger den in der Investition enthaltenen „weichen" Kosten schenken. Die entstehen durch Beratungsleistungen, Gutachten, Kreditkosten und vor allem durch den Vertrieb. Auch die Vergütungen fallen darunter, die sich die Initiatoren selbst genehmigen. Die weichen Kosten sind in den Prospekten oft in Pauschalen und Festpreisen versteckt.

Betriebskosten: Für Anleger wichtig ist der Zeitpunkt, zu dem ein Windkraftwerk ans Netz gehen soll. Verzögert sich der Start in ein neues Kalenderjahr, weil noch nicht alle Genehmigungen vorliegen oder die Zwischenfinanzierung klemmt, sinkt die Rendite. Die garantierten Einspeisevergütungen, die über die gesamte Betriebsdauer gleichbleibend sind, verringern sich nämlich mit jedem Jahr, das die Anlage später ans Netz geht.

Zudem kommt die erste Ausschüttung entsprechend später.

Gibt es viel Wind zu ernten, spielt ein Windkraftwerk mehr als die prognostizierten Einnahmen ein. Für diese Fälle räumen sich manche Betreiber eine erfolgsabhängige Vergütung ein. Anleger sollten darauf achten, dass solche Mehreinnahmen mit Mindererlösen aus Jahren mit geringerer Windausbeute verrechnet werden.

Für die Wartung sollten die Prospekte über die gesamte Laufzeit etwa 13 bis 16 Prozent des Umsatzes vorsehen. Zu Beginn und am Ende der Betriebszeit sind die Wartungskosten höher. Die Deckungssummen der Versicherungen sollten ausreichen, um auch größere Schäden auszugleichen.

Hingewiesen werden sollten Anleger auf jeden Fall auch auf den Inflationsausgleich. Die Ausschüttungen an die Gesellschafter haben wegen der Vergütungssätze aus dem Erneuerbare-Energien-Gesetz (EEG) ein starres Element, das nicht der Inflation unterworfen ist. Die laufenden

ERNST ULRICH VON WEIZSÄCKER war 1991 der Gründungspräsident des Wuppertal Instituts für Klima, Umwelt, Energie. Den „Umweltverbrauch" zu verringern und das Klima durch eine Effizienzrevolution der Weltwirtschaft zu schützen war schon vor der ersten großen Umweltkonferenz von Rio de Janeiro 1992 der wissenschaftliche Ansatz des heute 71-Jährigen. Wirtschaftliches Wachstum und Schonung der natürlichen Grundlagen schließen sich seinen Ergebnissen zufolge nicht aus.

Kosten der Fondsgesellschaft unterliegen jedoch sehr wohl der Inflation. In den Prognoserechnungen sollte daher eine Inflationsrate von 2 Prozent berücksichtigt sein. Steigt die Inflation über diesen Wert, müssen die Anleger mit sinkenden Ausschüttungen rechnen. Falls ein Anleger von stärker steigenden Inflationsraten ausgeht, ist eine Windkraftbeteiligung für ihn keine Anlagealternative. Denn hier wirken sich höhere Inflationsraten eindeutig renditemindernd aus.

Auch der Rückbau und die Verschrottung von Windkraftanlagen zählen zu den Betriebskosten. Als Faustregel gilt, dafür rund 30 000 Euro je Megawatt Nennleistung im Prospekt auszuweisen. Die Zahlen für einen möglichen Erlös aus dem Verkauf der wieder verwertbaren Materialien sind mit Vorsicht zu genießen. Restwerte von 20 bis 30 Prozent für die abgenutzten Maschinen gehören ins Reich der Fantasie. Nüchtern kalkulierende Anleger gehen besser von einem Restwert gleich null und zusätzlichen Rückbaukosten aus. Kommt am Ende dann doch noch etwas herein, ist dies ein erfreuliches Zubrot.

Rendite

Die Renditen werden in den Prospekten optimistisch dargestellt. Vor Steuern finden sich in den Prospekten meist 6 bis 8 Prozent. Wegen der steuerlichen Abschreibungsmöglichkeiten werden dem Privatinvestor oft auch 8 bis 10 Prozent nach Steuern versprochen.

Diese Renditen werden praktisch immer nach dem internen Zinsfuß berechnet. Vereinfacht gesagt, heißt das, es wird immer nur das jeweils im Fonds gebundene Kapital verzinst, nicht etwa die anfangs geleistete Einlage über die gesamte Laufzeit.

Den internen Zinsfuß nachzurechnen sollten nur mathematisch beschlagene Anleger versuchen. Leichter ist es, die Angaben zu den gesamten Ausschüttungen über die vorgesehene Lebensdauer der Windkraftanlage zu vergleichen. Für den Bundesverband Windenergie liegt eine gute Gesamtausschüttung jenseits von 280 Prozent, eine magere unter 250 Prozent. Unter den Begriff Gesamtausschüttung fällt auch die Einlage. Hat sich jemand mit 10 000 Euro an einer Windkraft-

INFO **Garantien kosten Geld**

Immer mehr Fonds bieten Rückkaufgarantien oder garantierte Ausschüttungen an.

Rückkauf. Die Fonds haben kurze Laufzeiten von etwa zehn bis zwölf Jahren. Danach kauft der Initiator die Anteile der Gesellschafter zurück. Der Preis beträgt meist die ursprüngliche Investitionssumme und das Agio.

Die Ausschüttungen fallen in diesen Modellen eher mager aus, weil der Initiator in den ersten Jahren die Schulden des Fonds tilgt. Der Anleger hat als Mitunternehmer dennoch genauso viele Pflichten wie der Anleger, der seinen Fonds über die gesamte Laufzeit hält.

Hat der Garantiegeber zum vereinbarten Rückkaufzeitpunkt kein Geld, ist es müßig, die Garantie einzufordern. Der Anleger sitzt dann im Projekt fest.

Ausschüttungen. Gleichgültig, wie der Wind weht: Der Fonds schüttet das aus, was im Prospekt versprochen wird. Das klingt zunächst einmal gut. Der Prospekt sollte ausdrücklich darauf hinweisen, wie hoch die Garantiesumme insgesamt werden kann und ob der Garantiegeber überhaupt so viel Geld hat.

Die garantierten Zahlungen erkauft der Anleger mit niedrigeren Ausschüttungen. Was die Windanlage mehr erwirtschaftet, fließt in die Taschen des Initiators.

Erfahrungen der Vergangenheit zeigen: Müssen Garanten wirklich zahlen, können sie das häufig nicht. Tritt der Garantiefall hingegen nicht ein, dann kassiert der Garant nur unnötig Geld, das die Rendite des Anlegers schmälert.

Anleger, die sich diese Risiken allerdings nicht leisten können, sollten ohnehin keine geschlossenen Fonds zeichnen.

anlage beteiligt, sollte er nach 20 Jahren Laufzeit insgesamt 28 000 Euro zurückbekommen haben. Dann war das Investment erfolgreich.

Wie das Finanzamt auf die Renditen einwirkt, ist bei jedem Kommanditisten anders. Der eine schreibt seine Investition zu gleichen Teilen über die Jahre ab. Der andere wählt die Möglichkeit der Sonderabschreibung zu Beginn der Laufzeit. Jeder hat einen anderen persönlichen Steuersatz. Endgültige Klarheit verschafft nur der Gang zum Steuerberater oder Wirtschaftsprüfer.

Tipp: In vielen europäischen Ländern gibt es staatlich garantierte Einspeisevergütungen. Eine Beteiligung daran kann sich durchaus lohnen. Interessenten sollten vorher aber eine neutrale Beratung aufsuchen, um Fallen von Auslandsinvestments rechtzeitig zu erkennen und mögliche steuerliche Vorteile aus Doppelbesteuerungsabkommen richtig einschätzen zu können.

Der Vertrag

Mit der Unterschrift unter den Gesellschaftsvertrag einer GmbH und Co. KG wird der Anleger zum Miteigentümer und Unternehmer. Dieser Vertrag ist ein Pflichtbestandteil des Prospekts.

Darin sind die Rechte und Pflichten der Gesellschafter und der Komplementärin (siehe Seite 123) aufgeführt. Ein solcher Vertrag sollte unbedingt eine Nachschusspflicht ausschließen. Außerdem sollte der Anleger über seine Anteile frei verfügen dürfen. Das heißt, er sollte sie verkaufen oder verschenken dürfen, ohne die Zustimmung des Fondsmanagements einholen zu müssen.

Bei den Neue-Energien-Fonds allgemein gelten die Vertragsbedingungen als nachteiliger als zum Beispiel bei Immobilien- oder Schiffsfonds. Häufig räumen sich die Komplementärinnen überproportionale Stimmrechte ein, ohne eine entsprechende Einlage geleistet zu haben. Anleger sollten darauf achten, dass die Fondsinitiatoren keine Sperrminorität von 25,1 Prozent der Stimmrechte innehaben, wenn sie gleichzeitig nicht entsprechend viel Eigenkapital im Fonds liegen haben.

Bei wichtigen Entscheidungen über die Zukunft des Fonds sollte der Vertrag die Einberufung einer außerordentlichen Gesellschafterversammlung vorsehen. Sollen die Gesellschafter stets nur im Umlaufverfahren informiert werden, ist das ungünstig, weil sich im Falle eines schlechten Managements keine Mehrheiten für dessen Abwahl finden lassen.

Ein gutes Licht auf den Fonds wirft die Möglichkeit, einen Anlegerbeirat einzurichten, der bei wichtigen Entscheidungen zustimmen muss. Eine solche wichtige Entscheidung für einen geschlossenen Windfonds kann zum Beispiel sein, noch während der Laufzeit alte Windräder gegen neue austauschen zu lassen. Oder den Fonds zu einem Zeitpunkt als Ganzes zu verkaufen, wenn die Preise stimmen und für die Anleger unter Umständen eine höhere Rendite bedeuten als wenn der Fonds die gesamte Laufzeit ausnutzt. Ein solches aktives Management eines geschlossenen Fonds setzt voraus, dass keine Interessenkonflikte zwischen Initiator und Betreibergesellschaft bestehen. Zum Beispiel, wenn der Initiator und die Betreibergesellschaft ein und dieselbe Person sind und er sich im Falle einer Auflösung, wiewohl im Sinne der Anleger, um sein sicheres Verwaltergehalt brächte.

Der Prospekt

Wer mit wem an der Auflegung eines Windfonds personell und gesellschaftsrechtlich wie verflochten ist, muss der Prospekt deutlich aussagen. Er sollte von den Initiatoren herausgegeben worden sein. Wird hingegen die Fondsgesellschaft selbst als Verantwortliche für den Prospekt definiert, will der Initiator nur die

EINFACHER RISIKOCHECK FÜR GESCHLOSSENE FONDS

Angaben für geschlossene Fonds zur Höhe der Ausschüttung oder Rendite sind reine Prognosen. Anhand der Prüfpunkte können Interessenten feststellen, in wie vielen Punkten eine Anlage im hohen Risikobereich liegt und dadurch besonders riskant ist.

Prüfpunkt	Geringes Risiko
Leistungsbilanz	Die Leistungsbilanz weist aus, dass der Anbieter in der Vergangenheit bereits mehrere geschlossene Fonds erfolgreich zu Ende geführt hat.
Laufzeit der Fonds	Weniger als fünf Jahre.
Anzahl der Fondsobjekte	Über drei.
Nebenkosten inklusive Agio[1)]	Unter 10 Prozent.
Blindpool (Investition in unbekannte Objekte)	Keine unbekannten Investitionsobjekte.
Garantien[2)]	Langjährige Bankgarantien, staatliche Garantien oder Garantien zahlungskräftiger Firmen.
Fremdkapitalquote[3)]	0 bis 30 Prozent.
Zweitmarkt	Fondsanbieter verpflichtet sich, Anteile vor Ablauf der Vertragslaufzeit gegen Abschlag zurückzunehmen.

1) Das sind die Kosten, die gleich zu Anfang von der Einlage abgezogen werden, zum Beispiel für Vertrieb, Management und Verwaltung. Die Prozentangaben beziehen sich auf die Beteiligungssumme (ohne Agio). 2) Platzierungs-, Fertigstellungs-, Zins-, Höchstkosten- und Mietausfallgarantien sind nur etwas

Prospekthaftung von sich schieben, was große Zweifel an seinen wahren Interessen aufwirft. Die Betriebsführung sollte vom Fonds eingekauft werden. Läuft etwas schlecht, kann die Betriebsführungsgesellschaft ohne Interessenkonflikt ausgetauscht werden.

Nach einer Beurteilung des Prospektes durch einen unabhängigen Wirtschaftsprüfer müssen Anleger fragen. Die Prospekte selbst enthalten auf Wunsch der Wirtschaftsprüfer dazu meist keine Angaben, um Haftungsansprüche gegen die Prüfer auszuschließen. Beurteilungen müssen nach den vom Institut der Wirtschaftsprüfer in Deutschland (IDW) vorgegebenen Standards erfolgen. Das heißt, dass „in den Prospekten die aus der Sicht eines verständigen und durchschnittlich vorsichtigen Anlegers für eine Anlageentscheidung erheblichen Tatsachen vollständig und richtig enthalten sind".

Die Prospektbeurteilung sollte auch Angaben zu den bisherigen Leistungsbilanzen des Fondsinitiators enthalten. Seriöse Anbieter stellen solche Bilanzen auf Anfrage zur Verfügung. Dort wird klar und einfach beschrieben, was ein Initiator bei früheren Beteiligungen versprochen hat und was er davon bisher einhalten konnte.

Vollständige Sicherheit bietet eine solche Prospektbeurteilung nicht. In ihren „Auskunftsvereinbarungen" weisen Wirtschaftsprüfer vorsichtshalber darauf hin,

Mittleres Risiko	Hohes Risiko
Laut Leistungsbilanz sind nicht alle Fonds des Anbieters in der Vergangenheit erfolgreich gewesen.	Es gibt keine Leistungsbilanz, weil der Anbieter neu auf dem Markt ist, oder die Fonds des Anbieters sind in der Vergangenheit schlecht gelaufen.
Bis zu zehn Jahre.	Über zehn Jahre.
Zwei bis drei.	Eins.
Bis 12 Prozent.	Über 12 Prozent.
Bis zu 40 Prozent der Investitionen sind bei Vertragsabschluss unbekannt.	Über 50 Prozent der Objekte sind bei Vertragsabschluss unbekannt.
Platzierungsgarantie eines bisher erfolgreichen Fondsinitiators oder von zahlungskräftigen Firmen aus dem Beteiligungsumfeld.	Garantien von neu am Markt auftretenden Fondsinitiatoren oder von Firmen ohne große Zahlungskraft.
50 bis 60 Prozent.	75 bis 100 Prozent.
Anteile des Fonds werden auf einem Zweitmarkt mit über 70 Prozent des Werts gehandelt.	Kein Zweitmarkt vorhanden oder Verkauf auf dem Zweitmarkt nur weit unter Wert möglich.

wert, wenn der Garant im Ernstfall auch zahlen kann. Banken oder staatliche Garantiegeber bieten mehr Sicherheit als Initiatoren oder Firmen aus dem Umfeld der Beteiligung. 3) Anteil von Krediten an der Investitionssumme. Je mehr Objekte auf Pump gekauft werden, desto höher ist das Risiko.

dass die Erkenntnismöglichkeiten bei der Prüfung eines Prospekts begrenzt seien und lediglich „hinreichende Sicherheit" erreicht werden könne. Dafür, dass sich das Projekt und die Märkte so wie der Initiator es vorhersagt entwickeln, wollen auch die Prospektprüfer keine Verantwortung übernehmen. Die Beurteilung sei keine Gewähr für wirtschaftlichen Erfolg. Auch wenn das richtig ist, sollten Anleger immer ein Prospektgutachten anfordern. Dazu muss eine Auskunftsvereinbarung mit dem Wirtschaftsprüfer geschlossen werden, die bei seriösen Angeboten für den Anleger keine Kosten verursacht.

Noch mehr Sicherheit bietet eine regelrechte Projektprüfung durch unabhängige Sachverständige. Die prüfen, ob die technischen Angaben stimmen können, ob die Gutachten sauber erstellt sind und die betriebswirtschaftlichen Annahmen plausibel sind. Mit einer solchen Projektprüfung gewinnt der Anleger an Sicherheit. Allerdings darf ein Anleger dabei nie vergessen, dass den Auftrag für diese Prospektprüfung auch der Initiator erteilt hat. Deshalb sind bei solchen Prospektprüfungen Kritikpunkte nur „zwischen den Zeilen" aufgeführt.

Anleger, die für solch umfassende Prüfungen keine Zeit haben, können mit unserem einfachen Risikocheck prüfen, ob ein Fonds für sie infrage kommt (siehe Tabelle oben).

SONNENENERGIE

Solarfonds haben eine kürzere Geschichte als die Windkraftfonds. In den vergangenen Jahren aber haben die Solarfonds alle anderen Neue-Energien-Fonds überholt. 2009 lag ihr Anteil in diesem Segment bereits bei mehr als 60 Prozent.

Das liegt nicht nur daran, dass die Anleger ihr grünes Gewissen entdeckt haben. In der Finanzkrise haben sie vielmehr die konjunkturellen Risiken gesehen, denen die vom Weltmarkt abhängigen Schiffsfonds und Immobilienfonds ausgesetzt sind. Am Umbau der Energieversorgung weltweit wird aber auch in Konjunkturdellen gearbeitet. Staatliche Garantien sorgen für stetige Einnahmen. Und das nicht nur in Deutschland: Mehr als 45 Länder haben Regelungen getroffen, die sich am deutschen Erneuerbare-Energien-Gesetz (EEG) orientieren, darunter auch Sonnenstaaten wie Italien und Spanien.

Wie sich diese Fonds in den kommenden 20 Jahren entwickeln, ist daher weitgehend unabhängig von den in Misskredit geratenen Kapitalmärkten. Scheint die Sonne, fließt das Geld.

In einem Punkt wirft die Finanzkrise jedoch einen Schatten auf die Solarbranche. Viele Solarfonds holen sich bis zu drei Viertel des benötigten Geldes bei der Bank. In der Krise sind die Banken jedoch vorsichtiger geworden, was das Geldverleihen angeht. Sprich, die Konditionen für Initiatoren sind heute nicht mehr so gut wie vor der Finanzkrise.

Für wen?

Für die Investition in Solarfonds gilt das Gleiche wie für die Investition in Windfonds. Für junge Menschen sind Ausschüttungsmodelle weniger geeignet. Zum Beispiel auch deshalb, weil sie sich dann ja jedes Jahr um die Wiederanlage der Ausschüttungen kümmern müssen.

Zielgruppe für Solarfonds sind Menschen mit einem bereits gut bestückten und breit gestreuten Depot, die sich im Alter von der Sonne auch finanziell verwöhnen lassen wollen – zur Not aber auch einen Totalverlust verkraften können.

Manche Anbieter werben deshalb mit dem Begriff „Solarrente“. Von einer sicheren Rente kann bei Solarfonds wegen der vielfältigen Risiken aber nicht die Rede sein. Als Altersvorsorge taugen solche Fonds grundsätzlich nicht.

Rendite

Die Rendite von Solarfonds beträgt abhängig vom persönlichen Steuersatz und dem vom Anleger gewählten Verfahren der Abschreibungen rund 5 Prozent im Jahr. Konservative Prognosen versprechen für Anlagen in Süddeutschland zwischen 180 und 200 Prozent Gesamtausschüttung nach den 20 Jahren Laufzeit. In der Gesamtausschüttung ist die ursprüngliche Einlage enthalten.

Bei Fonds mit Anlagen im sonnigen Italien oder Spanien ist ein Renditeplus von 1 bis 1,5 Prozentpunkten drin.

Initiatoren, die mit zweistelligen Renditen aus Solarfonds werben, gehen von unrealistischen Annahmen aus. Solche Gewinne werfen diese Fonds nicht ab. Um auf Traumwerte zu kommen, rechnen schwarze Schafe gerne die Rückzahlung der ursprünglichen Einlage in die Rendite mit ein. Das ist Kokolores.

Darauf kommt es beim Investment an

Was für die Beurteilung von Windkraftfonds gilt, trifft auch für die Solarfonds zu. Stimmt der Standort? Ist das Projekt realistisch mit technischen und kaufmännischen Abschlägen kalkuliert (siehe Seite 129)? Einige Unterschiede gibt es gleichwohl.

Sonnenstunden

Wie viel Sonne eine Fotovoltaikanlage abbekommt und in Strom umwandeln kann, hängt nicht nur von der Zahl der Sonnenstunden in einer Region ab. Wichtig ist auch die Ausrichtung der Solaranlage zur Sonne. Und zum Beispiel, ob sie auf einem Dach angebracht ist oder auf einer Freifläche steht.

Die möglichen Erträge sollten zwei vom Initiator unabhängige Gutachter berechnet haben. Weichen deren Ergebnisse um mehr als 5 Prozent voneinander ab, sollte ein drittes Gutachten vorliegen. Für Qualität bei den Gutachten stehen das Fraunhofer Institut für solare Energiesysteme und Meteocontrol, eine Partnerfirma des Deutschen Luft- und Raumfahrtzentrums (DLR) und der Europäischen Raumfahrtbehörde ESA.

Gibt es mehrere Standorte, müssen die möglichen Erträge für jeden Standort einzeln ausgewiesen sein. Außerdem sollten Prospekt und Gutachten darauf eingehen, ob ein Gutachten aktuell ist. Ein positives Gutachten nützt nichts, wenn zwischenzeitlich in der Nähe der geplanten Anlage gebaut wurde, Bäume gewachsen sind oder andere Faktoren die Sonneneinstrahlung mindern können.

Die Ertragsberechnung sollte schlüssig sein. Manche Anbieter stellen in der Werbung eine fantastische Ertragsberechnung und entsprechende Renditen vor. Im Kleingedruckten findet sich dann der Hinweis, dass nur ein deutlich geringerer Ertrag garantiert werden könne. Außerdem sind Abschläge oder Kosten zu kalkulieren, um zum Beispiel im Winter den Schnee von einer Solaranlage zu entfernen. Denn eine verdeckte Anlage produziert keinen Strom, selbst wenn die Sonne scheint.

Gebäude und Gelände

Die Prospekte von Solarfonds sollten Aussagen darüber enthalten, ob die Statik der Gebäude so stabil ist, dass sie eine solche Anlage überhaupt tragen können, und zwar mindestens über die geplanten 20 Jahre Laufzeit. Muss ein Dach während der Laufzeit des Fonds saniert werden, zum Beispiel weil Asbest gefunden wird, kommt das die Anleger teuer. Geklärt sollte auch sein, dass durch den

Einbau der Anlage keine Denkmalschutzauflagen verletzt werden.

Bei Anlagen auf freiem Gelände sollten Unbedenklichkeitsbescheinigungen der Behörden und von anerkannten Naturschutzorganisationen vorliegen.

Nach dem EEG werden Solaranlagen auch auf Konversionsflächen gefördert. Dabei handelt es sich um Brachflächen, die wieder genutzt werden, zum Beispiel auf ehemaligem militärischem Gelände. Dort schlummern oft ökologische Zeitbomben, sei es Altöl oder Munition. Für einen Fonds kann es böse enden, wenn das Gelände während der Laufzeit entkontaminiert werden muss. Dann ist die Rendite futsch.

Solche Flächen haben sich oft zu Refugien seltener Tierarten entwickelt. Deshalb ist für ökologisch orientierte Anleger die Meinung zum Beispiel des Naturschutzbundes Deutschland (NABU) wichtig, damit die Rendite nicht auf Kosten des Habitats einer bedrohten Spezies geht.

Kosten

Investitionskosten: Liegen die weichen Kosten, also die für den Vertrieb, die Prospekterstellung, die Honorare und die Zwischenfinanzierung über 10 Prozent der Investitionssumme, sollten Anleger die Finger von dem Solarfonds lassen. Das rät unter anderen der Bundesverband Solarwirtschaft (BSW).

Um Projekte untereinander vergleichen zu können, sollte der Prospekt die Gesamtinvestitionskosten pro Kilowatt/Peak nennen. Das ist die Nennleistung der Module unter Standardtestbedingungen. Die Gesamtinvestition besteht aus den Einlagen der Gesellschafter, den Krediten und dem Ausgabeaufschlag. Hilfreich ist die Angabe nur dann, wenn der Anleger gleichzeitig die vorgesehenen laufenden Betriebskosten und die Sonnenertragsgutachten vergleicht. Je niedriger die Gesamtinvestitionskosten pro Kilowatt/Peak, desto besser.

Betriebskosten: Fotovoltaikanlagen sind deutlich weniger wartungsintensiv als Windkraftanlagen. Dennoch fallen im Laufe von 20 Jahren Reparaturkosten an. Die sollten mit mindestens 1 Prozent der Anschaffungskosten angesetzt sein. Eingerechnet sein sollte auch, dass Solarmodule jedes Jahr etwas an Leistung verlieren.

Gerne werden in den Wirtschaftlichkeitsberechnungen die Anschlusskosten ans Netz „vergessen“. Auch die Zählermiete taucht manchmal nicht auf. Und dass der Zähler während der Betriebszeit geeicht werden muss.

Zu den Betriebskosten zählt oft auch eine Ertragsversicherung. Die soll einspringen, wenn der Ertrag hinter den Prognosen zurückbleibt. Was Anbieter nicht an die große Glocke hängen, ist, dass der Versicherer die Police schon kündigen kann, wenn er nur einmal zahlen muss.

Ist ein positiver Restwert nach 20 Jahren Betriebszeit angesetzt, ist die Kalkulation des Anbieters zweifelhaft. Besser sind ausreichende Rücklagen für den Rückbau und die Entsorgung der Anlage.

BIOGAS

Geschlossene Biogasfonds haben aktuell die Beispiele dafür geliefert, dass sich Anleger nicht zu 100 Prozent auf die Initiatoren verlassen sollten.

In der Novellierung des Erneuerbare-Energien-Gesetzes im Jahr 2009 interpretierte der Gesetzgeber die Begriffe „Groß-" und „Kleinanlage" anders, als dies zuvor einige Initiatoren von Biogasfonds getan hatten. Mehrere Kleinanlagen gelten seither als eine Großanlage, wenn sie „in unmittelbarer räumlicher Nähe stehen". Schon im Vorfeld hatten Experten davor gewarnt, dass die Initiatoren mit ihren Projekten die vom Gesetzgeber vorgegebenen Spielräume verlassen hatten.

Das hat die Prognoserechnungen von rund 250 Biogasparks in Deutschland durcheinandergewirbelt. Die etwa 5500 Kommanditisten des BioEnergie Parks Klarsee bei Penkun in Mecklenburg-Vorpommern erhalten nun 45 Prozent weniger Vergütungen nach dem EEG. Dass der harte Schnitt rechtens war, hat das Bundesverfassungsgericht bereits bestätigt. Die Initiatoren arbeiten an einer politischen Lösung um Bestandsschutz für Anlagen aus der Zeit vor dem Inkrafttreten des erneuerten Gesetzes. Gleichgültig, wie es ausgeht: Verpufft ist Biogas für Anleger deshalb nicht. Die Technik wird in der künftigen dezentralen Energieversorgung eine herausragende Rolle spielen, in der Regel im Verbund mit Wind- und Solarenergieprojekten.

Bei den Prospekten und Verträgen können sich Anleger an den Angaben zu Wind- und Solarfonds orientieren.

INFO **Wichtig ist, was hinten rauskommt**

Jedwedes organische Material lässt sich in Biogas umwandeln. Biogas entsteht, wenn zum Beispiel Pflanzenreste aus der Landwirtschaft und Gülle in Tanks ohne Sauerstoff vor allem von Methanbakterien zersetzt werden. Biogas besteht bis zu 70 Prozent aus Methan. Der Rest ist überwiegend Kohlendioxid.

Die im Biogas enthaltene Energie treibt über einen Verbrennungsmotor Generatoren an, die an das öffentliche Stromnetz angeschlossen sind. Die Abwärme wird ebenfalls genutzt. Das Verfahren nennt sich Kraft-Wärme-Kopplung. Die gesamte Anlage wird auch Blockheizkraftwerk genannt. Biogas kann künftig auch direkt ins Erdgasnetz eingespeist werden. Auch im Tank von Kraftfahrzeugen, die mit Erdgas betrieben werden, dürfte das Zersetzungsprodukt landen.

Vorteile

Ein Vorteil von Biogas gegenüber Wind- und Solarenergie liegt darin, dass die Anlagen kontinuierlich Energie erzeugen können und dabei keine wetterbedingten Schwankungen auftreten.

Risiken

Umweltbewusste Anleger achten darauf, dass das in den Tanks vergorene Ausgangsmaterial des Gases nicht in Konkurrenz zu Nahrungsmitteln steht. Wichtig sind auch langfristige Verträge zur Belieferung der Anlagen mit Gülle und Pflanzenresten.

Bei der Stromerzeugung mit Biogas gibt's eine leistungsabhängige Vergütung von 8,17 bis 11,55 Cent je erzeugter Kilowattstunde. Insgesamt ist der Preis für Biogas aber abhängig vom Marktpreis für Erdgas. Der ist nicht stabil. Der Erfolg von Biogasfonds hängt also auch von der nur schwer kalkulierbaren Entwicklung des Erdgaspreises auf den Weltmärkten ab.

HOLZINVESTMENTS

Holz hat sich zu einer eigenen Anlageklasse für private Anleger entwickelt. Die größte Rolle spielen dabei geschlossene Fonds und Direktbeteiligungen.

Die Idee

Mit dem Ansteigen der Weltbevölkerung steigt die weltweite Nachfrage nach Holz. 2010 werden rund fünf Milliarden Kubikmeter verbraucht. Das sind 500 Millionen Kubikmeter mehr als noch vor zehn Jahren. Im Jahr 2000 lebten etwa 6 Milliarden Menschen auf unserem Planeten. Heute sind es annähernd 7 Milliarden.

Nach Berechnungen des World Wildlife Fund (WWF) geht alle 311 Tage eine Waldfläche von der Größe Deutschlands verloren. Aus der so entstehenden Knappheit lässt sich Kapital schlagen. Forstprojekte bieten privaten Anlegern Beteiligungen an. Groß ist der Markt nicht. 2009 waren weltweit nur etwa 30 Milliarden Dollar im Wald investiert. In Deutschland gibt es praktisch keine Angebote. Das Anlegergeld fließt vor allem nach Lateinamerika. Dort soll es helfen, den Regenwald zu retten, und gleichzeitig hohe Renditen bringen. In Aussicht gestellt werden je nach Anbieter bis zu 14 Prozent im Jahr.

Keiner der neuerdings angebotenen geschlossenen Fonds und keine der Direktbeteiligungen ist bislang über die volle Laufzeit gegangen. Wie viel die Renditeprognosen wert sind, wird sich erst dann herausstellen.

HEFFA SCHÜCKING gründete 1992 „urgewald". Die Kampagnen der Organisation richten sich gegen die Finanzierung umweltbedrohender Projekte wie Staudämme, Pipelines, Atomkraftwerke und vieles mehr. Urgewald fordert von Konzernen und ihren Geldgebern die Einhaltung von Umwelt- und Sozialstandards. Bei Banken im In- und Ausland sind Heffa Schücking und ihre Kolleginnen und Kollegen für ihre Kompetenz im Finanzsektor bekannt. Man fragt schon einmal bei urgewald nach, welche Probleme ein Kredit für ein Großprojekt auslösen könnte.

Die zweistelligen Renditeprognosen sieht der Münchner Forstwissenschaftler Professor Thomas Knoke von der Technischen Universität München kritisch. Nutze ein Projekt alle Einnahmequellen, seien 5 bis 7 Prozent im Jahr erreichbar.

Gerne führen die Anbieter den Interessenten die Kurve des NCREIF Timberland Index (Index für Waldbesitz in den Vereinigten Staaten) vor. Die zeigt seit seiner Auflage 1987 meistens nach oben und suggeriert zweistellige Renditen. Tatsächlich bezieht sich dieser Index fast nur auf die Vereinigten Staaten. Er unterscheidet nicht zwischen Erträgen aus der Forstwirtschaft und dem Verkauf von Land. Er spiegelt auch politisch ausgelöste Preisverzerrungen wider. Zum Beispiel hat die US-Regierung in den 90er-Jahren ihre Staatsforste der kommerziellen Verwertung entzogen. Damit wurden die privaten Wälder wertvoller.

Was gibt es?

Unternehmen und Initiatoren von geschlossenen Fonds kaufen Grundstücke in Ländern wie Brasilien, Costa Rica, Ecuador, Panama, Paraguay oder Bulgarien. Diese Flächen lassen sie aufforsten. In Mittelamerika beliebt ist das Edelholz Teak, das ursprünglich aus Asien stammt und vor allem für den asiatischen Markt produziert wird. Dazu kommen einheimische Hölzer wie Mahagoni. In Paraguay dagegen werden eher schneller wachsende Bäume wie Eukalyptus und Pinie gezogen. In Bulgarien finden sich unter anderen die Robinie und die Schwarzkirsche.

Bis zu 2 000 Setzlinge finden auf einem Hektar Platz. Nach mehreren Ausforstungen während der Laufzeit bleiben 220 bis 330 erwachsene Bäume übrig.

Manche Plantagenbetreiber bauen im Wald zusätzlich landwirtschaftliche Produkte an, Früchte oder Kaffeebohnen zum Beispiel.

Weitere Einnahmen soll die Vermarktung von CO_2-Zertifikaten bringen. Wald bindet das klimaschädliche Gas Kohlendioxid. Industriebetriebe können sich über die Zertifikate das Recht erkaufen, mehr Kohlendioxid auszustoßen, als ihnen eigentlich zusteht. Dieser Handel steht noch am Anfang.

KLAUS TÖPFER war von 1987 bis 1994 der zweite Bundesumweltminister in Deutschland. Auf ihn gehen unter anderem die dritte Reinigungsstufe in den Kläranlagen und das Verbot von Fluorkohlenwasserstoffen (FCKW) zurück. Heute ist er Vizepräsident der Welthungerhilfe und fordert mehr Geld und saubere Technologien für die Entwicklungsländer, um sie und ihre Landwirtschaften besser vor Naturkatastrophen zu schützen.

Es gibt auch Fonds, die bereits bestehende Wälder vor allem in Ost- und Südosteuropa ausbeuten. Ihr Ziel ist es, einen gepflegten, nachhaltig zu bewirtschaftenden Wald zu schaffen, der als Ganzes mit Gewinn verkauft werden kann.

Für wen?

Geschlossene Waldfonds verlangen meist Mindestbeteiligungen von zwischen 5000 und 15000 Euro. Bei Direktbeteiligungen können am Anfang mehr als 30000 Euro fällig sein, wenn der Anleger sich gleich für den Erwerb eines ganzen Hektars entscheidet. Bei kleineren Stückelungen wird der Anleger oft nicht Eigentümer, sondern Pächter.

Das Geld ist auf viele Jahre hinaus gebunden, je nach Holzart bis zu 30 Jahre. Ein Verkauf dieser Beteiligungen ist nur schwer oder mit hohen Verlusten möglich. Die Fonds und Beteiligungen schütten nicht jährlich, sondern im Rhythmus der forstlichen Bewirtschaftung aus. Das heißt, Geld gibt es nur alle paar Jahre, nämlich dann, wenn der Baumbestand gelichtet wird, und am Ende der Laufzeit, wenn die Bäume gefällt und vermarktet werden.

Diese Investitionen eignen sich ausschließlich für Menschen, die finanziell abgesichert sind und das angelegte Geld nicht für einen konkreten Zweck verplant haben.

Holzinvestments müssen ohne staatliche Einnahmegarantien auskommen, wie sie die Neue-Energien-Fonds haben. Ihr Risiko ist höher. Schädlinge können die jungen Bäume befallen, Brände und Stürme können die Renditen schmälern.

Die politischen Verhältnisse in den Staaten, in denen die Pflanzungen liegen, können sich für die Anleger zum Schlechten wenden.

Ob sich die Holzpreise so entwickeln wie in den Prognoserechnungen, ist nicht sicher. Abgerechnet wird meist in Dollar. Es besteht also auch noch ein Wechselkursrisiko.

Anleger sollten daher nur einen kleinen Teil ihres Geldes dafür verwenden und nicht zum Beispiel für ihre Altersvorsorge auf die Erträge aus einer Plantage in Lateinamerika setzen.

Kosten

Qualitätskriterien, wie sie sich auf Wind- und Solarfonds anwenden lassen, gibt es für die jungen Forstinvestments nicht. Zum einen, weil sie sich in geschlossene Fonds, Direktinvestments und weitere Modelle aufspalten. Zum anderen, weil es keinen Verband gibt, der solche Qualitätskriterien aufstellen könnte. Dass sich die Investments über viele Klimazonen und Regionen unterschiedlicher politischer Stabilität verteilen, machen eine Investitionsentscheidung nicht einfacher.

Die Kosten sind schwer vergleichbar. Das gilt für geschlossene Fonds wie für Direktinvestments gleichermaßen.

Die Grundstücke und die Setzlinge kosten in den verschiedenen Ländern unterschiedlich viel. Je nach Gebiet müssen die Forstleute mehr oder weniger Arbeitskräfte und Material einsetzen. Die Löhne sind überall verschieden. Der Anleger kann überhaupt nicht ermessen, wie gut die mit den Aufforstungen betraute Firma vor Ort ihr Geschäft versteht.

Dass die Bundesanstalt für Finanzdienstleistungsaufsicht die Prospekte abgenommen hat, ist keine Aussage zur Qualität eines Projektes. Inhaltlich prüft die Aufsicht das Material nicht.

Die Anbieter schlüsseln sowohl die anfänglichen als auch die im Laufe der Zeit entstehenden Kosten nicht bis ins Detail auf. Das erschwert den Vergleich zwischen den Projekten zusätzlich.

Nachhaltigkeit

Auch Holzinvestments sind nicht per se ethisch-ökologisch. Wer damit etwas Gutes tun will, sollte ein paar Punkte beachten, wenn er Geld in Holz steckt:

Der Grund und Boden, der aufgeforstet werden soll, sollte mindestens vor 30 bis 40 Jahren gerodet worden sein. Außerdem sollte das Forstprojekt nicht auf Flächen entstehen, auf denen zuvor die einheimischen Landwirte Nahrungsmittel für die Bevölkerung vor Ort angebaut haben. Manche Pflanzungen, zum Beispiel mit Wasser liebenden Eukalyptusbäumen, werden bewusst auf Grundwasserreservoirs gesetzt. Auf diese Weise konkurrieren sie mit den Bedürfnissen der örtlichen Landwirtschaft, die ja ebenfalls auf das Wasser angewiesen ist.

Das Siegel des Forestship Steward Council (FSC) soll den Verbrauchern signalisieren, dass Holz in umwelt- und sozialverträglicher Art angebaut wird. Ganz sicher können sich Anleger aber auch bei diesem Ökosiegel nicht sein. Die Umweltorganisation Robin Wood ist aus den internationalen FSC-Gremien ausgetreten, weil selbst industriell bewirtschaftete Monokulturen das Siegel erhalten haben.

GRÜNE RENDITE FÜR HAUSBESITZER

Die Sonne bleibt in den kommenden Jahren die beste grüne Geldanlage in Deutschland. Am lautesten klingelt die Kasse, wenn Bauleute und Hauseigentümer selbst Solarunternehmer werden. Ein von der Sonne beschienenes Solarkraftwerk bringt eine prima Rendite. Und das sicher für die nächsten 20 Jahre. 5 bis 9 Prozent im Jahr sind drin. Auch Energiesparmaßnahmen machen sich bezahlt.

RENDITE AUF ZWEI WEGEN

Die Investition in Steine gilt als eine der sichersten Geldanlagen überhaupt. Das eigene Haus spart Mietkosten und bietet Sicherheit im Alter. Zur grünen Geldanlage kann sie auf zwei unterschiedlichen Wegen werden: Die Eigentümer können eine Fotovoltaikanlage installieren und selbst Energie erzeugen oder sie können durch Modernisierungsmaßnahmen Energiekosten sparen.

Der Unterschied zu einer Anlage auf dem Tagesgeldkonto einer ethisch-ökologischen Bank oder in einem Ökofonds besteht in beiden Fällen darin, dass der Hausbesitzer zunächst einmal eine größere Summe auf einmal in die Hand nehmen muss, unter Umständen auch als Kredit. Er geht in Vorlage. Die Rendite hängt davon ab, für welche der beiden Möglichkeiten er sich entscheidet:

Energieunternehmer werden

Fotovoltaikzellen auf dem Dach erzeugen Strom und bringen direkt Geld. Ihr Besitzer kann den Strom ins Netz einspeisen und erhält dafür von seinem Energieversorger Kilowattstunde für Kilowattstunde vergütet. Sogar noch besser fällt die Rendite aus, wenn er im eigenen Haus wohnt und einen Teil des erzeugten Stroms selbst nutzt. Auch dafür bekommt er seit 2009 eine Vergütung von seinem Energieversorger. Ein hoher Eigenverbrauchsanteil treibt die Rendite einer solchen Investition mitunter bis in knapp zweistellige Höhen (siehe Tabelle Seite 151).

Energiesparmaßnahmen

Bei den Modernisierungsmaßnahmen setzt sich die Rendite zusammen aus den unmittelbar einsetzenden Einsparungen an Heiz- und Warmwasserkosten und den Zuschüssen, die der Staat den Förderern der Energieeffizienz angedeihen lässt.

Je stärker die Energiepreise im Laufe der Zeit ansteigen, desto früher amortisiert sich die Investition und desto rentabler ist sie.

Häufig rechnet sich die Erneuerung des Heizkessels am schnellsten und bringt die größte Rendite, die größte Energieersparnis bringt in der Regel das Dämmen. Die Reihenfolge der Investitionen erörtert der Hausbesitzer am besten mit einem Energieberater.

GELD VERDIENEN MIT FOTOVOLTAIK

Stellen Sie sich vor, es ist Finanzkrise, und Sie lassen sich ungerührt die Sonne auf den Pelz brennen – ein Traum für Kapitalanleger. Mit einer Fotovoltaikanlage auf dem Dach geht das. Eine Investition von meist 10 000 bis 20 000 Euro bringt in den kommenden 20 Jahren dann 5 bis 9 Prozent Ertrag im Jahr, wenn Sie den Strom an den örtlichen Netzbetreiber verkaufen oder ihn selbst nutzen. Ganz voraussetzungslos ergeben sich diese Chancen nicht. Ihre Immobilie sollte ausreichend Sonne abbekommen. Am besten ist, das Dach ist nach Süden ausgerichtet und liegt nicht im Schatten von Bäumen oder Nachbargebäuden.

Mit einem geeigneten Dach ist der Kauf einer Solarstromanlage eine attraktive Geldanlage. Für Anlagen, die seit Oktober 2010 ans Netz gehen, gibt es zwar eine um fast 16 Prozent geringere Vergütung als für Anlagen, die in der ersten Jahreshälfte 2010 in Betrieb genommen wurden. Doch Fotovoltaikanlagen kosten heute rund 30 Prozent weniger als noch Ende des Jahres 2008. Das macht die gesunkene Solarförderung mehr als wett. Steigen die Strompreise, wird das Kraftwerk auf dem Dach zur Spardose. Der Besitzer kann den selbst produzierten Strom in seinem eigenen Haus verbrauchen. Die Stromrechnung fällt dann dementsprechend freundlicher aus.

DIE SÜDRENDITE

Für die Erzeugung von Solarstrom ist eine Neigung des Dachs von 30 Grad und eine Ausrichtung nach Süden optimal. Eine stärkere Dachneigung von bis zu 50 Grad schmälert die Stromausbeute, aber nur geringfügig. Akzeptabel sind in der Regel auch Dächer, die nach Südosten oder Südwesten ausgerichtet sind. Flachdächer sind dann geeignet, wenn sich darauf Montagegestelle für die Fotovoltaikmodule installieren lassen. Wie viel Strom eine Anlage produziert, lässt sich Pi mal Daumen im Internet berechnen unter www.solarserver.de/pvrechner.

INFO **Die Schattenseiten der Sonnenenergie**

Der Boom der Stromerzeugung aus Sonnenenergie verteuert den Strom aller Energieverbraucher in Deutschland. Die Energieversorger sind durch das Erneuerbare-Energien-Gesetz dazu verpflichtet, den aus erneuerbaren Energiequellen geschöpften Strom abzunehmen und zu bezahlen. Diese Kosten legen die Energieversorger auf alle Stromverbraucher um. Der Verbraucherzentrale Bundesverband (vzbv) geht davon aus, dass allein die Solarförderung die Preise der Versorger ab dem Jahr 2011 um bis zu 10 Prozent nach oben treibt. Hohe Strompreise gibt es nach Auffassung des vzbv aber auch, weil es zu wenig Wettbewerb auf dem Strommarkt gibt.

Trotz des Booms und der auch nach den Kürzungen im Jahr 2010 noch satten Förderungen spielt die Fotovoltaik in der deutschen Stromversorgung bislang nur eine untergeordnete Rolle. Ihr Anteil liegt bei rund 2 Prozent.

Das Geld kommt garantiert

Die guten Erträge und die Sicherheit verdanken die Anlagenbetreiber dem Erneuerbare-Energien-Gesetz (EEG). Es verpflichtet den örtlichen Netzbetreiber, ihnen den eingespeisten Solarstrom Kilowattstunde für Kilowattstunde teuer abzukaufen. Der örtliche Netzbetreiber ist in der Regel einer der großen Stromanbieter wie EON, RWE, Vattenfall und EnBW.

Für jede Kilowattstunde (kWh), die ein Stromproduzent ins öffentliche Netz einfließen lässt, bekommt er 33,03 Cent. Dieser Preis gilt, wenn die Anlage noch 2010 in Betrieb geht. Nach der Inbetriebnahme der Anlage beginnt der Guthabenzähler zu ticken. Die Vergütung ist nämlich für das Jahr der Inbetriebnahme und die folgenden 20 Jahre staatlich garantiert.

Eine Vergütung gibt es aber auch für den Solarstrom, den der Anlagenbetreiber vor Ort selbst nutzt.

Für Anlagen, die vom 1. Oktober bis zum 31. Dezember 2010 in Betrieb gehen, gibt es folgende Vergütung: Bis zu einem Eigenverbrauchsanteil von 30 Prozent am produzierten Strom erhält der Eigentümer 16,65 Cent pro kWh. Für jede kWh, die er darüber hinaus verbraucht, muss ihm der Netzbetreiber sogar 21,03 Cent pro kWh zahlen. Dazu kommt die Stromkostenersparnis von derzeit rund 20 Cent pro kWh, weil der Hauseigentümer diesen Strom nicht mehr vom Netzbetreiber kaufen muss.

Jede selbst verbrauchte Kilowattstunde bringt dem Eigentümer unterm Strich nun rund 3 Cent mehr, als wenn er den Strom ins Netz eingespeist hätte. Ab einem

Eigenverbrauch von 30 Prozent beträgt der Bonus sogar 8 Cent.

Mit jeder Strompreiserhöhung steigt der Vorteil. Ein hoher Eigenverbrauchsanteil am erzeugten Sonnenstrom kann die Rendite einer Anlage aufpeppen (siehe Tabelle Seite 151 und Grafik Seite 152).

In den Sommermonaten erzeugt die Anlage allerdings viel mehr Strom, als der Betreiber benötigt. Im Durchschnitt können die meisten Hauseigentümer daher nur etwa 25 bis 40 Prozent des Solarstroms selbst nutzen. Der Eigenverbrauch lässt sich aber steigern, indem der Eigentümer zum Beispiel die Waschmaschine und den Geschirrspüler vorzugsweise tagsüber und bei Sonnenschein einschaltet.

Wie viel Geld gibt's?

Ein geeignetes Dach vorausgesetzt, hängen die Erträge einer Solarstromanlage vor allem von ihrer Leistung und vom Standort ab. So fällt der Stromertrag in Süddeutschland höher aus als im Norden.

Die Leistung von Fotovoltaikanlagen wird in Kilowatt peak (kWp) angegeben. „Peak" ist englisch und bedeutet in diesem Zusammenhang „Spitzenwert". Gemeint ist die Maximalleistung der Anlage unter standardisierten Testbedingungen.

Pro kWp produziert eine Anlage in Deutschland 750 bis 1000 Kilowattstunden (kWh) Strom im Jahr. Bei 850 Kilowattstunden je kWp erhält der Betreiber einer 4-kWp-Anlage, die im Dezember 2010 ans Netz geht, pro Jahr 1 123 Euro, wenn er seine gesamte Jahresproduktion ins Netz einspeist. Nach 20 Jahren kommt so das hübsche Sümmchen von 22 460 Euro zusammen. Eine solche Anlage kostet heute in einer mittelteuren Variante 12 000 Euro. Im Förderzeitraum von 20 Jahren kann der Betreiber für sie mit etwa 3 000 Euro Betriebskosten rechnen. Unter dem Strich bleiben ihm danach 7 460 Euro Gewinn.

Anders sieht die Rechnung aus, wenn der Stromerzeuger einen Teil seiner Energieernte selbst verbraucht. Beträgt der Eigenanteil 30 Prozent, sinkt zwar die Vergütung für den eingespeisten und den selbst verbrauchten Strom auf insgesamt 19 119 Euro. Doch dazu kommen ersparte Stromkosten, bei einem Preis von 20 Cent pro kWh sind das 4 080 Euro. Unterm

TIPP **Der Kauf stellt die Weichen**

Bei Solarstromanlagen gibt es hohe Preisunterschiede. Kaufinteressierte holen sich Vergleichsangebote mit Montage bei mehreren Installateuren ein. Am besten sind solche Unternehmen, die schon auf jahrelang störungsfrei arbeitende Referenzanlagen verweisen können.

MARIE CURIE (1867 bis 1934), ist als zweifache Nobelpreisträgerin für Physik und Chemie bekannt. Der Mitentdeckerin der Elemente Polonium und Radium verdanken wir unter anderem die Strahlenmedizin. Curie förderte am Radium-Institut in Paris offensiv Frauen in der Wissenschaft. Als Mitglied der Kommission für Geistige Zusammenarbeit des Völkerbunds kämpfte sie für die Vergabe grenzüberschreitender Stipendien und länderübergreifender Bibliografien wissenschaftlicher Werke.

Strich steigt deshalb der Gewinn auf rund 8200 Euro. Falls die Strompreise um jährlich 3 Prozent steigen, wären es sogar 9600 Euro.

Blick voraus: Die Regelung ab 2011

Ab Januar 2011 sinken die Vergütungen für die Netzeinspeisung und den Eigenverbrauch um voraussichtlich 13 Prozent. Bei Redaktionsschluss dieses Buches war der genaue Wert noch nicht festgestellt worden. Je mehr Fotovoltaikanlagen von Juni bis September 2010 installiert worden sind, desto geringer fällt die Vergütung im Folgejahr aus. Das legt das Erneuerbare-Energien-Gesetz fest.

Im Jahr 2011 wird die Einspeisevergütung also wahrscheinlich 28,74 Cent pro kWh betragen. Für einen Eigenverbrauch bis zu 30 Prozent des produzierten Solarstroms erhält der Stromerzeuger 12,36 Cent pro kWh, darüber steigt die Vergütung auf 16,74 Cent.

Die Anschaffungskosten

Den Löwenanteil verschlingen die Fotovoltaikmodule. Dazu kommen Ausgaben für die Dachkonstruktion, die Montage und den Wechselrichter. Der wandelt den produzierten Gleichstrom in den netzüblichen Wechselstrom um.

Der Bundesverband Solarwirtschaft hat ermittelt, dass im 3. Quartal 2010 eine fertige Dachanlage im Schnitt nur noch mit 2834 Euro pro Kilowatt Leistung zu Buche schlug.

Eine günstige Anlage mit einer Leistung von 4 kWp bekommen Bauleute und Modernisierer schon für unter 11000 Euro. Und die Preise sinken weiter. Dazu kommen noch 19 Prozent Mehrwertsteuer, die Anlagenbetreiber aber vom Finanzamt wieder zurückbekommen. Dafür müssen sie eine Umsatzsteuervoranmeldung einreichen (siehe Seite 154).

Laufende Kosten

Sind die Fotovoltaikmodule erst einmal auf dem Dach, halten sich die Kosten in Grenzen. Gute Anlagen sind robust und benötigen wenig Wartung. Hauseigentümer sollten aber vorsichtshalber mit jährlichen Betriebskosten von 1,0 bis 1,5 Prozent der Anschaffungskosten rechnen.

Zu den Betriebskosten zählen die Ausgaben für die Wartung durch einen Fachbetrieb, Reparaturen sowie Rücklagen für einen neuen Wechselrichter oder weitere Ersatzteile.

Auch die Versicherungsbeiträge für die Anlage zählen zu den Nebenkosten. Käufer einer Solaranlage sollten eine geeignete Haftpflichtversicherung haben und eine Fotovoltaikversicherung abschließen.

Die Haftpflichtversicherung kommt für Schäden durch den Betrieb der Anlage auf, etwa wenn Bauteile vom Dach fallen und jemanden verletzen. In der Regel reicht eine private Haftpflichtversicherung. Denn die meisten neueren Haftpflichttarife schließen eine Anlage auf dem eigenen Dach in den Versicherungsschutz ein – auch dann wenn die Anlage gewerblich genutzt wird. Deckt ihre vorhandene Police dieses Risiko nicht ab, sollten Eigentümer den Tarif wechseln. Das ist in der Regel deutlich günstiger, als eine spezielle Betreiberhaftpflichtversicherung abzuschließen.

Die Fotovoltaikversicherung versichert die Solarstromanlage selbst. Feuer-, Sturm- und Hagelschäden deckt zwar gegen Beitragsaufschlag meist auch die Wohngebäudeversicherung. Sie kommt aber nicht für Schäden durch Diebstahl, Vandalismus, Materialfehler oder einen vorübergehenden Einnahmeausfall auf. Hier springt nur die Fotovoltaikversicherung ein.

ANMELDEN NICHT VERGESSEN

Eine neue Fotovoltaikanlage muss vor der Inbetriebnahme bei der Bundesnetzagentur angemeldet werden. Ohne Anmeldung ist der Betreiber nicht verpflichtet, den Strom zu vergüten. Das Anmeldeformular gibt's im Internet unter www.bundesnetzagentur.de („Regulierung Energie").

Die Rendite

Die Rendite einer Solarstromanlage hängt vor allem davon ab, was die Anlage kostet, wie viel Strom sie erzeugt und wie viel Geld der Netzbetreiber für den produzierten Solarstrom zahlen muss.

Derzeit sind Solarstromanlagen meist eine ausgesprochen rentable Geldanlage. Berechnungen von Finanztest zeigen: Hauseigentümer, die ihre Anlage noch im Jahr 2010 installieren, können schon bei durchschnittlichem Stromertrag mit einer jährlichen Rendite von 5 bis 9 Prozent rechnen – gerechnet über einen Zeitraum von gut 20 Jahren. An sonnenreichen Standorten ist sogar eine zweistellige Rendite drin (siehe Tabelle rechts). In dieser Rechnung sind bereits Betriebskosten und ein mit zunehmendem Alter der Anlage etwas sinkender Stromertrag berücksichtigt.

Hauseigentümer, die ihre Anlage erst 2011 oder 2012 installieren, müssen allerdings anders kalkulieren. Das Erneuerbare-Energien-Gesetz schreibt vor, dass die Vergütungssätze für neu installierte Solarstromanlagen zu Beginn jedes Kalender-

DIE SOLARSTROMANLAGE ALS KAPITALANLAGE

Solarstromanlagen bringen ab Oktober 2010 immer noch stattliche Renditen.[1]

Anlagepreis (Euro) **pro kW Leistung**[2]	**Rendite** (Prozent) **für die Dauer der staatlichen Vergütung von 20,3 Jahren bei einem jährlichen Stromertrag von ... pro Kilowatt Leistung**					
	750 kWh	**800 kWh**	**850 kWh**	**900 kWh**	**950 kWh**	**1000 kWh**
Rendite (Prozent) **bei Volleinspeisung**						
2400	6,51	7,46	8,38	9,28	10,16	11,02
2600	5,37	6,28	7,17	8,03	8,87	9,69
2800	4,36	5,24	6,09	6,92	7,72	8,51
3000	3,44	4,30	5,12	5,92	6,70	7,46
3200	2,61	3,44	4,24	5,02	5,77	6,51
3400	1,84	2,66	3,44	4,20	4,93	5,64
3600	1,13	1,93	2,70	3,44	4,16	4,85
Rendite (Prozent) **bei 50 Prozent Eigenverbrauch und 3 Prozent Strompreiserhöhung pro Jahr**						
2400	8,72	9,70	10,66	11,59	12,51	13,41
2600	7,55	8,49	9,40	10,29	11,17	12,02
2800	6,51	7,41	8,29	9,15	9,98	10,79
3000	5,57	6,45	7,29	8,12	8,92	9,70
3200	4,72	5,57	6,39	7,19	7,97	8,72
3400	3,94	4,77	5,57	6,35	7,10	7,83
3600	3,22	4,04	4,82	5,57	6,30	7,01

1) Annahmen: Inbetriebnahme im Oktober 2010, Betriebskosten pro Jahr 1 Prozent des Anlagepreises, jährlich um 1,5 Prozent steigend. Jährlich um 0,25 Prozent sinkender Stromertrag. Finanzierung nur mit Eigenkapital..

2) Preis inklusive Montage, ohne Umsatzsteuer, da diese erstattet wird.

Mehr Solarrendite durch Eigenverbrauch

Die Grafik zeigt die Rendite einer Solaranlage, die pro Kilowatt Leistung 2800 Euro kostet und 850 Kilowattstunden Strom im Jahr erzeugt. Inbetriebnahme Oktober 2010, Betriebskosten 1 Prozent pro Jahr, jährlich um 1,5 Prozent steigend.

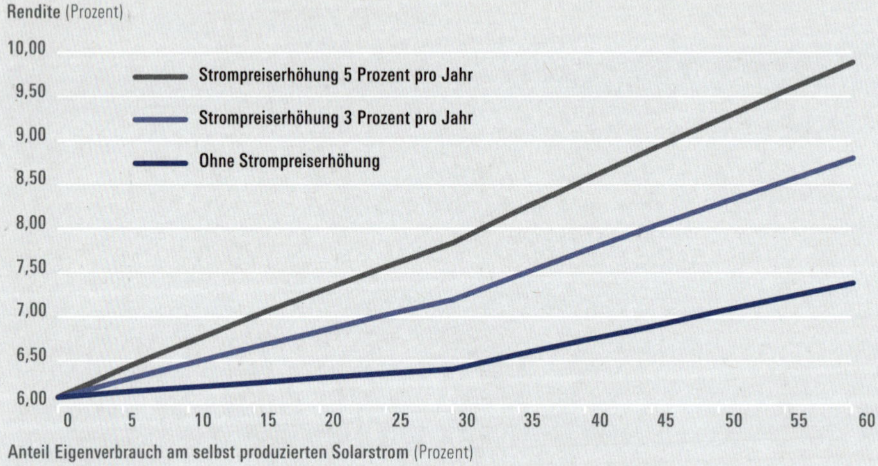

jahres sinken, zum 1. Januar 2011 wahrscheinlich um 13 Prozent (siehe Seite 149). Je später die Anlage ans Netz geht, desto geringer fällt daher die Vergütung des Solarstroms aus. Das heißt aber nicht, dass Solarstromanlagen in Zukunft weniger rentabel werden. In der Vergangenheit war meist das Gegenteil der Fall: Weil die Anlagenpreise stärker gesunken sind als die Stromvergütung, sind die Renditen für Hauseigentümer trotz geringerer Einnahmen weiter gestiegen. Zudem konnte durch bessere Technik der Wirkungsgrad der Anlagen und damit die Stromausbeute gesteigert werden. In Zukunft werden sich auch die technischen Voraussetzungen verbessern, um den lukrativen Eigenverbrauch zu steigern.

Die meisten Experten rechnen damit, dass die Preise für Solaranlagen noch weiter sinken. Nur wenn sie langsamer sinken als die Vergütungssätze, würde auch die Rendite fallen. Insgesamt spricht daher vieles dafür, dass Solarstromanlagen auch in Zukunft eine Investition sind, die nicht nur der Umwelt, sondern auch dem eigenen Geldbeutel nutzt.

TIPP

Renditerechner der Stiftung Warentest

Die Stiftung Warentest bietet kostenlos einen Renditerechner im Internet an. Damit lassen sich die voraussichtlichen Einnahmen und Ausgaben aus einer Fotovoltaikanlage ermitteln und die Rendite berechnen (www.test.de/Solarrechner).

Rasantes Wachstum

Ende 2009 waren in Deutschland Solarstromanlagen mit einer Leistung von insgesamt 9800 Megawattpeak (mWp) installiert, rund 80 Prozent davon auf Dächern. Von Ende 2008 bis Ende 2009 hat der Zuwachs mit 3800 mWp rund 60 Prozent betragen. Und bereits bis Ende Juni 2010 kamen nach Schätzung der Bundesnetzagentur Anlagen mit einer Leistung von 3000 mWp hinzu.

Das liegt nicht allein an der Förderung, sondern vor allem an den stetig sinkenden Preisen für die Technologie. Musste ein Hauseigentümer Anfang 2006 noch rund 5000 Euro hinblättern, um 1 kWp zu installieren, waren es Anfang 2010 nur noch rund 2900 Euro.

Solarstrom boomt

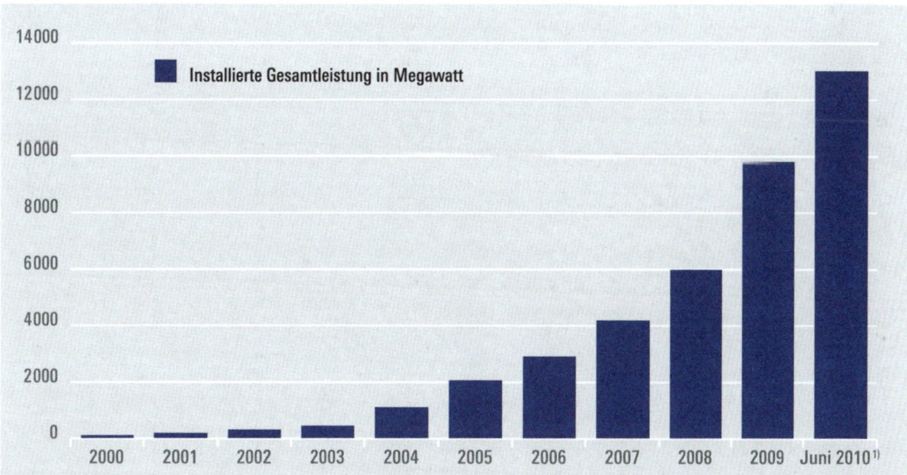

1) Geschätzt, Quelle: BSW-Solar, Bundesnetzagentur

Die Finanzierung

Reicht das Geld für die Fotovoltaikanlage nicht, kann man ein Förderdarlehen der staatseigenen KfW-Bank beantragen. Das geht am Schalter der eigenen Hausbank. Die Bedingungen für das Darlehen hängen davon ab, wie die Hausbank die Kreditwürdigkeit des Antragstellers und den Wert der Fotovoltaikanlage einschätzt. Je nachdem in welche von neun Risikoklassen sie ihren Kunden einstuft, lag der Effektivzins für einen Festzinskredit mit zehn Jahren Laufzeit bei der KfW im Oktober 2010 zwischen günstigen 2,90 und teuren 7,54 Prozent.

Unter Umständen ist es dann besser, einen normalen Bankkredit aufzunehmen. In einer Finanztest-Umfrage boten mehrere Banken einen vergleichbaren Kredit zu einem Effektivzins unter 5 Prozent an.

Die Steuern steuern

Wer sich eine Fotovoltaikanlage aufs Dach setzt, wird Unternehmer. Er produziert Strom und verkauft ihn an den Netzbetreiber. Das bringt Vor- und Nachteile beim Finanzamt. Stromproduzenten erhalten die Mehrwertsteuer zurück. Anfangs sparen sie meist auch Einkommensteuer durch hohe Sonderabschreibungen. Unterm Strich müssen sie allerdings Steuern auf ihre Gewinne zahlen.

Die Umsatzsteuer

Weil private Anlagenbetreiber mit ihrer Fotovoltaikanlage meist unter einem Umsatz von 17 500 Euro im Jahr liegen, gelten sie als Kleinunternehmer und sind von der Umsatzsteuer befreit. Dieses Privileg sollten sie jedoch nicht in Anspruch nehmen. Wer eine Umsatzsteuererklärung abgibt, erhält die auf die Anlage gezahlte Umsatzsteuer zurück.

Das zahlt sich aus. Hat die Anlage 14 280 Euro gekostet, erstattet das Finanzamt 2 280 Euro. Auch die Umsatzsteuer für Wartungs- und Reparaturarbeiten sowie Ersatzteile können sich die Anlagenbetreiber wiederholen.

Auch auf die Vergütung, die der Stromproduzent vom Netzbetreiber erhält, fällt Umsatzsteuer an. Die stellt er dem Netzbetreiber zusätzlich zur Vergütung in Rechnung. Anschließend führt er sie ans Finanzamt ab. Sie ist also ein durchlaufender Posten.

Sitzen bleiben Anlagenbetreiber nur auf der Umsatzsteuer, die sie auf den selbst genutzten Strom zahlen müssen. Sie beträgt 19 Prozent auf die Differenz zwischen Einspeisevergütung und der Vergütung für den selbst genutzten Strom.
Beispiel: Die Einspeisevergütung beträgt 33,03 Cent, die Vergütung des Eigenverbrauchs 16,65 Cent pro kWh. Auf die Differenz von 16,38 Cent muss der Hauseigentümer 19 Prozent, also 3,11 Cent Umsatzsteuer bezahlen, die er als Endverbraucher nicht vom Finanzamt zurückbekommt. Im Jahr der Inbetriebnahme der Anlage und im Folgejahr will das Finanzamt die Umsatzsteuervoranmeldung monatlich sehen. Danach reicht eine Voranmeldung alle drei Monate.

SO KÖNNTE EINE STEUERABRECHNUNG AUSSEHEN: EIN BEISPIEL

Ein Hauseigentümer hat sich im Oktober 2010 eine Solarstromanlage für 12 000 Euro plus Mehrwertsteuer gekauft. Über einen Teil der Kaufsumme hat er einen Kredit aufgenommen.

Betriebseinnahmen	Euro
Vergütung des Netzbetreibers	300
Eingenommene Umsatzsteuer	57
Vom Finanzamt erstattete Vorsteuer für die Fotovoltaikanlage	2 280
Betriebseinnahmen	**2 637**

Betriebsausgaben	Euro
Umsatzsteuer für Fotovoltaikanlage	2 280
Umsatzsteuer auf Vergütung	57
Degressive Abschreibung (12,5 Prozent von 12 000 Euro, davon 3 Zwölftel bei Kauf im Oktober 2010)	375
Sonderabschreibung (20 Prozent von 12 000 Euro)	2 400
Kreditzinsen	100
Versicherungsbeiträge	80
Miete Stromzähler	25
Betriebsausgaben	**5 317**

Die Ausgaben übersteigen die Einnahmen. Der Verlust des Hauseigentümers beträgt 2 680 Euro. Liegt sein persönlicher Steuersatz bei 30 Prozent, spart er im ersten Jahr mit seiner Fotovoltaikanlage 807 Euro Steuern.

RUSSELL S. OHL (links, mit einem Mitarbeiter) entdeckte 1940 per Zufall, dass beleuchtetes Silizium Strom erzeugte. Das war die Geburtsstunde der praktisch angewendeten Fotovoltaik. Zunächst produzierten die Bell Laboratories in New Jersey zwei auf zwei Zentimeter große Solarzellen. Erstes Einsatzgebiet der neuen Technologie war der Weltraum. Der Minisatellit Vanguard 1 trug Solarzellen in den Orbit. Ohl erlebte den Boom seiner Entdeckung auf der Erde nicht. Er verstarb 1967 im Alter von 69 Jahren.

Die Einkommensteuer

In der Einkommensteuererklärung müssen die Hauseigentümer den Gewinn oder Verlust aus ihrem Betrieb ermitteln. Gewinne sind mit dem persönlichen Steuersatz zu versteuern, Verluste können sie mit anderen Einkünften verrechnen und dadurch Steuern sparen. Liegen die Einnahmen unter 17 500 Euro im Jahr, reicht es, die Einnahmen und die Ausgaben formlos gegenüberzustellen.

Zu den Einnahmen gehören die vom Netzbetreiber bezahlten Vergütungen einschließlich der Umsatzsteuer sowie die vom Finanzamt erstattete Umsatzsteuer. Bei selbst genutztem Strom zählen auch die eingesparten Stromkosten zu den Einnahmen. Die sind jeweils abhängig vom Preis, den der Energieversorger berechnet.

Die Ausgaben setzen sich aus den Versicherungsbeiträgen, Reparatur- und Wartungskosten zusammen. Dazu kommen die Zinsen, wenn der Hauseigentümer für die Anlage einen Kredit aufgenommen hat. Zum Schluss zählt auch die Abschreibung dazu.

Die Abschreibung

Stromproduzenten können ihre Fotovoltaikanlage innerhalb von 20 Jahren mit jährlich 5 Prozent der Anschaffungskosten abschreiben. Nehmen sie die Anlage noch im Jahr 2010 in Betrieb, können sie stattdessen auch die degressive Abschreibung wählen. Dann erkennt das Finanzamt jährlich 12,5 Prozent des jeweiligen rechnerischen Restwertes der Anlage an. In den ersten sieben bis acht Jahren sind die Abschreibungen dann höher, danach geringer als bei der linearen Abschreibung.

Im Jahr des Kaufs erkennt das Finanzamt – falls gewünscht – eine Sonderabschreibung von 20 Prozent der Anschaffungskosten an. Die lässt sich alternativ auch beliebig über die ersten fünf Jahre verteilen.

Vor allem in den ersten Jahren führen die Abschreibungen und die Zinsen oft zu steuerlichen Verlusten, die das zu versteuernde Gesamteinkommen des Anlagenbetreibers senken. Erst wenn der Eigentümer mit seiner Anlage in der Gewinn- und Verlustrechnung schwarze Zahlen schreibt, muss er Steuern entrichten.

Der Investitionskostenabzug
Steuern sparen lassen sich mit einer Fotovoltaikanlage sogar im Voraus. Wer den Kauf einer Anlage erst im Jahr 2011 plant, kann dafür bereits in der Steuererklärung für 2010 einen Investitionskostenabzug von 40 Prozent der Anschaffungskosten geltend machen. Nachweisen muss er aber, dass er die Anlage tatsächlich im Jahr 2010 verbindlich bestellt hat. Der Abzugsbetrag verringert dann bereits das zu versteuernde Einkommen des Jahres 2010. Allerdings sinken so auch die Bemessungsgrundlagen für die Abschreibungen während der Betriebszeit der Anlage (siehe Kasten Seite 155).

ENERGIEKOSTEN SPAREN DURCH MODERNISIERUNG

Immer mehr Menschen entscheiden sich für den Kauf eines Altbaus. Häuser mit einer Geschichte zu kaufen ist oft billiger als selbst neu zu bauen. Dafür müssen die Eigentümer meist mit hohen Energiekosten rechnen. Eine der besten und sichersten grünen Geldanlagen ist daher die Modernisierung der eigenen vier Wände. Damit lassen sich bis zu zwei Drittel der Energiekosten einsparen. Über die Jahre spielt das die Kosten einer energieeffizienten Heizanlage und einer Rundum-Wärmedämmung wieder herein.

Gewinnbringer sind außerdem Zinsnachlässe einer ethisch-ökologischen Bank, staatliche und kommunale Zuschüsse sowie die Eigenleistungen, die allerdings nur handwerklich geschickte Zeitgenossen einrechnen sollten. Finanztest hat ausgerechnet, dass bei Sanierungskosten von heute 25 000 Euro nach 20 Jahren bereits 5 500 Euro plus herausgesprungen sein könnten.

Ob überhaupt ein Sanierungsbedarf besteht, lässt sich durch eine einfache Überschlagsrechnung ermitteln. Der Heizölverbrauch ohne die Menge für die Warmwasserbereitung wird durch die Quadratmeterzahl geteilt.
Beispiel: Ein 150-Quadratmeter-Haus, für das jedes Jahr 3 000 Liter Heizöl getankt werden, verbraucht 20 Liter pro Quadratmeter. Das sind umgerechnet 200 Kilowattstunden. Für ein neu gebautes Haus sind rund 50 Kilowattstunden pro Quadratmeter gesetzlich vorgeschrieben. Ab 2012 soll diese Grenze auf 35 Kilowattstunden sinken.

Dämmen
Die höchste Energieersparnis bringt die Dämmung des Hauses. In einem durchschnittlichen Einfamilienhaus senkt sie nach Berechnungen der Deutschen Energieagentur die jährlichen Heizkosten von etwa 1 780 Euro auf 570 Euro. Das ist der

TIPP **Selbst anpacken hilft sparen**

Wenn das Geld für eine Rundum-Dämmung nicht reicht, können Hausbesitzer auch in kleinen Schritten vorgehen. Handwerklich geschickte Laien fangen auf dem Dachboden an. Ist das Dachgeschoss nicht bewohnt, reicht es, die oberste Geschossdecke zu dämmen. Ist das Dachgeschoss bewohnt, sollten die Dachschrägen gedämmt werden. Vergleichsweise unkompliziert und kostengünstig lässt sich auch die Kellerdecke einpacken. Bevor jemand beginnt, selbst Hand anzulegen, sollte er auf jeden Fall die Bausubstanz von Fachleuten prüfen lassen. Die Holzkonstruktion des Dachstuhls oder das Kellermauerwerk zum Beispiel könnten schadhaft sein. Experten lassen sich beim Bauherren-Schutzbund finden: Telefon: 030/3128001, www.bsb-ev.de, oder beim Bundesarbeitskreis Altbauerneuerung, Telefon: 030/48490755, www.bakaberlin.de.

Stand von Anfang 2010. Verändert sich der Ölpreis, kann die Ersparnis in absoluten Zahlen höher oder niedriger ausfallen.

Um so viel einzusparen, müssen Hausbesitzer aber erst einmal ordentlich investieren. Eine Rundum-Dämmung verschlingt leicht 20000 Euro und mehr. In der Folge spart der Hausbesitzer laufende Kosten und erhöht je nach Lage des Hauses dessen Wert.

Die Außenwände zu dämmen empfiehlt sich vor allem, wenn die Fassade ohnehin einen neuen Anstrich bekommen soll. Dafür sollte in jedem Fall ein Fachmann zu Rate gezogen werden. Wie immer, wenn ein Handwerker beauftragt werden soll, lohnt es sich, mehrere Angebote einzuholen.

Ein Energiesparberater hilft festzustellen, welche Modernisierungsarbeiten sinnvoll sind und wann sie sich lohnen. Solche Berater sind Architekten, Bauingenieure, Heizungsinstallateure und andere mit Bauplanung und Gebäudetechnik beschäftigte Fachleute, die eine spezielle Zusatzausbildung genossen haben. Aber Vorsicht: Der Begriff Energiesparberater ist nicht geschützt. Nicht jede Beratung hält, was sie verspricht. Auf Nummer sicher geht man in der Regel mit den Beratungsangeboten der Verbraucherzentralen und des Bundesamts für Wirtschaft und Ausfuhrkontrolle (siehe Kasten rechts).

Günstige Kredite durch staatliche Förderung

Deutschland will seine Ölrechnung und damit seinen Kohlendioxidausstoß senken. Um die ehrgeizigen Klimaziele zu erreichen und etwas zur Vermeidung der Erderwärmung beizutragen, soll nicht nur die Industrie in Deutschland CO_2 einspa-

TIPP

Hier bekommen Sie seriöse Modernisierungsberatung

Verbraucherzentralen. In den Verbraucherzentralen gibt es für 5 Euro allgemeine Tipps und Ideen für eine Modernisierung. Die Berater helfen auch, wenn es um einen einzelnen Sanierungsschritt wie etwa den Einbau einer neuen Heizung geht. Für 45 Euro kommt der Experte ins Haus und bespricht mit dem Hausherrn die Details.

Vor-Ort-Beratung. Umfassender ist eine vom Bundesamt für Wirtschaft und Ausfuhrkontrolle (Bafa) geförderte Vor-Ort-Beratung. Der Energieberater analysiert in diesem Fall den Zustand des Gebäudes vom Keller bis zum Dach und macht verschiedene Vorschläge für die Modernisierung.

Um Wärmeverlusten in der Gebäudehülle auf die Spur zu kommen, kann er Thermografie-Aufnahmen machen und die Luftdichtigkeit prüfen (Blower-Door-Test. Auch eine Kalkulation, wann sich welche Modernisierungsarbeiten lohnen, gehört zum Gutachten.

Im Durchschnitt kostet eine solche Vor-Ort-Beratung für ein Ein- bis Zweifamilienhaus 600 bis 700 Euro. Davon muss der Hausbesitzer aber nur die Hälfte selbst bezahlen. 300 Euro stellt der Berater auf Antrag der Bafa in Rechnung. Gehören Aufnahmen mit der Wärmebildkamera (Thermografie) oder ein Luftdichtigkeitstest zur Untersuchung, zahlt das Bafa dafür 100 Euro extra.

Gutachter, die für eine Vor-Ort-Energieberatung einen Zuschuss des Bafa beantragen können, finden Sie unter www.bafa.de.

ren. Von den 800 Millionen Tonnen CO_2, die hierzulande jedes Jahr in die Atmosphäre geblasen werden, geht mehr als die Hälfte auf das Konto der Strom- und Wärmeproduktion. Dazu zählen die konventionellen Kraftwerke, die ihrem Ruf als „Dreckschleudern" alle Ehre machen. Beteiligt sind an diesem Wert aber auch die Heizungen in den Häusern und die Löcher und Ritzen in den Altbauten, durch die die eigentlich für die Innenräume gedachte Wärme ins Freie entweicht. Insgesamt sind die privaten Haushalte etwa für 15 Prozent der CO_2-Emissionen Deutschlands verantwortlich. Das ist in etwa die Größenordnung, die auch alle Autos, der Luft-, Schienenfern- und öffentliche Nahverkehr an Treibhausgasen ausstoßen.

Der Staat zahlt mit

Während der Ausstoß des Verkehrssektors in den vergangenen 20 Jahren stark gestiegen ist, sinken die Werte der privaten Haushalte. Der Staat fördert energiesparendes Bauen und Sanieren mit Zuschüssen und zinsverbilligten Darlehen.

Die Fördertöpfe der Regierung stehen bei der KfW-Bank. Ihre Förderprogramme

MODERNISIEREN UND ENERGIE SPAREN MIT DER STAATLICHEN FÖRDERBANK KFW[1)]

Programm	Was wird gefördert?	Wie wird gefördert?
Energieeffizient bauen	Bau oder Ersterwerb eines Hauses, dessen Energiebedarf maximal 70 Prozent vom zulässigen Höchstwert eines vergleichbaren Neubaus beträgt (nach Energieeinsparverordnung 2009).	Darlehen bis 50 000 Euro pro Wohnung[2)]. Zinssatz 2,85 bis 3,35 Prozent bei zehn Jahren Zinsbindung. Je nach Energieeffizienz des Gebäudes zusätzlich Tilgungszuschuss von 5 oder 10 Prozent des Darlehens.
Energieeffizient sanieren[3)] (Sanierung zum KfW-Effizienzhaus)	Umfangreiche Sanierungen, die den Energiebedarf eines Hauses so weit senken, dass er maximal 115 Prozent vom Höchstwert eines Neubaus beträgt (nach Energieeinsparverordnung 2009). Gefördert wird auch der Ersterwerb nach Sanierung. Der Bauantrag für das Gebäude muss vor 1995 gestellt worden sein.	**Kreditvariante:** Darlehen bis 75 000 Euro pro Wohnung[2)]. Zinssatz 2,30 bis 2,85 Prozent bei zehn Jahren Zinsbindung. Je nach der durch die Sanierung erreichten Energieeffizienz Tilgungszuschuss von 2,5 bis 12,5 Prozent des Darlehens. **Zuschussvariante:** Je nach erreichter Energieeffizienz einmaliger Zuschuss von 7,5 Prozent (maximal 5 625 Euro) bis zu 17,5 Prozent (maximal 13 125 Euro) der Sanierungskosten.
	Sonderförderung: Baubegleitung der Sanierung durch einen Sachverständigen.	Zuschuss in Höhe von 50 Prozent der Kosten, maximal 2 000 Euro
Wohnraum modernisieren	Instandhaltung und Modernisierung, etwa Verbesserung des Wohnungszuschnitts, neue Sanitärinstallationen, Wärmedämmung, Austausch der Heizung. Gefördert wird auch der Kauf einer neu modernisierten Wohnung.	Darlehen bis 100 000 Euro pro Wohnung[2)]. Effektivzins 2,79 bis 3,22 Prozent bei zehn Jahren Zinsbindung.
Altersgerecht umbauen	Durch einen Umbau werden Barrieren vermindert oder entfernt. Gefördert wird auch der Ersterwerb einer altersgerecht sanierten Wohnung.	**Kreditvariante:** Darlehen bis 50 000 Euro pro Wohnung[2)]. Effektivzins 1,61 bis 2,02 Prozent bei zehn Jahren Zinsbindung. **Zuschussvariante:** Ab 6 000 Euro Umbaukosten 5 Prozent der Kosten, maximal 5 000 Euro.

Weitere Informationen gibt es unter www.kfw.de und vom KfW-Infotelefon (0 180 1/33 55 77).

1) Für alle Förderungen gilt: Kredite müssen über ein Kreditinstitut beantragt werden, Zuschüsse direkt bei der KfW. Anträge sind vor Beginn der Bauarbeiten zu stellen. 2) Die Darlehen sind in vierteljährlichen Raten zurückzuzahlen. Das erste Jahr ist tilgungsfrei. Je nach Laufzeit kann die Tilgung für maximal zwei bis fünf Jahre ausgesetzt werden. Die Laufzeit beträgt bis zu 30 Jahre, die Zinsbindung 10 Jahre, im Programm Wohnraum modernisieren auch 5 Jahre. Sondertilgungen sind möglich. 3) Für Umbauarbeiten, die in diesem Programm gefördert werden, sind Steuerermäßigungen für Handwerkerarbeiten ausgeschlossen.

Stand: 1. Oktober 2010

kommen gut an. Aufgeschreckt von steigenden Heizkosten und immer strengeren Auflagen, versuchen immer mehr Bauleute und Hausbesitzer den Energieverbrauch in ihren eigenen vier Wänden zu senken.

Komplettsanierung bringt am meisten

Für die KfW-Förderung gilt der Grundsatz: Je kleiner der Energiebedarf für das Gebäude nach der Sanierung ist, desto höher sind die Zuschüsse und umso günstiger die Darlehen.

Die höchste Förderung gibt es für die Sanierung eines Hauses aus der Zeit vor 1995 zum KfW-Effizienzhaus. Um diesen Standard zu erreichen, muss der Eigentümer den Energiebedarf so weit senken, dass er den Höchstwert für einen Neubau um nicht mehr als 15 Prozent übersteigt. Dazu muss der Sanierer an mehreren Stellen gleichzeitig ansetzen, etwa Dach und Außenwände dämmen, Fenster austauschen, die Heizung erneuern und häufig auch eine Lüftungsanlage einbauen.

Der Lohn für den Aufwand sind niedrigere Heizkosten, mehr Wohnkomfort und ein besonders günstiger Kredit der KfW-Bank. Im Programm „Energieeffizient sanieren" finanziert die Bank bis zu 75 000 Euro zu einem Zins von 2,30 bis 2,85 Prozent bei zehn Jahren Zinsbindung (Stand: 1. Oktober). Und sie erlässt dem Hauseigentümer 2,5 bis 12,5 Prozent der Kreditsumme. Je kleiner der Energiebedarf des Gebäudes nach der Sanierung, desto höher ist der Tilgungszuschuss.

Dabei unterscheidet die KfW verschiedene Standards, vom KfW-Effizienzhaus 40 bis zum KfW-Effizienzhaus 115. Die Zahl steht jeweils für den maximalen Energiebedarf des Gebäudes in Prozent des zulässigen Höchstwertes für einen Neubau nach der Energieeinsparverordnung 2009. „KfW-Effizienzhaus 70" zum Beispiel heißt: Das Haus benötigt nach der Sanierung höchstens 70 Prozent der Energie, die ein Neubau benötigt, der lediglich die gesetzlichen Mindestanforderungen erfüllt.

Beispiel: Der Eigentümer will sein 1980 gebautes Haus energetisch auf Neubauniveau bringen (KfW-Effizienzhaus 100). Er nimmt einen Förderkredit der KfW in Höhe von 50 000 Euro für die Sanierung auf. Tilgt er den Kredit innerhalb der zehnjährigen Zinsbindung, muss er dafür nur 2,30 Prozent Zinsen im Jahr zahlen (Stand: 1. Oktober 2010).
Sobald die Hausbank und der beauftragte Architekt den erfolgreichen Abschluss der Sanierung bestätigen, zieht die KfW 2 500 Euro von den Schulden ab. Der Effektivzins für das Darlehen sinkt dadurch auf 1,33 Prozent. Im Vergleich zu einem normalen Bankdarlehen (Zinssatz 3,5 Prozent) spart der Eigentümer rund 7 100 Euro. Statt des Darlehens könnte der Eigentümer auch 5 000 Euro Zuschuss direkt bei der KfW beantragen. Die Sanierung müsste er dann aber aus eigenen Mitteln oder über einen Bankkredit finanzieren.

Standardmodernisierung

Wer eine Komplettsanierung zu teuer findet, der kann auch in Einzelschritten vorgehen. Die Förderung fällt dann aber geringer aus.

Im Programm „Energieeffizient sanieren" fördert die KfW seit September 2010 nur noch eine aufwendige Sanierung zum Effizienzhaus. Für den Einbau einer neuen Heizung oder andere Einzelarbeiten bekommen Hauseigentümer nur noch Kredite aus dem Programm „Wohnraum modernisieren". Weil der Bund dafür keine Mittel bereitstellt, sind die Zinsen in diesem Programm nur wenig günstiger als die für einen normalen Bankkredit.

Dafür finanziert die KfW in diesem Programm fast alle gängigen Modernisierungen und Instandhaltungen, vom Verputzen bis zum neuen Bad. Außerdem steigt der Kredithöchstbetrag auf 100 000 Euro pro Wohnung.

Der Haken

Wenn ein Kredit besonders günstig ist, ist bestimmt ein Haken dabei. Und tatsächlich. Der Weg zum Billigkredit führt nur über den Schalter der Hausbank. Die KfW-Bank vergibt die Kredite nicht selbst, sondern über andere Banken und Sparkassen. Die Kreditinstitute sind nicht verpflichtet, die Förderdarlehen zu vermitteln. Zwar erhalten sie von der KfW eine Provision, lieber aber bringen sie ihre eigenen Kredite an den Mann oder die Frau.

Viele Banken und Sparkassen machen Hauseigentümern das Leben schwer, indem sie keine kleinen Kreditsummen als KfW-Darlehen vermitteln, sondern erst ab bestimmten Mindestsummen tätig werden, die sie festlegen. Andere geben den KfW-Kredit nur zusammen mit einem Darlehen ihres Geldhauses heraus. Immer mehr Geldinstitute verlangen, dass der Kunde den KfW-Kredit bereits vom ersten Euro an im Grundbuch absichert. Das kostet zusätzliche Grundbuch- und Notargebühren.

Wer bei seiner Bank auf Probleme stößt, sollte sich aber nicht abschrecken lassen. Unter www.test.de/kfw gibt es eine Tabelle mit Banken, die KfW-Kredite auch an Hausmodernisierer vermitteln, die bisher nicht Kunde bei ihnen waren.

Zuschüsse sind einfacher

Modernisierer, die ihr Haus umbauen können, ohne einen Kredit aufnehmen zu müssen, haben es leichter. Sie können sich direkt an die KfW wenden und dort den Zuschuss beantragen.

Die Heizung erneuern

Wegen der hohen Energieeinsparmöglichkeiten ist es zwar sinnvoll, mit der Dämmung des Hauses zu beginnen, aber die meisten Hausbesitzer fangen mit der Heizung an. Der Grund: Diese Investition lohnt sich aus Renditegesichtspunkten meist mehr und sie haben das Geld im Lauf der Jahre wieder hereingeholt. Der Kauf eines neuen Heizkessels kostet nur wenige Tausend Euro und spart Jahr für Jahr viele Euro Heizkosten ein.

ROLF DISCH ist der Pionier der Solarszene. 1994 baute der Freiburger Architekt das erste Haus weltweit mit positiver Energiebilanz, das drehbar gelagerte „Heliotrop", das sich stets der Sonne zuwendet. Auf dem Bild ist es im Modell zu sehen. Ein Jahr zuvor hatte Disch auf dem Stadion des SC Freiburg die erste Gemeinschaftssolaranlage Deutschlands initiiert. Die von dem heute 66-Jährigen geplante und gebaute Solarsiedlung in Freiburg aus 50 Häusern, die mehr Energie produzieren als verbrauchen, gilt als städtebauliches Vorbild.

Ein 30 Jahre altes Heizsystem arbeitet mit schlechtem Wirkungsgrad und verbrennt einen großen Teil der eingesetzten Energie eigentlich völlig unnötig. Steht der Kessel das ganze Jahr unter Feuer, weil er auch noch für warmes Wasser sorgt, können so mehrere Hundert Euro zusammenkommen, die ganz einfach verpuffen.

Ein neuer Brennwertkessel verringert diesen Verlust und setzt zudem die Energie effizienter ein. Ein neuer Gas oder Ölbrennwertkessel kann die Brennstoffkosten in einem durchschnittlichen Einfamilienhaus entsprechend deutlich senken.

Die Einsparungen durch die Dämmung und die durch einen neuen Heizkessel lassen sich aber nicht einfach zusammenzählen. Wer zuerst das Haus dämmt und eventuell die Fenster erneuert, sollte bedenken, dass er sich beim späteren Kauf einer neuen Heizung für ein kleineres und billigeres Modell entscheiden kann. Sind alle Wärmelöcher im Haus erst einmal gestopft, wird nämlich viel weniger Energie gebraucht, um die Wohnräume zu beheizen. Moderne Brennwertkessel lassen sich dem verringerten Wärmebedarf im Haus anpassen.

Heizöl? Und tschüss!

Es muss nicht mehr unbedingt immer nur Öl oder Gas sein. Pellets, das sind kleine Presslinge aus zerkleinertem Holz, Solaranlagen und Wärmepumpen sind die Alternative, wenn es ums Heizen der Wohnung und das warme Wasser geht. Der Staat schreibt den Hauseigentümern den Einstieg ins Zeitalter der erneuerbaren Energien zwar vor. Er beteiligt sich aber zumindest manchmal mit Zuschüssen an den Investitionen. Der Umstieg auf erneuerbare Energien kann eine gute Geldanlage sein. Langfristig zahlt sich die Unabhängigkeit von Öl und Gas finanziell auf jeden Fall aus. Und der Investor weiß, dass er einen Beitrag zum Klimaschutz leistet.

Abschied vom Öl

Es gilt Abschied zu nehmen, wenn auch nur ganz allmählich. Die Tage klassischer Öl- und Gasheizungen sind gezählt. Bis 2020 müssen 14 Prozent der in Deutschland erzeugten Wärme aus erneuerbarer Energie stammen. Das schreibt das Wärmegesetz vor, das seit Anfang 2009 in

INFO Die Warmduscher-Dividende

Kombi-Solaranlagen sorgen für warmes Wasser und unterstützen die Heizung. Sie sparen ihren Besitzern mehr als ein Viertel ihres bisherigen Bedarfs an Öl und Gas ein. Diese Investition in die eigenen vier Wände zahlt sich aus.

Im Jahr 2009 hat die Stiftung Warentest 13 Kombi-Solaranlagen unter die Lupe genommen. Wichtigster Prüfpunkt im Test war die Frage, wie viel Liter Öl oder Kubikmeter Gas die Kombi-Anlagen im Jahr durch Sonnenenergie ersetzen können. Den Spitzenwert von 29 Prozent erzielte das Solarpaket von Wagner & Co. Das war mit einem Preis von 9 900 Euro sogar eines der günstigsten Angebote überhaupt, Montage und Wartung nicht inbegriffen.

Eine solche Solaranlage ergänzt den Gas- oder Ölbrennwertkessel im Keller. Selbst an klaren Wintertagen übernehmen die Kollektoren noch einen Großteil der Warmwasserbereitung für ein Einfamilienhaus. Obendrein beteiligen sich leistungsfähige Kombi-Solaranlagen vor allem im Frühjahr und im Herbst am Heizen des Hauses. Werden die Tage im Dezember jedoch kürzer und düsterer, müssen die Sonnensammler unterstützt werden. Dann muss immer öfter auch der Brenner im Keller losbullern.

Eine Lebensdauer von 25 Jahren hält die Stiftung Warentest bei den Kombi-Solaranlagen für realistisch. Bei mittleren Öl- und Gaspreisen, wie sie im Jahr 2008 verlangt wurden, spart der Betreiber über die Lebenszeit der Anlage rund 8 500 Euro ein. Rechnet man noch die Zuschüsse des Bundesamtes für Wirtschaft und Ausfuhrkontrolle hinzu (www.bafa.de), reicht der Beitrag der Kombi-Anlage in der Regel dennoch nicht ganz, um die Anschaffungskosten während der Betriebszeit zu amortisieren. Wahrscheinlicher ist jedoch das Szenario, dass die Öl- und Gaspreise steigen. Dann werden die Anlagen immer wirtschaftlicher, die Gewinnzone rückt in Sicht.

Kraft ist. Der Staat fördert und fordert deshalb den Einsatz von Sonnenenergie, Biomasse oder Umweltwärme in Wohngebäuden. Wer neu baut, muss nachweisen, dass er einen Teil seines Wärmebedarfs (15 Prozent) aus erneuerbaren Energien decken wird. Darum kommen Bauherren nur in Ausnahmefällen herum. Beispielsweise dann, wenn sie auf andere Weise eine vergleichbar klimaschonende Wirkung erzielen – mit einem verbesserten Wärmeschutz oder einer Lüftungsanlage mit Wärmerückgewinnung. Geld vom Staat gibt es wegen dieser Verpflichtung nicht.

BIANCA JAGGER war in den 70ern Model, Partygirl und Ehefrau des Rolling-Stones-Sängers Mick Jagger. Inzwischen blickt die heute 65-Jährige bereits auf mehr als drei Jahrzehnte als Menschenrechts- und Umweltaktivistin zurück. Illegale Rodungen von Regenwald oder das Verhalten der BP-Führung nach der Ölkatastrophe sollten als „Verbrechen gegen zukünftige Generationen" auf eine Stufe mit Kriegsverbrechen und Völkermord gestellt und vor dem Internationalen Strafgerichtshof in Den Haag verhandelt werden, fordert Jagger.

Vorschriften für Neubauten

Wer erneuerbare Energien einsetzen muss, weil er die staatlichen Vorgaben für Neubauten nicht auf andere Weise erfüllt, ist an Mindestgrößen für die Anlagen gebunden. Entscheiden sich die Bauleute für eine Solaranlage zur Warmwasserbereitung, muss diese 15 Prozent des Wärmebedarfs decken. Für Ein- und Zweifamilienhäuser reichen 0,04 Quadratmeter Kollektorfläche je Quadratmeter Wohnfläche. Der Eigentümer eines 120-Quadratmeterhauses erfüllt also seine Pflicht, wenn er sich eine 4,8 Quadratmeter große Sonnenkollektorfläche auf das Dach setzt.

Biomasseanlagen müssen mindestens 50 Prozent der benötigten Wärme im Haus erzeugen. Zu den Biomasseanlagen zählen in erster Linie Holzpellet-, Holzschnitzel- oder Scheitholzkessel. Gleiches gilt für Wärmepumpen, die Wärme aus der Luft, dem Wasser oder der Erde nutzen. Auch sie müssen mindestens die Hälfte der Wärme für das Haus beisteuern.

Kür für Altbau-Herren

Käufer und Eigentümer bestehender Gebäude sind derzeit noch nicht verpflichtet, erneuerbare Energien für die Heizung einzusetzen. Mit einer regionalen Ausnahme: In Baden-Württemberg zwingt sie ein Gesetz dazu, die Wärmeenergie der Sonne, der Biomasse oder der Umwelt zu nutzen, sobald sie ihre Heizungsanlage austauschen

Auch Altbaueigentümer, die nicht im Ländle wohnen, sollten die unerschöpflichen Energiereserven von Sonne und Erde nutzen, wenn der Kauf eines neuen Heizkessels ansteht. Das ist sicher angelegtes Geld, das im Laufe der Zeit eine kleine Rendite abwerfen kann. Zum einen rechnen Experten mit steigenden Preisen für Öl und Gas, zum anderen lassen sich die Anschaffungskosten mit Zuschüssen des Bundesamtes für Wirtschaft und Ausfuhrkontrolle (Bafa) vor allem für Solaranlagen und Holzpelletheizungen dämpfen. Die Förderbedingungen sowie die Antragsformulare gibt's im Internet unter www.bafa.de.

Sonne sammeln mit Solarkollektoren

Gefördert werden seit Juli 2010 nur noch Solarkollektoren, die sowohl für warmes Wasser sorgen als auch die Raumheizung unterstützen. Kombi-Solaranlagen können den Energieverbrauch für Warmwasser und Heizung zusammen um rund 30 Prozent senken. Die Preise dafür beginnen bei rund 6000 Euro.

Diese Summen muss der Eigentümer des Hauses nicht alleine tragen. Der Staat hilft mit Zuschüssen. Bei der Erstinstallation von Solarkollektoranlagen bis 40 Quadratmeter beträgt die Förderung 90 Euro je angefangenem Quadratmeter.

- Vakuumröhrenkollektoren. Die Fläche muss mindestens 7 Quadratmeter mit mindestens 50 Liter je Quadratmeter betragen.
- Flachkollektoren. Die Fläche muss mindestens 9 Quadratmeter mit mindestens 40 Litern je Quadratmeter betragen.

Jenseits von 40 Quadratmetern Fläche erhöht sich der Satz leicht. Für Kombinationen mit anderen erneuerbaren Energien und für besonders effizient arbeitende Anlagen gibt es Boni.

400 Euro dazu zahlt der Staat, wenn Hausbesitzer zusätzlich zur Kombi-Solaranlage noch ihren alten Kessel gegen einen Brennwertkessel nach der Energieeinsparverordnung austauschen.

Gefördert werden auch Solarkollektoren zur Kälteerzeugung, Solarkollektoren zur Prozesswärmeerzeugung und innovative Lösungen für große Anlagen für Mehrfamilienhäuser.

Pelletheizung: Die Reste verwerten

Pellets sind kleine normierte Zylinder aus gepressten Sägespänen. Sie lassen sich in Kesseln verbrennen wie Öl und Gas auch. Die Unterschiede zu letzteren Brennstoffen finden sich im Preis und bedingt auch in der Umweltfreundlichkeit. Solange die Pellets aus dem Abfall von Sägewerken und aus Waldholzresten nachhaltig bewirtschafteter Forste stammen, ist ökologisch alles in Ordnung. Wenn die Zunahme von Pelletheizungen jedoch zur Verringerung von Waldflächen beitragen würde, müsste die Ökobilanz der Technologie auf den Prüfstand. In Deutschland sind laut Angaben des Deutschen Energieholz- und Pelletverbandes im vergangenen Jahr 1,6 Millionen Tonnen Pellets hergestellt worden. Ihre Qualität ist gut. Im jüngsten Test der Stiftung Warentest gab es keine Ausreißer mehr nach unten. Auch Lieferengpässe und überhöhte Preise gehören wohl der Vergangenheit an. 2009 betrug der durchschnittliche Preis für Pellets 224 Euro pro Tonne. Das entspricht etwa 4,6 Cent pro Kilowattstunde Energie.

GELD FÜR PELLETNUTZER

Die Zuschüsse des Bundesamts für Wirtschaft und Ausfuhrkontrolle (Bafa) können Privatpersonen noch bis zu sechs Monate nach der Inbetriebnahme der Anlage abrufen. Besser ist es jedoch, sich vorher über Mindestgrößen und vom Amt geforderte Qualitätskriterien zu informieren. Informationen gibt es unter 0 61 96/90 86 25 oder

JAKOB VON UEXKÜLL (links, mit Hermann Scheer, dem im Oktober 2010 verstorbenen Vorsitzenden des Weltrats für Erneuerbare Energien und Träger des Alternativen Nobelpreises) gründete 1980 die Right Livelihood Foundation und stiftete den Alternativen Nobelpreis, der an humanitäre und ökologische Projekte vergeben wird, die „Antworten zu den dringendsten Herausforderungen unserer Zeit finden und erfolgreich umsetzen". Das Credo des 66-jährigen Deutschschweden, der Vorstandsmitglied von Greenpeace war, lautet: „Wahrer Wandel beginnt von unten."

unter www.bafa.de. Dort sind die förderfähigen Anlagen aufgelistet. Noch mehr Infos stellt www.test.de bereit. Die Stiftung Warentest hat Holzpelletheizungen getestet. Vier Anlagen erreichten ein „Gut".

Zum Vergleich: Die Preise für Heizöl und Gas reichten 2009 bis 8 Cent je Kilowattstunde Energie. Pelletkessel sind allerdings noch deutlich teurer als moderne Gas- und Ölbrennwertkessel. Einschließlich Reglern und Saugsystem kosten sie im Schnitt 12 000 Euro.

Dafür gibt es Zuschüsse des Bundesamts (Bafa). Gefördert werden auch Pelletöfen mit Wassertasche und Holzhackschnitzelkessel. Ein Anruf bei der Stadt- oder Kreisverwaltung kann sich lohnen. Auch manche Kommunen haben Fördertöpfe für den Umstieg auf Holzheizung und Sonnenwärme. Die findet man unter www.energiefoerderung.de.

Pumpen fürs Klima

Der dritte Weg zur Unabhängigkeit von Gas und Öl führt über die Wärmepumpe. Am effizientesten sind Erdwärmepumpen. Diese Technologie erschließt die im Erdreich, dem Grundwasser oder der Umgebungsluft gespeicherte Wärme. Tief im Boden lassen sich auch im Winter noch Plusgrade nutzen.

Kostengünstig und umweltschonend sind Wärmepumpen dann, wenn Erdreich und Wasser nutzbar sind, das Haus gut gedämmt ist und die Wärme mit niedrigen Temperaturen zum Beispiel über Fußbodenheizungen im Haus verteilt werden kann. Sie sind daher in der Regel nur in Neubauten sinnvoll.

Wärmepumpen kosten etwa 9 000 bis 10 000 Euro. Hinzu kommen noch mehrere Tausend Euro für die Erschließung der Wärmequelle auf dem Grundstück. Sparen können Bauherren damit, weil sie keinen Kamin, keinen Öltank und keinen Gasanschluss benötigen.

Gefördert werden nur noch Wärmepumpen mit hoher Effizienz.

Interessenten sollten auf jeden Fall auch bei ihrem Energieversorger nachfragen. In Nordrhein-Westfalen zum Beispiel unterstützt die RWE den Kauf einer Wärmepumpe mit mindestens 250 Euro.

96 KA 63
96KA158

PEACE

NACHHALTIGKEIT BEWERTEN

Wie erkennt man, ob ein Tagesgeldangebot, eine Aktie, eine Anleihe oder ein Fonds ein nachhaltiges Investment ist? Hierfür gibt es Fachleute, die ein Rating vornehmen. Dieses Kapitel ist ein kleines „Who's who" der grünen Geldanlage. Es stellt die wichtigsten Institute und Experten vor und die unterschiedlichen Kriterien, nach denen sie die Nachhaltigkeit von Unternehmen und Staaten bewerten.

KURZPORTRÄTS: DIE WICHTIGSTEN RATINGAGENTUREN

Ratingagenturen untersuchen Aktiengesellschaften und Länder gewöhnlich daraufhin, ob es sich für Anleger finanziell lohnen könnte, dort zu investieren. Die Noten, die sie vergeben, signalisieren Investoren wie zum Beispiel Managern von Investmentfonds, wie es um die Wirtschaftskraft der Unternehmen steht. Einige Agenturen bewerten Unternehmen auch danach, ob sie ökologisch und sozial wirtschaften. Hier die wichtigsten von ihnen in alphabetischer Reihenfolge.

Imug Beratungsgesellschaft

Die imug Beratungsgesellschaft für sozial-ökologische Innovationen mbH ging 1995 als Spin-off aus dem 1992 an der Universität Hannover gegründeten Institut für Markt-Umwelt-Gesellschaft hervor. Geschäftsführer sind Dr. Ingo Schoenheit und Jan Devrics. Bei imug arbeiten 28 fest angestellte Mitarbeiterinnen und Mitarbeiter. In der von Silke Riedel geleiteten Investment-Research-Abteilung klopfen fünf Wirtschafts- und Sozialwissenschaftler Unternehmen auf ihre sozial-ökologische Ausrichtung ab, führen Nachhaltigkeitsbewertungen durch und beschäftigen sich mit ethisch-ökologischer Geldanlage.

Das Angebot

Imug ist auf den Feldern Marketing und Kundenbindung, Marktforschung, Coaching, gesellschaftliche Unternehmensverantwortung (CSR) und Verbraucheraufklärung aktiv.

Die Abteilung Investment Research testet Unternehmen auf ihre gesellschaftliche

Verantwortung hin. Sie bietet Unternehmens-, Staaten- und Pfandbriefrating sowie Beratungs- und Forschungsdienstleistungen an.

Seit dem Jahr 2001 ist imug der alleinige Vertriebspartner der britischen Ratingagentur Eiris (Experts in Responsible Investment Solutions) in Deutschland. Das heißt, dass ein Fondsmanager in Deutschland über imug auf die Ratings von Eiris zugreifen kann. Imug selbst durchleuchtet im Auftrag von Eiris die in den Aktienindizes Dax und MDax gelisteten Unternehmen sowie Aktiengesellschaften aus Österreich und der Schweiz. Jeder der fünf Analysten ist für etwa 60 Unternehmen zuständig.

Kunden von imug sind unter anderen Banken wie die GLS Bank, die Ethikbank, die Umweltbank, die Bank für Kirche und Caritas, die EKK und die Fondsgesellschaft Union Investment.

Imug war zudem von 1999 bis April 2010 für das Unternehmensresearch des Naturaktienindex NAI (siehe Seite 71) zuständig. Die hinter dem Naturaktienindex stehende Versicherung und der Anlageausschuss des NAI haben sich im Zuge einer Neuausschreibung des Auftrags für die schweizerische Agentur Inrate entschieden.

Die Philosophie

Imug arbeitet nicht mit Ausschlusskriterien (siehe Seite 52), sondern analysiert anhand von 250 Untersuchungskriterien die ethischen, ökologischen und wirtschaftlichen Qualitäten von Unternehmen aller Branchen und ihrer Zulieferer. Dazu benennt imug sogenannte „sins", Sünden, wie die Verwicklung in Rüstungsgeschäfte, Geschäfte mit Alkohol, Tabak, Pornografie oder Glücksspiel. Auch der Handel mit Tierhäuten gilt imug als Sünde, wie auch die Herstellung und der Vertrieb von Verhütungsmitteln.

Der Kunde ist König. Das heißt, imug liefert lediglich die Informationen und der Fondsmanager oder der institutionelle Anleger, zum Beispiel eine Pensionskasse, entscheidet selbst, welche Unternehmensaktivitäten er positiv beziehungsweise negativ einschätzt – ob er beispielsweise die Herstellung und den Vertrieb von Verhütungsmitteln als negativ bewerten möchte. Ungefragt greift imug nicht in diese Entscheidungen ein. Erst wenn der Kunde bei imug um Hilfe beim Aufstellen eines nachhaltigen Portfolios bittet, setzt die Beratungsgesellschaft ihre Expertise ein.

Zur Auswahl stehen dem Kunden das gesamte Universum des Eiris Portfolio Managers (EPM). Der enthält 2 800 börsennotierte Unternehmen aus der ganzen Welt, auch solche aus Schwellenländern, den Emerging Markets. Imug untersucht für den Eiris Portfolio Manager die deutschen, österreichischen und schweizerischen Unternehmen. Die anderen Partner von Eiris analysieren die Unternehmen aus den anderen Ländern. Die imug-Kunden können auf die gesamte Datenbank zugreifen.

Das Rating

Die imug-Analysten gehen in mehreren Schritten vor, wenn sie ein Unternehmen unter die Lupe nehmen.

In einem ersten Schritt wertet imug die öffentlich zugänglichen Daten wie Geschäftsberichte, Nachhaltigkeitsberichte und Websites der Unternehmen aus.

Im zweiten Schritt verschickt imug Bögen mit Fragen, die durch Schritt 1 nicht geklärt werden konnten. Die Unternehmen sollen Fragen zu ihren Aktivitäten beantworten, auch zu den kontrovers diskutierten. Gemeint sind Geschäftsfelder wie Waffenproduktion oder Tierversuche. Interviews mit Unternehmensvertretern und in Einzelfällen Unternehmensbesuche sollen das Bild abrunden.

Der nächste Schritt betrifft das Bild, das Unternehmen beziehungsweise ihre Branchen in der Öffentlichkeit abgeben. Regelmäßig wertet imug Medienberichte über Unternehmen und über ihre Aktivitäten aus. Fortlaufend beobachtet werden dabei auch die Berichte über Kooperationen und Firmenübernahmen.

Der vierte Schritt führt in Richtung der Informationen, die nicht regelmäßig Gegenstand der Berichterstattung sind. Dafür zapft imug das Wissen und die Expertise von Nichtregierungsorganisationen und Interessengruppen von Greenpeace bis zu den Gewerkschaften an, um ein möglichst scharfes Bild von der ethisch-ökologischen Verantwortung eines Unternehmens und eine Einschätzung der Folgen der Unternehmensaktivitäten zu erhalten.

Die Kriterien

Alle Unternehmen werden in fünf Nachhaltigkeits-Risikoklassen unterteilt. Je umstrittener die Branche, desto intensiver fällt die Recherche aus. Gefragt wird zum Beispiel: Beeinträchtigen die Geschäfte eines Unternehmens die Umwelt? Ist ein Unternehmen in Staaten unterwegs, die nicht demokratisch organisiert sind oder Menschenrechte verletzen?

Zusätzlich zu den bereits erwähnten Kriterien untersuchen die imug-Analysten noch weitere Aspekte der Nachhaltigkeit: Sie ermitteln die Haltung und das Handeln einer Aktiengesellschaft in den Themenfeldern „Soziales", „Umwelt" und „Unternehmensführung".

Unter „Soziales" fällt bei imug unter anderem der Umgang eines Unternehmens mit den Gewerkschaften, die Möglichkeiten zur Weiterbildung, die Maßnahmen für die Sicherheit und die Gesundheit der Mitarbeiter sowie die Themen Gleichstellung von Frauen, Menschenrechte, Kinderarbeit. Im Blick sind zudem die Toleranz gegenüber anderen Kulturen, Religionen und erlaubten geschlechtlichen Neigungen. Gewertet wird auch das Engagement eines Unternehmens für die Gemeinde, Stadt oder Region, in der es tätig ist.

Zum Thema „Umwelt" untersuchen die imug-Experten sowohl die Produkte eines Unternehmens als auch den Prozess ihrer Herstellung. Von Interesse ist dabei, wie das Unternehmen in seinen Produktionsanlagen mit Energie und Wasser umgeht, wie viel Kohlendioxid es freisetzt, ob es regenerative Energien einsetzt oder fördert und ob bei seinen Geschäften gefährliche Chemikalien, Pestizide oder Polyvinylchlorid (PVC) eine Rolle spielen. Wissen wollen die imug-Analysten auch, ob ein Unternehmen Tierversuche unternimmt oder Tropenholz verwendet.

Der dritte Aspekt ist die Corporate Governance (siehe Seite 58). Korruption und Bestechung erwähnen die imug-Analysten ebenfalls, wenn sie Hinweise darauf haben. Parteispenden und Transparenz sind weitere Punkte, die die Kunden abrufen können.

Die Kunden wählen aus 250 Kriterien diejenigen aus, die am besten zu ihren eigenen Ansprüchen an ein nachhaltiges Unternehmen passen.

Inrate

Die Ratingagentur Inrate ist eine Aktiengesellschaft in Fribourg, Schweiz. Hauptaktionäre sind die Sammelstiftung Nest, das Beratungsbüro INFRAS sowie die Stiftung Pier-Luigi Giovannini. Die Geschäfte führen Philippe Spicher und Michael Diaz.

Inrate bezeichnet sich selbst als die größte Nachhaltigkeits-Ratingagentur der Schweiz. Das Unternehmen ist 2001 aus der Fusion mehrerer Vorgängeragenturen hervorgegangen. 2010 verschmolz Inrate mit der Ratingagentur Centre Info. Die Agentur Centre Info gibt es seit 1990. Damit ist sie die älteste Ratingagentur auf dem europäischen Kontinent, die sich ausschließlich mit der Analyse von ethisch-ökologischen Faktoren beschäftigt.

Durch die Verschmelzung von Inrate und Centre Info entsteht nach eigenen Angaben eines der größten Researchteams für nachhaltige Investments in Europa. 22 Frauen und Männer forschen für die Agentur in der Schweiz. Rund um den Globus komme das Analystenteam auf 50 Mitglieder, sagt Michael Diaz.

Seit April 2010 ist Inrate Dienstleister für den Naturaktienindex (siehe Seite 71).

Das Angebot

Inrate analysiert für Fonds und Indizes wie den NAI Unternehmen, Länder und Organisationen wie die Weltbank. Der Kunde gibt vor, wie weit der nachhaltig ethisch-ökologische Ansatz gehen soll. Die Rechercheergebnisse stellen die Inrate-Experten zu Anlageuniversen zusammen, aus denen sich dann die Fondsmanager bedienen. Das sind bislang vor allem die nationaler und internationaler Fonds Schweizer und europäischer Anbieter.

Oder ein Fondsmanager bestellt die Analyse eines Investmentthemas wie zum Beispiel Klimawandel oder Wasser. Eine Spezialität von Inrate: Die Agentur hat 750 Firmen aus Schwellenländern bewertet.

Kunden von Inrate haben Zugriff auf eine Datenbank mit Informationen über rund 2 500 Unternehmen.

Die Philosophie

Die Schweizer Agentur wendet Ausschluss- und Positivkriterien auf die von ihr untersuchten Unternehmen an. Auf 90 Einzelkriterien in sieben Bereichen klopfen die Analysten die Unternehmen ab. Künftig sollen es 120 werden. Hinter einem Kriterium stecken noch jeweils mehrere „Datenpunkte", wie sie Michael Diaz nennt. Für das Kriterium Rüstung bedeutet das zum Beispiel: Stellt das Unternehmen Waffen her, etwa Panzer oder sogar Landminen und Splitterbomben? Oder handelt es sich um Dual-Use-Güter, die sich sowohl zivil als auch militärisch nutzen lassen?

Ausschlusskriterien sind Rüstung, Kernenergie, grüne und bestimmte Formen der in der Humanmedizin angewandten roten Gentechnik, Alkohol, Tabak, Glücksspiel und Pornografie. Unternehmen, die als Biopiraten unterwegs sind, und solche, die indigene Bevölkerungen unterdrücken und verdrängen, haben ebenfalls keine Chance im Inrate-Universum. Auf dem Index stehen weiter Kinderarbeit, Korruption, Geldwäsche und Menschenrechtsverletzungen.

Gemeinsam mit Kunden legen Inrate-Analysten fest, wann bei groben Verstößen ein Unternehmen ausgeschlossen wird. Das sind unter anderen solche gegen Gesundheit und Sicherheit der Arbeitnehmer, gegen das Zahlen von Mindestlöhnen, gegen die Gewerkschaftsfreiheit, gegen die Sozialstandards von Lieferanten und gegen das Verbot der Diskriminierung.

Hat ein Unternehmen diesen Check bestanden, muss es sich zusätzlich einem Sozialrating (ethisch) und einem Ökorating stellen.

Best-in-Service

Ein Alleinstellungsmerkmal hat Inrate mit seinem Best-in-Service-Ansatz. Anders als beim Best-in-Class-Ansatz vergleichen die Inrate-Analysten nicht einfach die Unternehmen einer einzelnen Branche untereinander. „Wir denken von einem Bedürfnis aus und nehmen externe ökologische und soziale Effekte in den Blick", erklärt Michael Diaz. Beispiel Mobilität. Das Bedürfnis einer Person, von A nach B zu gelangen, lässt sich mit dem Flugzeug, dem eigenen Auto, der Bahn oder einem Schiff befriedigen. Gleiches gilt für Güter. Inrate vergleicht alle diese Möglichkeiten und errechnet, welche davon pro Person beziehungsweise pro Tonne transportierter Güter die effizienteste ist. Einbezogen werden unter anderem der Kraftstoffverbrauch und das dadurch vom jeweiligen Verkehrsmittel freigesetzte Kohlendioxid sowie Unfallzahlen.

Um das Inrate-Anlageuniversum zu erreichen, muss im Best-in-Service-Ansatz eines der Teilratings eines Unternehmens mindestens im Durchschnitt des untersuchten Servicesektors liegen. Das andere muss den Durchschnitt übertreffen.

Für Michael Diaz liegen die Vorteile auf der Hand. Best-in-Service führt zu weniger kontroversen Unternehmen in den Portfolios. „Wir müssen Luftfahrtgesellschaften nicht von vorneherein ausschließen, aber sie haben bei der Best-in-Service-Methode geringere Chancen als die Straße, das Schiff und die Schiene", sagt der stellvertretende Inrate-Geschäftsführer.

IRIS MUNGUÍA führt die Frauenabteilung der lateinamerikanischen Bananenpflückergewerkschaft Colsiba. Sie kämpft gegen Hungerlöhne für Frauen von nur einem Dollar am Tag, gegen den Einsatz von Chemikalien und für Schwangerschafts- und Erziehungsurlaub. Bei öffentlichen Auftritten prangert Munguía immer wieder die sexuelle Gewalt gegen Frauen auf den Plantagen internationaler Obstkonzerne nach dem Motto „Sex gegen Job" an.

Auch Erdölfirmen lassen sich mit diesem Ansatz aus einem nachhaltigen Portfolio draußen halten, ohne sie ausdrücklich auszuschließen. Inrate vergleicht nicht BP, Shell, Exxon und Total untereinander, sondern Erdöl, Erdgas und erneuerbare Energien in Sektoren wie Heizen oder Stromerzeugung.

„Wir erfassen, welcher Energieträger die geringsten externen Kosten verursacht", sagt Diaz. Inrate untersucht also, welche Art der Energieerzeugung das meiste Kohlendioxid freisetzt oder wie viel Feinstaub anfällt. Die Klimagase oder die Partikel in der Atemluft verursachen Kosten, die über den Preis des Produkts hinausgehen.

Diese Kosten werden nicht vom Käufer bezahlt, sondern von der Gesellschaft. Zum Beispiel durch einen höheren Aufwand für die Erhaltung der Gesundheit der Menschen.

Atomenergie verursacht oberflächlich betrachtet wenig externe Kosten. Für Michael Diaz sind die Meiler allerdings nicht kohlendioxidneutral. Die energieintensive Gewinnung von Uranerz und die Endlagerung über Jahrtausende bedeuteten sehr wohl eine Kohlendioxidbelastung.

Um versteckten ökologischen Belastungen auf die Spur zu kommen, untersucht die Ratingagentur Produkte und Dienstleistungen über den gesamten Lebenszyklus hinweg, das heißt von der Rohstoffgewinnung bis zur Verschrottung und Entsorgung.

Grundsätzlich bestimmt der Kunde, wie ethisch und wie ökologisch ein Portfolio ausfallen soll. Will er die Anlagemöglichkeiten über alle Sektoren breit streuen und so ein Höchstmaß an Sicherheit schaffen, ist der Best-in-Service-Ansatz schwierig, weil er ganze Branchen ausschließt.

Alternativ können sich die Fondsmanager dann ein Portfolio nach dem Best-in-Class-Ansatz (siehe Seite 57) bauen lassen, sind dann allerdings damit konfrontiert, dass die Fondskäufer unter Umständen stärker wahrnehmen, welche Aktien tatsächlich im Fonds drin sind.

„Die Menschen, die einen als nachhaltig bezeichneten Fonds kaufen, verstehen oft nicht, warum sie in BP oder Shell investieren sollen, sagt Michael Diaz.

Oekom research

Die oekom research AG ist seit 1993 auf dem Markt für nachhaltige Investments tätig und gehört damit zu den Pionieren auf diesem Gebiet. Die Münchner Firma zählt nach eigenen Angaben zu den weltweit führenden Anbietern von Informationen über die soziale und ökologische Performance von Unternehmen, Branchen und Staaten. Die oekom research AG ist aus dem oekom Verlag entstanden und unabhängig.

Die Nachhaltigkeitsforscher werden bei ihrer Arbeit von einem wissenschaftlichen Beirat unterstützt, dem unter anderem Experten von Transparency International, dem Bund für Umwelt und Naturschutz (BUND), dem Wuppertal Institut für Klima, Umwelt und Technologie sowie Vertreter verschiedener deutscher Universitäten angehören.

Im Vorstand von oekom research sind Geschäftsführer Robert Haßler und der Leiter des Researchs, Matthias Bönning.

Das Angebot

Oekom research analysiert, wie die weltweit wichtigsten Unternehmen, Branchen und Länder in sozialer und ökologischer Hinsicht abschneiden. Das Aktienrating teilt sich auf in die Bewertung großer internationaler Unternehmen nach über einhundert verschiedenen ökologischen und sozialen Kriterien. Außerdem analysieren die Forscher kleine und mittelgroße Unternehmen mit besonders nachhaltigen Produkten und Dienstleistungen.

Auch das Anleihenrating teilt sich in zwei große Gebiete auf. Zum einen bewertet oekom research die Nachhaltigkeit von Staaten, zum anderen die von Firmen, supranationalen Organisationen und Pfandbriefen.

Oekom research bietet Banken und Kapitalanlagegesellschaften eine individuelle Investmentberatung auf Basis seiner Forschung an. Investoren können außerdem eine maßgeschneiderte Nachhaltigkeitsuntersuchung bestellen. Auch dieses Angebot nehmen einige Banken und Fondsgesellschaften in Anspruch.

Kunden von oekom sind zum Beispiel die GLS Bank, die KD-Bank, verschiedene Evangelische Landeskirchen sowie die Fondsgesellschaften Kepler, Vinis und Ökoworld. Im Jahr 2007 hat oekom außerdem den Global Challenges Index (GCX) lanciert.

Die Philosophie

Oekom research geht davon aus, dass außer den üblichen Finanzkennzahlen weitere Faktoren einen wesentlichen Einfluss auf den unternehmerischen Erfolg haben. Dazu gehören zum Beispiel die Qualität des Managements oder die Unternehmensstrategie, aber eben auch der Umgang der Firma mit den ökologischen und sozialen Belangen der modernen Gesellschaft.

Mit anderen Worten: Das Nachhaltigkeitsrating soll die herkömmliche Unternehmensbewertung nicht ersetzen, sondern sinnvoll ergänzen.

Das Unternehmensrating

Das Unternehmensrating gliedert sich in zwei Bereiche, in ein soziales und ein Umweltrating.

Das soziale Rating beschäftigt sich mit der Qualität der Arbeitsstandards für die Mitarbeiter und der Einhaltung von internationalen Mindeststandards – etwa die Arbeitsbedingungen betreffend – in Zulieferbetrieben. Ebenfalls zum sozialen Rating zählt die Bewertung des gesellschaftlichen Engagements eines Unternehmens. Der Versicherungskonzern Allianz zum Beispiel hat zu Beginn des Jahres 2010 die Initiative „Finanzielle Allgemeinbildung in Schulen" ins Leben gerufen, bekannt unter dem Namen myfinancecoach. Hier gehen Mitarbeiter der Allianz in Schulklassen, um 11- bis 15-Jährigen die Grundlagen des heutzutage notwendigen Wirtschafts-Know-hows beizubringen. Die Freistellung von Mitarbeitern für gemeinnützige Arbeit gehört heute in vielen Konzernen zum guten Ton.

Das soziale Rating von oekom research umfasst zudem die Punkte „Produktverantwortung", „Wirtschaftsethik" und „Corporate Governance" (siehe Seite 58). Produktverantwortung meint in der Lebensmittelbranche zum Beispiel die Kennzeichnung der Nährwerte der Produkte, aber auch potentiell gefährlicher Inhaltsstoffe etwa für Allergiker. Im Rahmen der „Wirtschaftsethik" werden zum Beispiel kontroverse Geschäftspraktiken wie Korruption, Bilanzfälschung oder Preisabsprachen behandelt. Oekom research wirft auch einen Blick auf Transparenz in Sachen politische Spenden oder Erhalt von Subventionen.

Das ökologische Rating beschäftigt sich unter anderem mit dem Umweltmanagement eines Unternehmens. In der bereits erwähnten Lebensmittelbranche zählen dazu beispielsweise die ökologische Verträglichkeit der landwirtschaftlichen Produktion. Ebenfalls Thema in diesem Zusammenhang ist die grüne Gentechnik, wie zum Beispiel der Einsatz genveränderten Saatguts.

Der Ratingprozess beginnt mit der Mitteilung an das Unternehmen, dass es ein Rating bekommen soll. „Wir bitten das Unternehmen, uns Informationen zur Verfügung zu stellen", sagt der Vorstandsvorsitzende von oekom research, Robert Haßler. „Wir werten auch externe Quellen aus und erstellen eine erste Version."

Dieses vorläufige Rating schickt oekom research dem Unternehmen zu und gibt ihm die Möglichkeit zur Stellungnahme. Fragebögen gibt es keine.

Gibt das Unternehmen eine Stellungnahme ab, werten die Nachhaltigkeitsanalysten von oekom research dieses Feedback aus und arbeiten es nach kritischer Prüfung in das Rating ein. „Da kann es schon mal zur Sache gehen", sagt Robert Haßler. Nach einer zweiten Feedbackschleife wird das Rating den Kunden zur Verfügung gestellt.

Insgesamt wendet oekom research für seine Nachhaltigkeitsanalyse 500 Kriterien an, je nach Branche kommen um die hundert Bewertungsfaktoren zur Anwendung. Der Ratingprozess findet unter Ausschluss der Öffentlichkeit statt. „Die Unternehmen machen nur mit, wenn wir unsere Gespräche mit ihnen vertraulich behandeln", sagt Haßler. „Natürlich geben wir auch Pressemitteilungen zum Gesamtergebnis der Branchen heraus. Was aber nicht geht, sind vertrauliche Absprachen, die hintenrum in der Presse landen würden."

SAM-Group

Die Bezeichnung SAM steht für die Anfangsbuchstaben von Sustainable Asset Management. Die Schweizer Firma mit Sitz in Zürich besteht seit 1995 und ist ein weltweit tätiger Vermögensverwalter für nachhaltige Geldanlagen. SAM gehört seit 2001 zum niederländischen Finanzdienstleister Robeco, eine Tochtergesellschaft der ebenfalls niederländischen Rabobank. Albert Gnägi steht der SAM Group Holding AG seit Anfang 2007 als Verwaltungsratspräsident vor.

Das Angebot

Das Dienstleistungsangebot von SAM umfasst Asset Management, Private Equity und Indizes. Per 30. Juni 2010 betreute SAM Vermögenswerte in Höhe von rund 11,2 Milliarden Euro. Das Asset Management verwaltet zehn Investmentfonds inklusive zwei Aktienfonds Welt, zwei Aktienfonds Europa und fünf Themenfonds, die sich unter anderem mit erneuerbaren Energien, dem Thema Wasser und dem Klimawandel befassen.

Private Equity bedeutet so viel wie privates Beteiligungskapital. SAM stellt unter anderem Unternehmen aus dem Bereich Saubere Technologien, die nicht an der Börse gehandelt werden, Eigenkapital zur Verfügung. SAM Indexes gibt gemeinsam mit Dow Jones Indexes die Dow Jones Sustainability Indizes heraus.

Die Indizes

SAM hat im September 1999 den Dow Jones Sustainability World Index lanciert, kurz DJSI World. Im Index sind 300 Aktien aus der ganzen Welt enthalten. Es sind die Aktien der nachhaltigsten aus den 2 500 größten Unternehmen des Dow Jones Global Total Stock Market Index.

Zum DJSI World Index gibt es noch fünf Unterindizes. Im ersten sind Unternehmen ausgeschlossen, die mit Alkohol Geld verdienen, im zweiten die aus der Tabakbranche, im dritten die Glücksspielfirmen, im vierten Unternehmen mit Umsätzen in der Waffen- und Rüstungsindustrie. Der fünfte Unterindex schließt alle Unternehmen der genannten Branchen aus.

Für Europa gibt es die Dow Jones Europe Sustainability Indizes. Die nachhaltigsten Unternehmen der Euroländer finden sich im DJSI Eurozone wieder. Der DJSI Europe hingegen enthält auch Werte aus der Schweiz und Großbritannien. Zusätzlich bietet SAM für Euroland und Europa Blue-Chips-Indizes an, die jeweils die 40 größten Unternehmen enthalten. Das sind der DJSI Eurozone 40 und der DJSI Europe 40. Auch für diese beiden Indizes gibt es Unterindizes, die die genannten Sündenbranchen Waffen, Tabak, Alkohol und Glücksspiel ausschließen.

Die Philosophie

Die Nachhaltigkeitsanalyse von SAM umfasst außer ökonomischen auch ökologische und soziale Kriterien. Der Gedanke, der dahintersteht, ist der, dass nicht nur finanzielle, sondern auch nichtfinanzielle Faktoren den Shareholder Value beeinflussen, mithin den Aktionären einen Mehrwert bieten. Mit anderen Worten: SAM geht davon aus, dass nachhaltiges Wirtschaften den Unternehmenswert langfristig steigern kann. Diese Annahme belegt SAM durch eine Studie, welche die besten und schlechtesten Unternehmen aus der hauseigenen Nachhaltigkeitsanalyse vergleicht. Dabei schneiden die Sustainability Leaders, die führenden Nachhaltigkeitsunternehmen, über einen Zeitraum von acht Jahren gesehen, um 1,48 Prozent besser ab als die Sustainability Laggards, die Nachzügler. Die Studie zieht zum Vergleich alle drei Nachhaltigkeitskriterien heran, die ökonomischen, ökologischen und sozialen Faktoren.

Das Rating

SAM berücksichtigt für sein Nachhaltigkeitsrating jede Branche. Ausschlüsse gibt es erst einmal keine. Allerdings bietet SAM seine allumfassenden Indizes auch in Varianten ohne die Rüstungsindustrie, ohne Alkohol, Tabak und Glücksspiel an, um zum Beispiel den besonderen Wünschen bestimmter Investoren wie den Kirchen Rechnung zu tragen.

Für den globalen Dow Jones Sustainability World Index analysiert SAM die 2500 größten Unternehmen der Welt nach dem Best-in-Class-Ansatz (siehe Seite 57). In den Index kommen jeweils die besten 10 Prozent jeder Branche.

In den 19 wichtigsten Branchen kürt SAM je einen Supersector Leader, einen Branchenführer in Sachen Nachhaltigkeit. Die Automobilbranche zum Beispiel wird angeführt von BMW, Unilever ist der führende Nahrungsmittelkonzern, Sasol aus Südafrika führt die Ölbranche an, als Supersector Leaders gelten außerdem Nokia, Air France und Telefonica (Stand 20. September 2010).

Die Schweizer überprüfen die Unternehmen anhand von allgemeinen Kriterien, die sie auf jede Branche anwenden. Dazu gehören zum Beispiel die Führungsstruktur der Firma, ihr Risiko- und Krisenmanagement, ihr Umweltmanagement und die sozialen Leitlinien. Außerdem gibt es für jede Branche noch eigene Kriterien. Bei den Banken zum Beispiel, inwieweit sie bei der Kreditvergabe ökologische Aspekte beachten. Oder bei den Stromversorgern, ob sie den Strom aus erneuerbaren Energien produzieren.

Im Vergleich mit dem Dow-Jones-Global-Total-Stock-Market-Index, der das Anlageuniversum für den Nachhaltigkeitsindex liefert, sind im DJSI World mehr Unternehmen aus Europa und weniger aus den USA oder anderen Teilen der Welt

NELSON MANDELA, eigentlich Rolihlahla Dalibhunga Mandela, ist die Symbolfigur der Auflösung des rassistischen Apartheid-Regimes in Südafrika. 27 Jahre saß der Anwalt und Politiker für seine Überzeugungen im Gefängnis. Als erster Präsident Südafrikas, der in freien Wahlen der gesamten Bevölkerung ins Amt kam, beschwor er 1994 eine demokratische, nichtrassistische und nichtsexistische Gesellschaft. 1993 bekam er den Friedensnobelpreis.

enthalten. Was die Branchenaufteilung angeht, sind die Indizes ungefähr gleich.

SAM stellt die Zusammensetzung der Indizes jedes Jahr auf den Prüfstand. Die Schweizer verschicken dazu Fragebögen und laden 2500 Unternehmen ein, teilzunehmen. „Ungefähr 700 machen mit", sagt Claudia Wais von SAM, „dazu analysieren wir rund 700 Unternehmen eigenständig." Die Antworten der Unternehmen überprüfen die Zürcher auf Plausibilität anhand der Nachhaltigkeitsberichte der Unternehmen selbst, aber auch anhand externer Berichte in Medien und von Nichtregierungsorganisationen. Veröffentlicht werden die Unternehmen, die zum Assessment eingeladen werden, und die Firmen, die es in die Indizes geschafft haben. Auf seiner Website gibt SAM außerdem bekannt, wen sie neu in die Indizes aufgenommen haben und wer nicht mehr dabei ist. Über Gründe schweigt sich SAM allerdings aus, genauso wenig wie Anleger erfahren, warum andere Firmen von vornherein keine Chance hatten. „Wir versprechen den Firmen, vertraulich mit ihren Daten umzugehen, und wollen niemanden an den Pranger stellen", sagt Claudia Wais.

SAM veröffentlicht aber jedes Jahr „The Sustainability Yearbook", ein über hundert Seiten umfassendes Jahrbuch, das sich mit den Unternehmen ausführlich beschäftigt, die es an die Spitze ihrer Branche geschafft haben. Außerdem bietet es kurze Überblicke über die aktuelle Nachhaltigkeitsentwicklung und die Prüfkriterien für 58 verschiedene Branchen.

Sustainalytics

Sustainalytics ist ein Global Player auf dem Markt für Nachhaltigkeitsuntersuchungen. In Deutschland ist das Unternehmen mit der Sustainalytics GmbH in Frankfurt am Main vertreten. Die Firma unterhält Büros in Toronto (Kanada), Boston (USA), Amsterdam, Madrid und Frankfurt. An allen Standorten zusammen beschäftigt die Gesellschaft rund 60 Mitarbeiter. Geschäftsführer des Frankfurter Büros ist Axel Wilhelm, der zuvor die Ratingagentur Scoris GmbH leitete. Kunden sind mehr als 50 institutionelle und private Investoren in Europa.

Neue Strukturen

Die Sustainalytics GmbH ist Teil der niederländischen Sustainalytics BV. Mehrheitsgesellschafterin der Sustainalytics BV wiederum ist die niederländische Triodos Bank (siehe Seite 32). Dort heißt es, die Agentur arbeite unabhängig. Anfang 2009 schloss sich Sustainalytics mit zwei europäischen Partnern zusammen, einer davon war die Scoris GmbH. Auch bei Scoris waren die Holländer schon Gesellschafter. Im August 2009 folgte die Fusion mit dem kanadischen Rating-Unternehmen Jantzi Research. In Nordamerika tritt Sustainalytics als Jantzi Sustainalytics auf.

Das Angebot

In einer Datenbank bietet Sustainalytics nach eigenen Angaben Kunden Zugriff auf die Profile von mehr als 2000 der größten Unternehmen weltweit sowie 150 nicht börsennotierte Firmen, die Anleihen herausgeben.

Im Angebot von Sustainalytics sind außerdem Unternehmensratings, Staatenratings, Analysen ganzer Branchen sowie Beratungsleistungen.

Das Controversial Weapons Radar ist ein eigener Untersuchungszweig von Sustainalytics. Investoren können darüber Informationen über Unternehmen abrufen, die Waffen herstellen, die vor allem gegen die Zivilbevölkerung gerichtet sind. Das sind Anti-Personen-Minen, biologische und chemische Waffen, Streubomben, angereicherte Uranmunition und Atomwaffen. Ihre Untersuchungen decken die Forschung, die Produktion, den Handel und die Instandhaltung dieser Waffen ab, teilt die Agentur mit. Zudem stehe Sustainalytics im Dialog mit den Unternehmen, die mit solchen Waffen Geld verdienen.

Das Rating

Das Rating von Sustainalytics hat vor allem die Analyse der Nachhaltigkeitsleistung von Unternehmen und Ländern im Visier. Das Hauptaugenmerk liegt darauf, wie viel ein Unternehmen aus den eingesetzten Ressourcen macht. Liegt es damit über dem Durchschnitt einer Branche, erzielt es einen Wettbewerbsvorteil, was für Investoren interessant ist.

Untersucht werden die Themen Umwelt, Soziales und Unternehmensführung. Die Agentur wertet pro Unternehmen 200 Indikatoren und 500 Datenpunkte aus. Die Tendenz ist steigend, die Messmethode soll weiter verfeinert werden. Mehr als zwei Drittel der Indikatoren seien branchenspezifisch, heißt es im Sustainalytics-Bericht zu den Nachhaltigkeitsleistungen deutscher Unternehmen. So sei es möglich, die Nachhaltigkeitsperformance eines Unternehmens und seiner Branche gleichzeitig zu erfassen und zu bewerten, sagt Analyst Arne Philipp Klug.

Als Quellen nutzen die Rechercheure die Unternehmensberichte, die Unternehmensauftritte im Internet, allgemein zugängliche Medien sowie Informationen von Nichtregierungsorganisationen und staatlichen Stellen. Sustainalytics sucht aktiv den Kontakt zu den untersuchten

Unternehmen, aber auch zu Experten von außen.

Die Untersuchungsfelder werden je nach Branche unterschiedlich gewichtet. Eine Bank belastet die Umwelt weniger stark als ein Automobilhersteller. Deswegen spielen die Umweltindikatoren im Finanzsektor eine geringere Rolle. Herausragende Ergebnisse auf einem Gebiet können eher schwache Leistungen auf einem anderen ausgleichen.

Sustainalytics veröffentlicht einmal im Jahr das Nachhaltigkeitsrating der 30 Unternehmen im Dax. 2009 erzielte BMW mit 74,3 von 100 möglichen Punkten das beste Ergebnis. Auf den Feldern Umwelt und Soziales erreichte der Münchner Fahrzeugbauer jeweils die Pole Position. Bei der Unternehmensführung sprang nur Platz 22 heraus. Dennoch reichte es in der Summe zum Gesamtrang 1. Auf den Plätzen zwei und drei des Ratings von 2009 lagen der Konsumgüterhersteller Henkel und die Deutsche Telekom. Schlusslicht war der Stahlkonzern Salzgitter, der inzwischen nicht mehr im Dax geführt wird.

KURZPORTRÄTS: BANKEN UND FONDSGESELLSCHAFTEN

Banken und Fondsgesellschaften betreiben oft eigene Nachhaltigkeitsuntersuchungen. Mittlerweile entdecken auch große, international aufgestellte Banken und Fondsgesellschaften wie die Deutsche Bank und ihre Tochter DWS ihre grünen Adern. Wir haben uns aber auf Banken und Fondsgesellschaften beschränkt, denen die Nachhaltigkeit schon länger ein Anliegen ist. Im Folgenden stellen wir einige Beispiele vor.

Dexia

Dexia ist eine europäische Bank mit Sitz in Brüssel und etwa 35 000 Mitarbeitern. Ihre Investmenttochter Dexia Asset Management bietet die breiteste Angebotspalette an Nachhaltigkeitsfonds in Kontinentaleuropa an.

Das Angebot

Dexia Asset Management (Dexia AM) bietet mehr als 20 eigene Nachhaltigkeitsfonds an. Die Fonds decken von einem breit gestreuten Aktieninvestment bis hin zu speziellen Nachhaltigkeitsthemen verschiedene Bereiche der grünen Geldanlage ab. Das in den Fonds verwaltete Vermögen beläuft sich nach Angaben von Dexia auf rund 18 Milliarden Euro. Dexia AM teilt diese Summe auf in 4,8 Milliarden Euro unter nachhaltigem Management und 13,2 Milliarden Euro nach den Kriterien von Social and Responsible Investment.

Das Rating

Langfristiger wirtschaftlicher Erfolg eines Unternehmens ist für die Dexia-Analysten auch Ergebnis davon, dass das Unternehmen nach außen wie nach innen Umwelt- und Sozialstandards einhält.

Um diese Unternehmen für das Dexia-Anlageuniversum herauszufiltern, gehen die Analysten wie folgt vor: Zunächst suchen sie mit dem Best-in-Class-Ansatz nach den unter Nachhaltigkeitskriterien besten Unternehmen einer Branche. Zusätzlich versuchen sie Unternehmen zu identifizieren, deren Produkte in nachhaltige Themenfonds passen. Außerdem müssen die ausgewählten Unternehmen die international festgelegten Grundsätze hinsichtlich der Menschenrechte und Arbeitsbedingungen einhalten. Die Herstellung und der Handel mit Rüstungsgütern sind die einzigen Ausschlusskriterien.

Dexia gibt keinen tieferen Einblick in sein Vorgehen bei der Auswahl von investierbaren Unternehmen. Die Nachhaltigkeitsbewertung übernimmt die eigene Research-Abteilung. Unterstützt wird sie dabei von mehreren Ratingagenturen und Marktforschungsinstituten.

Espa Vinis

Die Erste Sparinvest (Espa) ist die 1965 gegründete Investmentsparte der Erste Group Bank AG und der österreichischen Sparkassengruppe mit Sitz in Wien. Eine kleine Beteiligung von unter 3 Prozent hält auch die deutsche DekaBank. Die Erste Sparinvest verwaltet in ihren Fonds rund 27,4 Milliarden Euro.

Die Vinis Gesellschaft für nachhaltigen Vermögensaufbau ist eine 2006 gegründete Tochter der österreichischen VBV-Pensionskasse AG. Die VBV-Pensionskasse hat mit dem Vönix einen Nachhaltigkeitsindex von 22 österreichischen, börsennotierten Unternehmen aus der Taufe gehoben.

Gemeinsam haben die Erste Sparinvest und Vinis die nachhaltigen Espa Vinis Fonds aufgelegt. Im Fondsdauertest von Finanztest haben der Espa Vinis Stock Global und der Rentenfonds Espa Vinis Bond in den vergangenen fünf Jahren sehr gute Ergebnisse erzielt und Spitzenplätze belegt (Stand Februar 2010).

Das Angebot

Espa Vinis bietet neun Nachhaltigkeitsfonds an, die auch in Deutschland erhältlich sind. Darunter sind ein weltweit und ein in Europa anlegender Aktienfonds, ein nur in Österreich und ein in Zentral- und Osteuropa anlegender Aktienfonds. Dazu gibt es einen Rentenfonds, einen Geldmarktfonds und einen Mikrofinanzfonds. Eine Besonderheit sind die beiden gemeinsam mit dem World Wildlife Fund (WWF) aufgelegten Themenfonds zu Umwelt und Klimawandel. Ohne Zustimmung des WWF kommt kein Unternehmen in die Portfolios dieser Fonds.

GÖTZ WERNER fordert ein bedingungsloses Grundeinkommen von rund 1 000 Euro für alle. Die damit gewonnene Freiheit soll Risikobereitschaft, Unternehmergeist, kurz die jedem innewohnende Kreativität freisetzen. Der 1944 geborene Entrepreneur machte mit den dm-Drogeriemärkten Milliarden. Werner hat die Arbeit in seinem Unternehmen am Menschen orientiert. Selbst die Gewerkschaften, sonst fast immer mit dem Einzelhandel auf Kriegsfuß, hätten bei Werner und dm wenig auszusetzen, heißt es.

Das Rating

Die Auswahl der Wertpapiere für die Espa-Vinis-Fonds erfolgt in zwei Schritten.

Zunächst muss ein Unternehmen nachweisen, dass es in ein nachhaltiges Anlageuniversum gehört. Dazu kauft die Erste Sparinvest Ergebnisse der Nachhaltigkeitsforschung von Ratingagenturen und Unternehmensberatungen ein, darunter auch die der Münchner oekom research AG (siehe Seite 175). Beteiligt sind außerdem der unabhängige Ethik-Beirat, in dem die Nichtregierungsorganisationen zu Wort kommen, und die hauseigene Nachhaltigkeitsforschung.

Die Espa-Vinis-Fonds arbeiten nach dem Best-in-Class-Ansatz (siehe Seite 57) mit Ausschlusskriterien. Ausgeschlossen sind unter anderen Atomkraft und die Verletzung von Arbeiterrechten. Auf der Positivseite werden das Umweltmanagement, die Ökoeffizienz und der Nutzen von Produkten und Dienstleistungen bewertet. In das Rating fließen auch Untersuchungen zur Corporate Governance (siehe Seite 58) und zu den Lieferanten ein. Der erste Teil des Bewertungsverfahrens zeigt den Analysten, welche Unternehmen über dem Durchschnitt ihrer Branche liegen. Nur in die darf ein Espa-Vinis-Fondsmanager investieren.

Sind die Titel für das nachhaltige Universum ermittelt, übernehmen im zweiten Schritt die Finanzspezialisten. Ihre Aufgabe ist, unter den sauberen Unternehmen die zu finden, die dem Anleger möglicherweise zusätzlich gute Renditechancen bieten können.

KBC

KBC ist eine internationale Bank mit Sitz in Brüssel, die weltweit 50 000 Menschen beschäftigt. Ihre Investmenttochter KBC Asset Management NV gehört zu den großen Anbietern von nachhaltigen Themenfonds, auch in Deutschland. Insgesamt betreut KBC Asset Management rund 163 Milliarden Euro an Anlegergeld.

Das Angebot

Die Nachhaltigkeitsfonds der KBC Bank laufen unter der Marke „KBC Eco Fund“. In Deutschland bietet die Bank sechs dieser Fonds an. Den Eco Fund World gibt es bereits seit 1992. Außer diesem weltweit anlegenden Fonds gibt es Themenfonds zu alternativen Energien, Klimawandel und Wasser. Das Anlagevermögen der KBC-Nachhaltigkeitsfonds beträgt mehr als 6 Milliarden Euro. KBC Asset Management hat eine eigene Ratingabteilung, die Dienstleistungen auch für andere Anbieter erbringt.

Der KBC Eco Fund Alternative Energy hat im Fondsdauertest von Finanztest zuletzt ein überdurchschnittliches Ergebnis erreicht (siehe Seite 92).

Das Rating

KBC verwendet einen englischen Begriff für seine nachhaltigen Investments: Socially Responsible Investments (Sozial Verantwortliche Geldanlagen). Das KBC-Researchteam analysiert die Unternehmen selbst, kauft aber auch die Bewertungen anderer Ratingagenturen ein, zum Beispiel von Eiris (siehe Seite 170). Zudem ziehen die Analysten die Veröffentlichungen internationaler Organisationen zu Rate, wie die der Weltgesundheitsorganisation. KBC gibt an, sich regelmäßig mit seinen Kunden und Nichtregierungsorganisationen über die Ergebnisse der Nachhaltigkeitsbewertungen auszutauschen. Außerdem hat KBC ein External Advisory Board, eine Art Beirat, der die Bewertungskriterien diskutiert.

Während die meisten Mitbewerber ihr Anlageuniversum unter Verschluss halten, veröffentlichen die KBC-Analysten ihre Ergebnisse. Im Internet finden sich die Untersuchungen von 2 700 Firmen in englischer Sprache. Anleger in KBC-Fonds können also nachvollziehen, warum welche Aktie in ihrem Fonds vertreten ist.

Um in das KBC-Anlageuniversum aufgenommen zu werden, müssen Unternehmen in fünf Feldern gute Noten erzielen. Das sind die langfristige Unternehmenspolitik, die Corporate Governance (siehe Seite 58), die Umweltpolitik, die Arbeitsbedingungen der Mitarbeiter und die Beachtung der Menschenrechte und international festgelegter Arbeits- und Lohnstandards.

KBC geht wie folgt vor. Unternehmen, die ihr Geld mit Rüstung, Tabak oder Glücksspiel verdienen, haben keine Chance ebenso wie die, die korrupt sind oder Kinder für sich arbeiten lassen. Unternehmen aus der Atomwirtschaft können unter bestimmten Umständen berücksichtigt sein. Nun teilen die Analysten die Unternehmen in Branchen ein. Jedes Unternehmen erhält eine Gesamtnote, die sich aus den Einzelnoten der fünf Untersuchungsfelder zusammensetzt. Zu jedem Untersuchungsfeld fragen die Analysten bestimmte Kriterien ab, die in unterschiedlicher Gewichtung in das Rating einfließen. Bei der Corporate Governance zum Beispiel spielt die Einstellung zu Korruption eine herausragende Rolle, bei der Umweltpolitik das Ausmaß der von einem Unternehmen oder seinen Produkten verursachten Verschmutzung.

Die 40 Prozent der Unternehmen mit der besten Gesamtnote aus jeder Branche gelangen in das Universum. Bei Bergbau und Energie sind es nur die besten 20 Prozent. Weil KBC verhindern will, dass eine katastrophale Leistung in einem Feld durch hervorragende Leistungen in den anderen Feldern ausgeglichen werden kann, schließt die Bank zusätzlich die Unternehmen aus, die zu den 10 Prozent schlechtesten in einem der fünf Untersuchungsfelder zählen.

Ökoworld

Ökoworld ist eine Fondsgesellschaft mit Sitz in Luxemburg. Präsident ist Alfred Platow, gleichzeitig Vorstandssprecher des Finanzdienstleisters versiko AG in Hilden. Die Ökoworld Lux S. A., eine hundertprozentige Tochter von versiko, bezeichnet sich selbst als die einzige Fondsgesellschaft, die ausschließlich auf nachhaltiges und ökologisches Investment spezialisiert ist.

Zusammengerechnet verwaltete Ökoworld im Oktober 2009 rund 520 Millionen Euro. Die Gesellschaft ist mit acht Publikumsfonds in Deutschland am Markt, darunter ein Misch-, ein Renten- und ein Dachfonds.

Neue Strukturen

Ökoworld und versiko achten bis hinein in ihre Verwaltungsstrukturen auf ihr grünes Image. Ablesen lässt sich das zum Beispiel an der Beendigung der Zusammenarbeit mit der belgisch-niederländischen Bankengruppe Fortis. Im November 2009 trennte sich Ökoworld von der Fortis Investment Management (FIM), die mit Jean-François Fortemps im Verwaltungsrat von Ökoworld vertreten war. Fortis war im Laufe des Jahres 2009 von der französischen Großbank BNP Paribas übernommen worden. Die aber gilt nach den Kriterien von Ökoworld als nicht investierbar, kam also nicht als Partnerin infrage.

Inzwischen hat das Bankhaus Hauck & Aufhäuser die Zentralverwaltung der Ökoworld-Fonds übernommen. Mit im Boot sitzt jetzt auch die Moventum S.C.A., ein Dienstleister für unabhängige Finanzverwalter. Deren Chef, der Luxemburger John Pauly, teilt sich seit 1. November 2009 die Arbeit im Verwaltungsrat von Ökoworld mit Alfred Platow und Klaus Odenthal.

Das Angebot

Flaggschiff der Fondsgesellschaft Ökoworld ist der Ökovision Classic (siehe Seite 54 und 194). Er ist der älteste ethisch-ökologische Fonds in Deutschland. Im Mai 2010 war der Fonds nach Angaben von Ökoworld 310 Millionen Euro wert. In der Finanzkrise bezogen auch die dunkelgrünen Aktien aus aller Welt, die im Ökovision versammelt sind, Prügel. Im Dezember 2007, als die Welt vermeintlich noch in Ordnung war, hatte der Fonds noch stolze 514 Millionen Euro auf dem Konto. Trotz der Verluste bleiben die Kunden ihrem Fonds treu, zumal er allmählich wieder an Wert gewinnt. „Die meisten, die bei der Gründung des Fonds 1995 Anteile gekauft haben, sind noch drin", stellt Alfred Platow fest.

SYLVIA EARLE wird gerne als Botschafterin der Weltmeere bezeichnet. Die 75-jährige Meeresbiologin hat es sich zur Lebensaufgabe gemacht, die Unterwasser-Pflanzenwelt im Golf von Mexiko vollständig zu katalogisieren. Als Chefwissenschaftlerin des amerikanischen Wirtschaftsministeriums machte sie die Öffentlichkeit darauf aufmerksam, dass der Schaden in der Tiefsee, der von der explodierten BP-Bohrplattform ausgegangen ist, sich nicht nur vor Ort auswirken, sondern jeden Menschen auf der Welt betreffen werde.

Weitere Fonds in der Palette sind der Ökovision Europe, der Mischfonds Ökovision Garant 20 und der New-Energy-Fund. Den in Werte aus den Branchen Neue Energien und Energieeffizienz investierenden Fonds managt Ökoworld nicht selbst. Diese Aufgabe ist der Bank Sarasin (siehe Seite 189) übertragen. Mit einem Volumen von rund 165 Millionen Euro (Mai 2010) ist der New Energy Fonds das zweite Schwergewicht der Fondsfamilie.

Auch der Dachfonds Ökotrust hat ein externes Management. Das wird von der Privatbank Fürst Fugger in Augsburg wahrgenommen. Der Rentenfonds Ökotrend Bonds liegt in den Händen der Grohmann & Weinrauter Vermögensmanagement GmbH in Königstein im Taunus.

Die anderen Fonds werden von Ökoworld selbst gemanagt, inzwischen auch wieder die beiden Themenfonds Klima und Water for Life.

Die Philosophie

Ökoworld betreibt die Forschungsarbeit für die Nachhaltigkeit selbst. Ein elfköpfiger unabhängiger Anlageausschuss nimmt potenzielle Kandidaten für die Fonds unter die Lupe. In diesem Ausschuss sind Fachleute versammelt, die ein breites Spektrum der Themen der ethisch-ökologischen Geldanlage abdecken.

Ökoworld greift auch auf die Expertise von Ratingagenturen wie oekom research und Sustainalytics zurück. .

Über ein gewachsenes Kontaktnetzwerk erhält Ökoworld auch Informationen aus Unternehmen, die sich nicht immer auf den ersten Blick erschließen beziehungsweise von den Geschäftsleitern gerne unter der Decke gehalten werden, zum Beispiel über Beteiligungen.

Über der Arbeit steht ein Leitsatz: „Die Wirtschaft soll ein menschenwürdiges Leben nach humanistischen Grundsätzen ermöglichen", sagt Alfred Platow.

Die Ansprüche sind hoch. Vorschusslorbeeren gibt es keine. Ökosiegel, Zertifikate und Auszeichnungen interessieren die Ökoworld-Rechercheure nicht. Sie gehen streng nach den Kriterien vor, die ein Unternehmen aus ihrer Sicht erfüllen muss, um in das Fondsuniversum aufgenommen werden zu können.

Die Kriterien

Ein Unternehmen muss demnach umwelt- und sozialverträgliche Produkte herstellen oder solche Dienstleistungen anbieten. Gleichzeitig sollte es Verfahren und Technologien anwenden, die eine nachhaltige Entwicklung fördern. Dazu gehört zum Beispiel der Einsatz erneuerbarer Energien oder die Erhöhung der Energieeffizienz. Die Grundstoffe, die ein infrage kommendes Unternehmen verwendt, sollten aus ökologischem Anbau stammen beziehungsweise aus artgerechter Tierhaltung. Ökoworld berücksichtigt auch, ob eine Aktiengesellschaft sich in regionale Wirtschaftskreisläufe einbindet und am Fairen Handel teilnimmt.

Gewürdigt wird auch ein besonderes soziales und ökologisches beziehungsweise entwicklungspolitisches Engagement. Die Unternehmen sollten demokratische Unternehmensstrukturen aufweisen und emanzipatorische Arbeitsbedingungen stellen. Transparenz und eine verbraucherfreundliche Unternehmenspolitik gehören ebenfalls zu den Bedingungen, die erfüllt sein sollten.

Weitere Aspekte sind unter anderen, dass die Produkte und Dienstleistungen der ausgewählten Unternehmen von hoher Qualität sind und gleichzeitig einen gesellschaftlichen Nutzen haben.

Keine Chance auf einen Platz im Ökoworld-Universum haben Aktiengesellschaften, die Minderheiten diskriminieren, Kinder ausbeuten oder Gewerkschaftsarbeit behindern. Geschäfte mit Kriegswaffen und Rüstungsgütern, Atomenergie und -technik, Chlorchemie, embryonalen Stammzellen, Gentechnik und vermeidbaren Tierversuchen stehen ebenfalls auf dem Index. Die Anwendung gesundheits- und umweltschädlicher Verfahren oder Produkte sowie der Raubbau an natürlichen Ressourcen führen ebenfalls zum Ausschluss.

Zum Ausschluss führen auch Kapitalbeteiligungen an und ökonomische Verflechtungen mit Unternehmen, die unter die Ausschlusskriterien fallen. Da dies in der Realität der globalisierten Wirtschaft nur schwer durchzuhalten ist, wird von Fall zu Fall entschieden, ob eine Beteiligung relevant ist oder das Unternehmen nicht doch zugelassen werden kann. Eine feststehende Beteiligungsgrenze, bei anderen Anbietern oft 5 Prozent, gibt es nicht. Auch 0,5 Prozent können schon zum Ausschluss führen.

Ist ein Unternehmen überwiegend in einem Land aktiv, in dem soziale und ökologische Mindeststandards seitens des Staates nicht gewährleistet sind, gibt es ebenfalls Minuspunkte.

Im Universum, aber auf der Kippe

Die Aufgabe erfordert genaues Hinsehen und Streitkultur. Offene Auseinandersetzungen gibt es um die Aktien der Schweizer Gesellschaft ABB im Ökovision. Das Unternehmen beschäftigt sich stark mit der Übertragung von Strom und seiner Verteilung. Das Thema ist zukunftsträchtig. Offshore-Windparks und die geplanten

Solarkraftwerke in der Sahara sind nur die aktuellen Beispiele für den Bedarf an dieser Technik. Aber: ABB setzt auch auf die Zusammenarbeit mit Atomkraftwerken, in jüngerer Zeit sogar verstärkt. Im Dezember 2009 bekam der Technologiekonzern den Auftrag, in den kommenden Jahren die Leitstelle des schweizerischen Reaktors in Leibstadt auf den neuesten Stand zu bringen. Das ist ein typischer Fall für den Anlageausschuss von Ökoworld. Mittlerweile wurde ABB aus dem Anlageuniversum ausgeschlossen.

Noch nicht im Universum, aber dicht dran

„Wir würden zum Beispiel in Apple investieren", sagt Alfred Platow. Das Unternehmen zahle überall auf der Welt realistische Löhne, beute keine Kinder aus und seine Produkte schafften einen Nutzen für das Gemeinwohl.

Im Anlageausschuss wird das Thema Apple kontrovers diskutiert. Zwar ist das Unternehmen an seinem Stammsitz im kalifornischen Cupertino, wo ohne Schadstoffausstoß Software ausgebrütet wird, sauber und für Ökoworld investierbar. Apple Computer, iPhones, iPods und auch die neuen iPads werden aber zum größten Teil in China zusammengeschraubt, und zwar aus Teilen von Zulieferern, die aus der Ferne nur schwer zu beurteilen sind. Um ein Bild zu bekommen, wird ein Mitglied des Anlageausschusses von Ökoworld nach China fahren, dort das Unternehmen besuchen und versuchen, Kontakt zu örtlichen Nichtregierungsorganisationen zu knüpfen. Erst danach wird eine Entscheidung fallen, ob es Apple in den Ökovision schafft – oder nicht.

Wir müssen draußen bleiben

Über das Best-in-Class-Prinzip, bei dem die Besten jeder Branche ausgewählt werden, schafft es keine Aktiengesellschaft ins Ökoworld Aktienuniversum.

Deshalb hat zum Beispiel Toyota keine Chance in den Ökoworld-Fonds. Die japanischen Autobauer sind oft weit vorne, wenn Fondsmanager in die besten Unternehmen der Automobilbranche investieren. Ökoworld aber fasst die Aktien von Toyota nicht an. Zu eng arbeitet der größte Automobilhersteller der Welt nach Meinung der Ökoworld-Rechercheure mit Rüstungsfirmen zusammen.

Wissen als Betriebskapital

211 Aktiengesellschaften weltweit haben es im Moment in das Anlageuniversum von Ökoworld geschafft. 76 davon sind zum Beispiel im Ökovision vertreten. Nur die Unternehmen, in deren Papiere der Ökovision oder einer der anderen Ökoworld-Fonds tatsächlich Geld anlegt, werden bekannt. Alle anderen bleiben für die Augen Außenstehender verborgen.

„Unser Gesamtuniversum ist der einzigartige Wert, den wir haben", begründet Alfred Platow den blinden Fleck, den die Transparenz von Ökoworld an dieser Stelle aufweist. 25 Jahre Arbeit steckten in dem Netzwerk, das sich die Ökoworld-Mitarbeiter aufgebaut hätten. 2000 Unternehmen habe der Anlageausschuss seit der Gründung des Ökovision auseinandergenommen. Jeder Wert kommt alle drei Jahre wieder auf den Prüfstand.

Dieses Wissen könne die Fondsgesellschaft nicht einfach preisgeben. „Da sind wir wie Coca-Cola", sagt Platow. Die Rezeptur der Koffeinbrause aus Atlanta gehört bekanntlich zu den bestgehüteten Geheimnissen der Welt.

Sarasin

Die Sarasin & Cie AG ist eine Schweizer Privatbank mit Sitz in Basel, deren Wurzeln bis 1841 zurückreichen. Sie ist seit mehr als 20 Jahren auf nachhaltige Anlageberatung und Vermögensverwaltung spezialisiert und auf diesem Gebiet Marktführerin in der Schweiz.

Seit April 2007 gehört die Bank Sarasin mehrheitlich der niederländischen Rabobank-Gruppe. Das Jahr 2009 schloss die Bank Sarasin mit einer Bilanzsumme von gut 15,3 Milliarden Schweizer Franken ab.

Das Angebot

Die Bank hat bislang 15 eigene Nachhaltigkeitsfonds aufgelegt. Deren Spektrum reicht von weltweit anlegenden Aktienfonds und Mischfonds über Rentenfonds bis hin zu Themenfonds für erneuerbare Energien, Umwelttechnologien und Wasser. Die Bank betreibt ein eigenes Staaten- und Unternehmens-Research.

Auch Kunden in Deutschland greifen darauf zurück, zum Beispiel die Bank im Bistum Essen (siehe Seite 41).

Sarasin managt auch Fonds für andere, etwa den New-Energy-Fund, den die Fondsgesellschaft Ökoworld vertreibt (siehe Seite 185).

Die Philosophie

„Nachhaltiges Investieren hat nichts mit Sponsoring zu tun. Es ist vielmehr der ökonomisch vernünftige Weg, um langfristig attraktive Rendite zu erzielen", sagt Andreas Knörzer, Leiter des Sarasin Sustainable Investment.

Nachhaltige Geldanlagen, so die Idee von Sarasin, sind nicht nur gesellschaftlich und ökologisch sinnvoll, sondern auch ökonomisch erfolgreich. Beispielsweise könnten durch nachhaltiges Verhalten Risiken vermieden werden, was eine stabilere Rendite verspreche. Auch eine energieeffiziente Produktionsweise zahlt sich aus. Im Übrigen sind auch immer mehr Verbraucher bereit, für umwelt- oder sozialverträgliche Produkte einen höheren Preis zu bezahlen.

Best-in-Class und Ausschlusskriterien

Die Bank Sarasin bezeichnet sich selbst als Erfinderin des Best-in-Class-Ansatzes (siehe Seite 57). 1994 hat die Bank mit dem OekoSar Portfolio den ersten Best-in-Class-Fonds überhaupt eingeführt.

Sarasin kombiniert den Best-in-Class-Ansatz mit Ausschlusskriterien und nimmt Branchen und Geschäftsfelder mit hohen Nachhaltigkeitsrisiken nicht in ihr Anlageuniversum auf. Im Augenblick sind dies Unternehmen, die mehr als 5 Prozent

ASTRID LINDGREN, die Erfinderin von Pippi Langstrumpf und Ronja Räubertochter, war zeitlebens die Fürsprecherin von liebevoller Achtung von Eltern und Kindern voreinander. „Ein Kind, das von seinen Eltern liebevoll behandelt wird und das seine Eltern liebt, gewinnt ein liebevolles Verhältnis zu seiner Umwelt", sagte sie 1978 bei der Verleihung des Friedenspreises des Deutschen Buchhandels in der Frankfurter Paulskirche. Menschenschinder, Diktatoren und Tyrannen dagegen kämen nicht aus glücklichen Elternhäusern, war sich Astrid Lindgren sicher.

ihres Umsatzes mit der Herstellung von Kernenergie, Chlor- und Agrochemikalien, Tabak und Pornografie erzielen. Auch Unternehmen, die Militärgüter oder genetisch modifizierte Nahrungsmittel herstellen, stehen auf dem Index. Nur die Klassenbesten aus den anderen Branchen haben die Chance, ins Anlageuniversum aufgenommen zu werden.

Bei ihnen gehen die Sarasin-Analysten davon aus, dass sie entsprechende Risiken vermeiden und vorausschauend wirtschaften. Punkte sammelt zum Beispiel ein Lebensmittelhersteller, der nicht grundsätzlich beim billigsten Lieferanten einkauft. So verringert er möglicherweise das Risiko eines Lebensmittelskandals.

Nicht nur die sozialen Risiken und Chancen von Unternehmen ziehen die Sarasin-Analysten ins Kalkül. Auch die Umwelt ist stets im Blick. Hersteller von energieintensiven Produkten wie die Automobilindustrie müssen mehr und mehr von der Politik vorgegebene Umweltauflagen erfüllen. Das kostet Geld. Also sieht man sich bei den Anbietern energieeffizienter Fahrzeuge um. Deren Aktienkurse hätten sich besser entwickelt, heißt es bei Sarasin.

Sarasin ist nicht beim Best-in-Class-Ansatz stehen geblieben. In einem weiteren Schritt können die Branchen auch untereinander gewichtet werden. Das nennt man den Best-of-Classes-Ansatz.

Das Beispiel BP zeigt, welche Risiken der Ölbranche innewohnen. BP hat zumindest bis zum Untergang seiner Bohrinsel im Golf von Mexiko immer gute Nachhaltigkeitsbewertungen eingeheimst. Die Branche Öl schneidet aber bei der Sarasin-Analyse im Vergleich der Geschäftsfelder schlechter ab als zum Beispiel die Branche Informationstechnologie.

Der Best-of-Classes-Ansatz sorgt dafür, dass Branchen mit großen ökologischen oder sozialen Risiken im Titeluniversum unterrepräsentiert bleiben.

Zürcher Kantonalbank

Die Zürcher Kantonalbank (ZKB) ist eine öffentliche Bank mit Sitz in Zürich. Sie gehört vollständig dem Kanton Zürich. 2009 betrug ihre Bilanzsumme 117 Milliarden Schweizer Franken.

Das Angebot

Die Bank hat sechs eigene nachhaltige Aktien- und Rentenfonds aufgelegt, die sich an der Risikofreudigkeit der Anleger orientieren. So bekommt ein vorsichtiger Anleger den ZKB Fonds Zinsertrag Nachhaltigkeit, in dem nur Anleihen erstklassiger Herausgeber liegen.

Für den eher spekulativ eingestellten Anleger gibt es den ZKB Fonds Kapitalgewinn Nachhaltigkeit, der weltweit in Aktien aussichtsreicher nachhaltiger Unternehmen investiert.

Die ZKB vertreibt zudem nachhaltige Fonds der Schweizer Fondsgesellschaft Swisscanto, die für die Zusammensetzung ihrer Fonds wiederum auf das Nachhaltigkeitsrating von der ZKB zurückgreift. Swisscanto ist die Fondsgesellschaft der Schweizer Kantonalbanken.

Die Zürcher Kantonalbank betreibt seit 1996 eine eigene Nachhaltigkeitsforschung für Unternehmen und Staaten. Deren Ergebnisse fragen auch externe Kunden nach.

Das Rating

Die Untersuchungen der ZKB-Experten sollen zum einen die nachhaltigen Branchenführer und zum anderen sogenannte Innovatoren ermitteln. Branchenführer sind die „best in class", Innovatoren sind kleine und mittlere Unternehmen, deren Produkte Umwelt und soziales Miteinander verbessern helfen.

Die ZKB legt strenge Maßstäbe an. Anders als bei anderen Nachhaltigkeitsanbietern sind für die Ausschlusskriterien keine Toleranzschwellen erlaubt.

Im ZKB-Anlageuniversum nichts zu suchen haben demnach die Wertpapiere von Unternehmen, die Öl oder Kohle fördern beziehungsweise mit Öl und Kohle befeuerte Kraftwerke betreiben sowie Unternehmen, die mit der Atomenergie zu tun haben. Nicht infrage kommen weiter Unternehmen, die Ozon abbauende Substanzen oder langlebige organische Substanzen wie Organchlor-Insektizide herstellen beziehungsweise nicht nachhaltiger Forst- oder Fischwirtschaft nachgehen. Grüne und rote Gentechnik, Klonen sowie die Herstellung von Waffen und Tabak sind ebenfalls tabu.

Für die Innovatoren haben die ZKB-Analysten fünf Tätigkeitsfelder definiert, in denen sie beträchtliches Potenzial vermuten. Das sind die erneuerbaren Energien und die Steigerung der Energieeffizienz, die Minimierung schädlicher Emissionen, Biolebensmittel und Fairtrade-Produkte, alternative Antriebskonzepte und öffentlicher Verkehr sowie innovative Dienstleistungen wie das Management von Wasserverteilungsanlagen.

Alle Unternehmen und Anleihen, die die ZKB in ihr nachhaltiges Anlageuniversum aufnimmt, müssen außerdem eine zusätzliche Hürde nehmen: Seit 2007 arbeitet die ZKB mit dem World Wildlife Fund Schweiz zusammen. Der WWF Schweiz kontrolliert, ob die ethisch-ökologischen Anforderungen der Bank eingehalten werden.

	Finanztest-Bewertung	**Ökologische Nachhaltigkeit von Unternehmen** Ausschlusskriterien								**Ethische und** Ausschlusskrite		
		Atom- u. Kernenergie	Erdöl- u. Erdgasförderung	Bergbau u. Rohstoffminen	Automobilindustrie	Umstrittene Chemie	Flugzeugbau/-technik	Grüne Gentechnik	Industrielle Tierhaltung	Waffen/ Rüstung	Alkohol	Tabak
AKTIENFONDS WELT												
Green Effects NAI-Werte Isin: IE0005895655 Auflage: 01.10.2000	57,3	■	■	■	■	■	■	■	■	■	■	■
Invesco Umwelt und Nachhaltigkeitsfonds Isin: DE0008470477 Auflage: 01.10.1990	53,6	❑	❑	❑	❑	❑	❑	❑	❑	◧	■	■
Espa Vinis Stock Global T Isin: AT0000646799 Auflage: 15.07.2003	53,5	■	■	❑	❑	❑	❑	■	❑	■	❑	■
Pioneer Global Ecology A ND EUR Isin: LU0271656133 Auflage: 30.04.1990	53,4	❑	❑	❑	❑	❑	❑	❑	❑	■	■	■
Öko-Aktienfonds (DZ Bank) Isin: LU0037079380 Auflage: 13.05.1991	51,5	■	❑	❑	❑	❑	❑	■	❑	■	■	■
Kepler Ethik Aktienfonds A Isin: AT0000675657 Auflage: 02.07.2002	49,2	◧	❑	❑	❑	◧	❑	◧	❑	◧	◧	◧
Espa WWF Stock Umwelt A Isin: AT0000705660 Auflage: 02.07.2001	48,7	■	■	■	■	■	■	■	❑	■	❑	❑
Liga-Pax-Cattolico-Union Isin: LU0152554803 Auflage: 22.11.2002	48,4	■	❑	❑	❑	■	❑	■	❑	■	■	■
Allianz RCM Global Sustainability A EUR Isin: LU0158827195 Auflage: 02.01.2003	48,4	◧	❑	❑	❑	❑	❑	❑	❑	◧	❑	◧

■ = Ja. ❑ = Nein. ◧ = Ein geringer Umfang wird toleriert. – = Entfällt. 1) Kinderzwangsarbeit 2) Auch medizinisch notwendige Tierversuche

…soziale Nachhaltigkeit von Unternehmen										Nachhaltigkeitsindex			
Glücksspiel	Erotik/ Pornographie	Prostitution	Kinderarbeit	Tierversuche	Abtreibung	Menschenrechtsverletzungen	Einflussnahme bei Hauptversammlungen	Methode bei Auswahl: Best-in-class	Externe Nachhaltigkeitsbewertung	Bezug auf einen Index	Nur Titel aus dem Index	Überwiegend Titel aus dem Index	Transparenz: Sind die Kriterien im Prospekt verankert?
□	■	■	■	■	□	■	□	□	Inrate	Natur-Aktien-Index (NAI)	■	□	■
■	■	■	□	□	□	□	□	■	SAM	DJSI Welt ex all	■	□	■
□	■	□	■	■	■	□	■	■	Oekom, Riskmetrics	□	–	–	■
■	■	■	■	□	□	■	□	■	Oekom	□	–	–	■ 4)
■	■	■	■	■ 2)	□	□	□	■	□	□	–	–	■ 4)
◨	◨	◨	■	◨	■	■	□	■	Oekom	□	–	–	■ 5)
■	■	□	□	■	□	□	■	□	Umweltbeirat	□	–	–	■
■	■	■	■	■	■	□	□	■	E.Capital	Ethical Index Global Return	■	□	□
□	□	□	□	□	□	□	□	■	□	□	–	–	□

3) Nur Ausschluss AP-Minen und Streu-Bomben   4) Nur Auswahlkriterien   5) Nur Ausschlusskriterien   6) Nur allgemeine Ausschlusskriterien

	Finanztest-Bewertung	Ökologische Nachhaltigkeit von Unternehmen Ausschlusskriterien								Ethische und Ausschlusskrite		
		Atom- u. Kernenergie	Erdöl- u. Erdgasförderung	Bergbau u. Rohstoffminen	Automobilindustrie	Umstrittene Chemie	Flugzeugbau/-technik	Grüne Gentechnik	Industrielle Tierhaltung	Waffen/ Rüstung	Alkohol	Tabak
Swisscanto (CH) EF Green Invest A Isin: CH0009074300 Auflage: 10.11.1998	47,1	■	■	■	■	■	■	■	□	■	□	■
Swisscanto (LU) PF Green Invest Eq. A Isin: LU0161535835 Auflage: 30.11.2001	46,9	■	■	■	■	■	■	■	□	■	□	■
DWS Responsibility LD Isin: LU0145639620 Auflage: 03.06.2002	46,1	□	□	□	□	■	□	■	□	◨	□	■
Postbank Dynamik Vision Isin: LU0130393993 Auflage: 15.06.2001	44,7	□	□	□	□	□	□	□	□	□	□	□
ING(L) Sustainable Growth P Cap. Isin: LU0119216553 Auflage: 19.06.2000	44,5	◨	□	□	□	□	□	□	□	◨	□	◨
Ökoworld Ökovision Classic Isin: LU0061928585 Auflage: 02.05.1996	44,4	◨	◨	◨	◨	◨	◨	◨	◨	◨	□	◨
UBS(Lux) EF Eco Performance P-acc Isin: LU0076532638 Auflage: 13.06.1997	44,4	□	□	□	□	□	□	◨	□	◨	◨	◨
Living Planet Fund A Isin: LU0169371266 Auflage: 31.07.2003	43,3	◨	□	□	□	◨	□	◨	□	◨	□	◨
Meag Nachhaltigkeit A Isin: DE0001619997 Auflage: 01.10.2003	43,2	□	□	□	□	□	□	□	□	◨	■	■
KCD-Union Nachhaltig Aktien Isin: DE0005326532 Auflage: 01.03.2001	41,7	□	□	□	□	□	□	□	□	◨	◨	◨

■ = Ja. □ = Nein. ◨ = Ein geringer Umfang wird toleriert. – = Entfällt. 1) Kinderzwangsarbeit 2) Auch medizinisch notwendige Tierversuche

soziale Nachhaltigkeit von Unternehmen										Nachhaltigkeitsindex			
Glücksspiel	Erotik/ Pornographie	Prostitution	Kinderarbeit	Tierversuche	Abtreibung	Menschenrechtsverletzungen	Einflussnahme bei Hauptversammlungen	Methode bei Auswahl: Best-in-class	Externe Nachhaltigkeitsbewertung	Bezug auf einen Index	Nur Titel aus dem Index	Überwiegend Titel aus dem Index	Transparenz: Sind die Kriterien im Prospekt verankert?
□	□	□	■[1]	□	□	□	□	■	Zürcher Kantonalbank	□	–	–	■
□	□	□	■[1]	□	□	□	□	■	Zürcher Kantonalbank	□	–	–	■
□	■	■	■	□	□	■	■	■	Sustainalytics, RiskMetrics, Amba Research	□	–	–	□
□	□	□	■	■	■	■	□	■	SAM	DJSI Welt	□	■	□
◨	◨	◨	■	□	□	■	□	■	Sustainalytics	□	–	–	□
◨	◨	◨	■	■	□	■	□	□	□	□	–	–	■
◨	◨	□	□	□	□	□	□	□	□	□	–	–	■[4]
◨	◨	□	■[1]	□	□	■	□	■	□	□	–	–	■[5]
■	□	□	□	□	□	□	□	■	SAM	DJSI Welt ex all	□	■	■
◨	□	□	□	□	□	□	□	■	SAM	DJSI Welt	■	□	□

3) Nur Ausschluss AP-Minen und Streu-Bomben 4) Nur Auswahlkriterien 5) Nur Ausschlusskriterien 6) Nur allgemeine Ausschlusskriterien

		Ökologische Nachhaltigkeit von Unternehmen Ausschlusskriterien								Ethische und Ausschlusskrite		
	Finanztest-Bewertung	Atom- u. Kernenergie	Erdöl- u. Erdgasförderung	Bergbau u. Rohstoffminen	Automobilindustrie	Umstrittene Chemie	Flugzeugbau/-technik	Grüne Gentechnik	Industrielle Tierhaltung	Waffen/ Rüstung	Alkohol	Tabak
KBC Eco Fund World Div Isin: BE0177657500 Auflage: 04.05.1992	41,5	◨	❑	❑	❑	❑	❑	■	❑	◨	❑	◨
SEB ÖkoLux Isin: LU0036592839 Auflage: 19.02.1992	41	◨	❑	❑	❑	■	❑	■	❑	◨	◨	◨
Sarasin Sustainable Eq. Global Isin: LU0097427784 Auflage: 01.06.1999	35,3	◨	❑	❑	❑	◨	❑	◨	❑	◨	❑	◨
Dexia Sustainable World C Cap. Isin: BE0946893766 Auflage: 14.04.1998	33,1	❑	❑	❑	❑	❑	❑	❑	❑	◨	❑	❑
Dexia Equities L Sustainable World C Dis. Isin: LU0113400591 Auflage: 01.08.2000	30,3	❑	❑	❑	❑	❑	❑	❑	❑	◨	❑	❑
AKTIENFONDS EUROPA												
SEB Ethical Europe A Isin: LU0030166333 Auflage: 06.12.1988	39,7	❑	❑	❑	❑	❑	❑	❑	❑	◨	◨	◨
Pictet European Sustainable Equities P Cap Isin: LU0144509717 Auflage: 01.10.2002	38,6	◨	❑	❑	❑	❑	❑	❑	❑	◨	❑	◨
Dexia Sustainable Europe C Cap. Isin: BE0173540072 Auflage: 31.03.2000	28,3	❑	❑	❑	❑	❑	❑	❑	❑	◨	❑	❑
AKTIENFONDS EUROLAND												
KBC Eco Fund Sustainable Euroland Div Isin: BE0175717504 Auflage: 29.12.2000	28,1	◨	❑	❑	❑	❑	❑	■	❑	◨	❑	◨

■ = Ja. ❑ = Nein. ◨ = Ein geringer Umfang wird toleriert. — = Entfällt. 1) Kinderzwangsarbeit 2) Auch medizinisch notwendige Tierversuche

…soziale Nachhaltigkeit von Unternehmen										Nachhaltigkeitsindex			
Glücksspiel	Erotik/ Pornographie	Prostitution	Kinderarbeit	Tierversuche	Abtreibung	Menschenrechtsverletzungen	Einflussnahme bei Hauptversammlungen	Methode bei Auswahl: Best-in-class	Externe Nachhaltigkeits-bewertung	Bezug auf einen Index	Nur Titel aus dem Index	Überwiegend Titel aus dem Index	Transparenz: Sind die Krite-rien im Prospekt verankert?
◨	□	□	■	■	■	■	□	■	EIRIS, Asset4	□	–	–	■ 4)
■	□	□	■	■	□	■	□	■	Oekom	□	–	–	■
◨	◨	□	■ 1)	□	□	■	■	■	□	□	–	–	■ 6)
□	□	□	■	■	□	■	■	■	□	□	–	–	■ 3)
□	□	□	■	■	□	■	■	■	□	□	–	–	■ 3)
◨	◨	□	□	□	□	□	□	–	GES Investment Services	□	–	–	□
□	□	□	■	□	□	□	□	■	Sustainalytics	□	–	–	□
□	□	□	■	■	□	■	■	■	□	□	–	–	■ 3)
◨	□	□	■	■	■	■	□	■	Eiris, Asset4	□	–	–	■ 4)

3) Nur Ausschluss AP-Minen und Streu-Bomben 4) Nur Auswahlkriterien 5) Nur Ausschlusskriterien 6) Nur allgemeine Ausschlusskriterien

		Ökologische Nachhaltigkeit von Unternehmen Ausschlusskriterien								Ethische und Ausschlusskrite		
	Finanztest-Bewertung	Atom- u. Kernenergie	Erdöl- u. Erdgasförderung	Bergbau u. Rohstoffminen	Automobilindustrie	Umstrittene Chemie	Flugzeugbau/-technik	Grüne Gentechnik	Industrielle Tierhaltung	Waffen/ Rüstung	Alkohol	Tabak
RENTENFONDS EURO												
Espa Vinis Bond T Isin: AT0000686084 Auflage: 15.03.2002	47,8	■	■	❑	❑	❑	❑	■	❑	■	❑	■
KCD-Union Nachhaltig Renten Isin: DE0005326524 Auflage: 01.03.2001	47,5	❑	❑	❑	❑	◧	❑	❑	❑	◧	◧	◧
Kepler Ethik Rentenfonds A Isin: AT0000815006 Auflage: 05.05.2003	42,4	◧	❑	❑	❑	◧	❑	◧	❑	■	◧	◧
Dexia Sustainable Euro Bonds C Dis Isin: BE0943335100 Auflage: 08.07.2004	35,8	❑	❑	❑	❑	❑	❑	❑	❑	◧	❑	❑
Sarasin Sustainable Bond EUR Isin: LU0158938935 Auflage: 06.01.2003	34,1	◧	❑	❑	❑	◧	❑	◧	❑	◧	❑	◧
Ökoworld Ökotrend Bonds Isin: LU0183092898 Auflage: 15.03.2004	32	–	–	–	–	–	–	–	–	–	–	–
RENTENFONDS WELT												
SEB ÖkoRent Isin: LU0041441808 Auflage: 05.12.1989	42,8	◧	❑	❑	❑	■	❑	■	❑	◧	◧	◧
MISCHFONDS MIT AKTIENÄHNLICHEM ODER HÖHEREM RISIKO												
Dexia Sustainable Europ. Bal. High C Cap. Isin: BE0169199313 Auflage: 20.03.2000	42,5	❑	❑	❑	❑	❑	❑	❑	❑	◧	❑	❑
MISCHFONDS MIT HOHEM RISIKO												
Dr. Hoeller Prime Values Growth EUR Isin: AT0000803689 Auflage: 03.12.1997	53,7	◧	◧	◧	❑	◧	❑	◧	❑	■	◧	◧

■ = Ja. ❑ = Nein. ◧ = Ein geringer Umfang wird toleriert. – = Entfällt. 1) Kinderzwangsarbeit 2) Auch medizinisch notwendige Tierversuche

soziale Nachhaltigkeit von Unternehmen										Nachhaltigkeitsindex			
Glücksspiel	Erotik/ Pornographie	Prostitution	Kinderarbeit	Tierversuche	Abtreibung	Menschenrechtsverletzungen	Einflussnahme bei Hauptversammlungen	Methode bei Auswahl: Best-in-class	Externe Nachhaltigkeits-bewertung	Bezug auf einen Index	Nur Titel aus dem Index	Überwiegend Titel aus dem Index	Transparenz: Sind die Kriterien im Prospekt verankert?
☐	■	☐	■	■	■	☐	■	■	Oekom, Riskmetrics	☐	–	–	■
◨	◨	◨	■	■	■	☐	☐	■	Bank Sarasin	☐	–	–	☐
◨	◨	◨	■	◨	■	■	☐	■	Oekom	☐	–	–	■ 5)
☐	☐	☐	■	■	☐	■	☐	■	☐	☐	–	–	■ 3)
◨	◨	☐	■ 1)	☐	☐	■	☐	■	☐	☐	–	–	■ 6)
–	–	–	–	–	–	–	☐	–	☐	☐	–	–	■ 4)
■	☐	☐	■	■	☐	■	☐	■	Oekom	☐	–	–	■
☐	☐	☐	■	■	☐	■	☐	■	☐	☐	–	–	■ 3)
◨	◨	◨	■	■	☐	■	☐	■	Centreinfo/ Inrate	☐	–	–	☐

3) Nur Ausschluss AP-Minen und Streu-Bomben 4) Nur Auswahlkriterien 5) Nur Ausschlusskriterien 6) Nur allgemeine Ausschlusskriterien

		Ökologische Nachhaltigkeit von Unternehmen Ausschlusskriterien								Ethische und Ausschlusskrite		
	Finanztest-Bewertung	Atom- u. Kernenergie	Erdöl- u. Erdgasförderung	Bergbau u. Rohstoffminen	Automobilindustrie	Umstrittene Chemie	Flugzeugbau/-technik	Grüne Gentechnik	Industrielle Tierhaltung	Waffen/ Rüstung	Alkohol	Tabak
Dexia Sustainable European Bal. Medium C Cap. Isin: BE0159411405 Auflage: 20.03.2000	41	□	□	□	□	□	□	□	□	◨	□	□
Fonds für Orden und Ökumene Invesco Isin: DE0009784074 Auflage: 01.04.2000	32	◨	◨	□	□	■	□	■	■	◨	□	◨
MISCHFONDS MIT ERHÖHTEM BIS HOHEM RISIKO												
Swisscanto (LU) PF Green Inv. Balanced A Isin: LU0136171393 Auflage: 07.03.2005	49,1	■	■	■	■	■	■	■	□	■	□	■
Sarasin OekoSar Portfolio Isin: LU0058892943 Auflage: 16.02.1994	38,1	◨	□	□	□	◨	□	◨	□	◨	□	◨
MISCHFONDS MIT ERHÖHTEM RISIKO												
Dr. Hoeller Prime Values Income EUR Isin: AT0000973029 Auflage: 28.12.1995	51,6	◨	◨	◨	□	◨	□	◨	□	■	◨	◨
Superior 3 Ethik A (Schelhammer) Isin: AT0000904909 Auflage: 18.11.1991	46,3	◨	□	□	□	□	□	□	□	◨	□	■
WestLB Mellon WerteFonds Isin: DE0007045148 Auflage: 31.01.2002	45,5	◨	□	□	□	◨	□	◨	□	◨	□	◨
Dexia Sustainable Europ. Balanced Low C Cap. Isin: BE0159412411 Auflage: 20.03.2000	42,2	□	□	□	□	□	□	□	□	◨	□	□
Fonds für Stiftungen Invesco Isin: DE0008023565 Auflage: 01.02.2003	41,3	◨	◨	□	□	■	□	■	■	◨	□	◨

■ = Ja. □ = Nein. ◨ = Ein geringer Umfang wird toleriert. – = Entfällt. 1) Kinderzwangsarbeit 2) Auch medizinisch notwendige Tierversuche

soziale Nachhaltigkeit von Unternehmen										Nachhaltigkeitsindex			
Glücksspiel	Erotik/ Pornographie	Prostitution	Kinderarbeit	Tierversuche	Abtreibung	Menschenrechtsverletzungen	Einflussnahme bei Hauptversammlungen	Methode bei Auswahl: Best-in-class	Externe Nachhaltigkeitsbewertung	Bezug auf einen Index	Nur Titel aus dem Index	Überwiegend Titel aus dem Index	Transparenz: Sind die Kriterien im Prospekt verankert?
□	□	□	■	■	□	■	■	■	□	□	–	–	■ 3)
◧	■	■	■	■	■	■	□	□	Eiris	□	–	–	□
□	□	□	■ 1)	□	□	□	□	■	Zürcher Kantonalbank	□	–	–	■
◧	◧	□	■ 1)	□	□	■	■	■	□	□	–	–	■ 6)
◧	◧	◧	■	■	□	■	□	■	Centreinfo/ Inrate	□	–	–	□
■	■	■	■	□	■	■	■	■	Oekom	□	–	–	□
◧	◧	□	■ 1)	□	□	■	□	■	□	□	–	–	□
□	□	□	■	■	□	■	■	■	□	□	–	–	■ 3)
◧	■	■	■	■	■	■	□	□	Eiris	□	–	–	□

3) Nur Ausschluss AP-Minen und Streu-Bomben 4) Nur Auswahlkriterien 5) Nur Ausschlusskriterien 6) Nur allgemeine Ausschlusskriterien

		Ökologische Nachhaltigkeit von Unternehmen Ausschlusskriterien								Ethische und Ausschlusskrite		
	Finanztest-Bewertung	Atom- u. Kernenergie	Erdöl- u. Erdgasförderung	Bergbau u. Rohstoffminen	Automobilindustrie	Umstrittene Chemie	Flugzeugbau/-technik	Grüne Gentechnik	Industrielle Tierhaltung	Waffen/ Rüstung	Alkohol	Tabak
MISCHFONDS MIT RENTENÄHNLICHEM ODER GERINGEREM RISIKO												
INIK Fonds Isin: LU0182869809 Auflage: 22.12.2003	33,4	□	□	□	□	□	□	□	□	◨	□	◨
AKTIENFONDS ASIEN/PAZIFIK												
Dexia Sustainable Pacific C Cap. Isin: BE0174191768 Auflage: 15.09.2000	43,4	□	□	□	□	□	□	□	□	◨	□	□
AKTIENFONDS NORDAMERIKA												
Dexia Sustainable North America C Cap. Isin: BE0173901779 Auflage: 12.05.2000	34,6	□	□	□	□	□	□	□	□	◨	□	□

■ = Ja. □ = Nein. ◨ = Ein geringer Umfang wird toleriert. – = Entfällt. 1) Kinderzwangsarbeit 2) Auch medizinisch notwendige Tierversuche

Ausgewählt, geprüft, bewertet

Finanztest hat im Frühjahr 2010 untersucht, nach welchen ökologischen, sozialen und ethischen Kriterien die Manager von Nachhaltigkeitsfonds die Titel auswählen. Wir haben dazu 54 Fondsgesellschaften befragt. In die Auswertung kamen Fonds, die mindestens fünf Jahre alt waren und ihre Strategie in dieser Zeit nicht änderten.

Finanztest-Bewertung: Die Bewertungszahl zeigt die Qualität des Fonds auf Basis einer differenzierten Betrachtung der Wertentwicklung in den vergangenen fünf Jahren. Am besten sind 100 Punkte, der Vergleichsindex hat 50 Punkte.

Ökologische Kriterien: Die Fonds schließen sehr umweltschädliche Branchen von vornherein aus (Ausschlüsse).

Ethische und soziale Kriterien: Die Fonds schließen unethische oder sozial inakzeptable Branchen oder Praktiken aus (Ausschlüsse).

Einflussnahme: Manche Fonds nutzen ihre Mitbestimmungsrechte bei Aktionärsversammlungen, um Unternehmen zu mehr ethischem oder ökologischem Handeln zu bewegen.

soziale Nachhaltigkeit von Unternehmen										Nachhaltigkeitsindex			
Glücksspiel	Erotik/ Pornographie	Prostitution	Kinderarbeit	Tierversuche	Abtreibung	Menschenrechtsverletzungen	Einflussnahme bei Hauptversammlungen	Methode bei Auswahl: Best-in-class	Externe Nachhaltigkeitsbewertung	Bezug auf einen Index	Nur Titel aus dem Index	Überwiegend Titel aus dem Index	Transparenz: Sind die Kriterien im Prospekt verankert?
□	◧	■	□	□	□	□	□	■	SAM	□	–	–	□
□	□	□	■	■	□	■	■	■	□	□	–	–	■ 3)
□	□	□	■	■	□	■	■	■	□	□	–	–	■ 3)

3) Nur Ausschluss AP-Minen und Streu-Bomben 4) Nur Auswahlkriterien 5) Nur Ausschlusskriterien 6) Nur allgemeine Ausschlusskriterien

Methode bei Auswahl: Entweder die Fonds legen die Auswahlkriterien innerhalb einer Branche an und kaufen das Unternehmen, das im Vergleich am besten dasteht (Best-in-Class). Oder sie wählen die Unternehmen, die insgesamt am besten abschneiden (Best-of-all). Dann bleiben „böse" Branchen draußen.
Nachhaltigkeitsbewertung: Um Interessenkonflikten bei der Auswahl von Anlagen vorzubeugen, sind Fondsmanagement und Nachhaltigkeitsrecherche meistens getrennt.
Bezug auf einen Nachhaltigkeitsindex: Einige Fonds orientieren sich bei der Titelauswahl an Nachhaltigkeitsindizes. Sie dürfen entweder nur in Titel investieren, die in dem Börsenindex vorkommen, können aber über die Gewichtung frei entscheiden. Oder sie können auch in andere Unternehmen investieren.
Transparenz: Manche Fonds geben in ihren Verkaufsprospekten detailliert an, welche Nachhaltigkeitskriterien sie anwenden. Einige folgen den Transparenzleitlinien des Europäischen Forums für nachhaltige Investmente (Eurosif) und veröffentlichen die Kriterien im Internet.

REGISTER

IMPRESSUM

Stiftung Warentest
Lützowplatz 11–13
10785 Berlin
Tel. 0 30/26 31–0
Fax 0 30/26 31–25 25
www.test.de

Vorstand: Dr. jur. Werner Brinkmann
Weiteres Mitglied der Geschäftsleitung:
Hubertus Primus (Publikationen)

Autor: Anno Fricke
Lektorat: Ursula Rieth
Fachliche Beratung: Stefan Loipfinger, Finanzjournalist, Rosenheim
Silke Riedel, imug Beratungsgesellschaft, Head of imug Investment Research, Hannover
Fachliche Unterstützung: Karin Baur, Uwe Döhler, Alrun Jappe, Michael Koswig, Thomas Krüger, Ariane Lauenburg, Heike Nicodemus, Jörg Sahr, Hermann-Josef Tenhagen
Titelentwurf: Susann Unger, Berlin
Layoutentwurf: Pauline Schimmelpenninck Büro für Gestaltung, Berlin
Grafik, Satz und Bildredaktion: Martina Römer
Verlagsherstellung: Rita Brosius (Ltg.), Susanne Beeh
Produktion: Vera Göring
Bildnachweis – Titel: gettyimages – Sabine Scheckel;
Inhalt: AIP Emilio Segre Visual Archives (S. 156); Bundesarchiv / Bernd Kühler (S. 108), (S. 42), Julia Fassbender (S. 178); Christoph Püschner / Brot für die Welt (S. 45); Dachverband der Kritischen Aktionärinnen und Aktionäre (S. 31); Fotolia / viappy (S. 6u.), Claudia Otte (S. 144 o.), Thaut Images (S. 144 u.), Die Talfotografen (S. 4 r.), Otmar Smit (S. 4 r.); Gettyimages / Gary John Norman (S. 120 o.), Saul Loeb (S. 50 o.), John Chiasson (S. 12 o.), Evening Standard (S. 74), Hulton Archive (S. 148), Simon Dack (S. 29); iStockphoto / Rob Belknap (S. 12 u.), Eva Eisenlohr (S. 50 u.), David Yang (S. 5 r.), Joerg Reimann (S. 120 u.); James Badham (S. 130); Los Angeles Independent Media Center (S. 174); Menschen für Menschen / Marieluise Ruf (S. 49); NOAA Photo Library (S. 186); Reuters / Images (S. 6 o., 21, 52, 56, 62, 100, 102, 119, 164, 166, 168, 182, 190); Urgewald e.V. (S. 140)
Litho: tiff.any GmbH, Berlin
Druck: Grafisches Centrum Cuno GmbH, Calbe

Einzelbestellung
Stiftung Warentest
Tel. 0 180 5/00 24 67
Fax 0 180 5/00 24 68
(je 14 Cent pro Minute aus dem Festnetz, maximal 42 Cent pro Minute aus dem Mobilfunknetz)
www.test.de

Redaktionsschluss: 1. September 2010

ISBN: 978-3-86851-314-1